社会福祉
学習双書
2024

第1巻

社会福祉の原理と政策

『社会福祉学習双書』編集委員会　編

社会福祉
法　　人 全国社会福祉協議会

社会福祉士養成課程カリキュラムと
『社会福祉学習双書』目次の対比表

第1巻　社会福祉の原理と政策

養成カリキュラム「教育に含むべき事項」	社会福祉学習双書「目次」
①社会福祉の原理	・第1部第1章「社会福祉の全体像」
②社会福祉の歴史	・第3部第1章「日本の社会福祉の歴史的展開」（第5節除く） ・第3部第2章「欧米の社会福祉の歴史的展開」
③社会福祉の思想・哲学、理論	・第2部第1章「社会福祉の根源」 ・第2部第4章「福祉政策のニーズと資源」
④社会問題と社会構造	・第1部第2章「現代における社会問題と社会構造」
⑤福祉政策の基本的な視点	・第2部第2章「福祉政策の基本的な視点」
⑥福祉政策におけるニーズと資源	・第1部第3章「社会福祉を担う専門職」 ・第2部第4章「福祉政策のニーズと資源」（再掲）
⑦福祉政策の構成要素と過程	・第2部第3章「福祉政策の構成要素と過程」
⑧福祉政策の動向と課題	・第3部第1章第5節「平成の制度改革と今日の福祉制度」
⑨福祉政策と関連施策	・第2部第6章「福祉政策と関連施策」
⑩福祉サービスの供給と利用過程	・第2部第5章「福祉サービスの供給と利用の過程」
⑪福祉政策の国際比較	・第2部第7章「福祉政策の国際比較」

※本テキストは、精神保健福祉士養成課程カリキュラムにも対応しています。

刊行にあたって

　現代社会にあって、地域住民が直面する多様な課題や個々人・家族が抱える生活のしづらさを解決するためには、従来の縦割り施策や専門領域に閉じこもった支援では効果的な結果を得にくい。このことは、社会福祉領域だけではなく、関連領域でも共有されてきたところである。平成29（2017）年の社会福祉法改正では、「地域共生社会」の実現を現実的な施策として展開するシステムの礎を構築することとなった。社会福祉に携わる者は支援すべき人びとが直面する課題を「他人事」にせず、また「分野ごと」に分断せず、「複合課題丸ごと」「世帯丸ごと」の課題として把握し、解決していくことが求められている。また、支援利用を躊躇、拒否する人びとへのアプローチも試みていく必要がある。

　第二次世界大戦後、社会福祉分野での支援は混合から分化、そして統合へと展開してきた。年齢や生活課題によって対応を「専門分化」させる時期が長く続くなかで出現し固着化した縦割り施策では、共通の課題が見逃される傾向が強く、制度の谷間に潜在する課題を生み出すことになった。この流れのなかで、包括的な対応の必要性が認識されるに至っている。令和5（2023）年度からは、こども家庭庁が創設され、子ども・子育て支援を一体的に担うこととなった。加えて、分断隔離から、地域を基盤とした支援の構築も実現されてきている。地域から隔絶された場所に隔離・収容する対応は、在宅福祉の重要性を訴える当事者や関係者の活動のなかで大幅な方向転換を行うことになった。

　措置制度から利用制度への転換は、主体的な選択を可能とする一方で、利用者支援や権利擁護も重要な課題とした。社会資源と地域住民との結び付け、継続的利用に関する支援や苦情解決などが具体的内容である。地域や家族、個人が当事者として参加することを担保しながら、ともに考える関係となるような支援が求められている。利用者を支援に合わせるのではなく、支援を利用者のニーズに適合させることが求められている。

　「働き方改革」は働く者全体の課題である。仲間や他分野で働く人々との協働があってこそ実現できる。共通の「言語」を有し、相互理解を前提とした協

働こそ、利用者やその家族、地域社会への貢献を可能とする。ソーシャルワーカーやその関連職種は、法令遵守（コンプライアンス）の徹底と、提供した支援や選択されなかった支援について、専門職としてどのような判断のもとに当該支援を実施したのか、しなかったのかを説明すること（アカウンタビリティ）も同時に求められるようになってきている。

　本双書は、このような社会的要請と期待に応えるための知識やデータを網羅していると自負している。

　いまだに終息をみせたとはいえない、新型コロナウイルス（COVID-19）禍は引き続き我われの生活に大きな影響を与えている。また、世界各地で自然災害や紛争・戦争が頻発している。これらは個人・家族間の分断を進行させるとともに、新たな支援ニーズも顕在化させてきている。このような時代であるからこそ、代弁者（アドボケーター）として、地域住民や生活課題に直面している人々の「声なき声」を聴き、社会福祉領域のみならず、さまざまな関連領域の施策を俯瞰し、地域住民の絆を強め、特定の家族や個人が地域のなかで課題解決に取り組める体制づくりが必要である。人と諸制度をつなぎ、地域社会をすべての人々にとって暮らしやすい場とすることが社会福祉領域の社会的役割である。関係機関・団体、施設と連携して支援するコーディネーターとなることができる社会福祉士、社会福祉主事をはじめとする社会福祉専門職への期待はさらに大きくなっている。社会福祉領域で働く者も、エッセンシャルワーカーであるという自覚と矜持をもつべきである。

　本双書は各巻とも、令和元（2019）年度改正の社会福祉士養成カリキュラムにも対応し、大幅な改訂を行った。また、学習する人が制度や政策を理解するとともに、多職種との連携・協働を可能とする幅広い知識を獲得し、対人援助や地域支援の実践方法を学ぶことができる内容となっている。特に、学習する人の立場に立って、章ごとに学習のねらいを明らかにするとともに、多くの工夫を行った。

社会福祉制度は、かつてないスピードで変革を遂げてきている。その潮流が利用者視点から点検され、新たな改革がなされていくことは重要である。その基本的視点や、基盤となる情報を本双書は提供できていると考える。本双書を通じて学ばれる方々が、この改革の担い手として、将来的にはリーダーとして、多様な現場で活躍されることを願っている。担い手があってこその制度・政策であり、改革も現場が起点となる。利用者自身やその家族からの信頼を得ることは、社会福祉職が地域社会から信頼されることに直結している。社会福祉人材の育成にかかわる方々にも本双書をお薦めしたい。

　最後に、各巻の担当編集委員や執筆者には、改訂にあたって新しいデータ収集とそれに基づく最新情報について執筆をいただくなど、一方ならぬご尽力をいただいたこともあらためて読者の方々にご紹介し、総括編集委員長としてお礼を申し述べたい。

　令和 5 年12月

『社会福祉学習双書』総括編集委員長

松 原 康 雄

目　次

第3章　社会福祉を担う専門職

第2部　社会福祉の理念と枠組み

第1章　社会福祉の根源

第2章　福祉政策の基本的な視点

第3部　社会福祉の歴史と展開

第1章　日本の社会福祉の歴史的展開

第2章　欧米の社会福祉の歴史的展開

＊本双書においては、テキストとしての性格上、歴史的事実等の表現については当時のまま、また医学的表現等についてはあくまで学術用語として使用しております。

＊本文中では、重要語句を太字にしています。

表紙デザイン：株式会社ビー・ツー・ベアーズ

第 **1** 章

社会福祉の全体像

学習のねらい

　今、私たちの暮らしの中で、社会福祉という言葉が出てこない日はない。社会福祉と並んで福祉、社会保障、社会福祉事業といった言葉も広く使われている。関連して、福祉サービス、高齢者介護、ボランティアや助け合い活動のような具体的な事柄をさす用語もある。社会福祉とは、一見すると漠然とした言葉であり、その解釈も多岐にわたるように見える。そこで第１節では、最初にこれらの言葉の成り立ち、意味について簡単に整理しておく。

　今日では多くの福祉サービスが、生活保護法をはじめとする社会福祉関係法により行政機関や社会福祉施設などで提供されている。わが国の社会福祉の特徴の一つは、福祉サービスの内容や利用方法が多岐にわたる法律によりこと細かく規定され、国民生活において法律による社会福祉制度の比重が大きいことである。これらの法律に対する最高規範が日本国憲法であり、社会福祉関係法の中の共通的事項を規定しているのが社会福祉法である。第２節では、社会福祉が法律の中でどのように位置付けられているのか、日本国憲法と社会福祉法を概観する。

　さらに第３節では一歩進めて、この社会福祉を本格的に学ぶにあたって欠かすことのできない、学びの構造、社会福祉の理論について説明する。

第1節　福祉と社会福祉

1　「福祉」の意味

　「福祉」という漢字2文字の言葉は、本来どのような意味をもっているのだろうか。漢和辞典をひもとくと、「福」には至福や幸福のように、幸せやおめでたいことに通ずるという意味がある。これに対して「祉」は、あまり知られていない漢字である。もともとこの「祉」には、神様へお願いをするときの供え物の器、神様が足を止めるところという意味があり、転じて神様から与えられるおぼしめし、幸せといった意味をもっている。よって、福祉は、福＝幸せ、祉＝幸せという漢字を入念に重ねたもので、もうこれ以上ない最高の幸せということになる。

　社会福祉研究の大家である嶋田啓一郎は、中国の古典の中に登場する「福祉」の語源を調べた研究者として知られている。嶋田は、「福祉」という言葉が、漢の時代にあった『易林』という書物に登場していると指摘している。その中で「『福祉とは極みなき齢を全うして喜びに与ること』という意味で、初めて用いられる」と紹介している[1]。

　それは、長生きをして楽しい人生を送ることである。はるか2000年以上もさかのぼる漢の時代、当時の人々は、人間が生涯を悠然と、喜びにあふれて生きていくことを、福祉としていたのであろう。人は、幸せに生きたいと願い、成長して、社会の分業を担い、自らの生き方を自己決定して、自己実現を図っていく存在である。幸せは、人間にとって生きていく上での目標となる。人間にとって大切なものを、価値という。それゆえ、福祉は人間にとって不可欠なものであり、『易林』に登場する「福祉」とは、価値といってもよい概念だと考えられるのである。

　英語では、「福祉」をwelfareという場合がある。wellは「よい」、fareは「暮らし向き」といった意味で、wel + fareは、転じて「暮らし向きのよい状態」となり、安寧や繁栄、健康にも通じる概念となる。洋の東西を問わず、福祉、あるいはwelfareは、人々の幸せにつながる言葉であり、誰もがそうありたいという希望や願いが凝縮した最高の価値なのである。

2 福祉を実現する家族、共同体、市場 そして国家と社会福祉

　では、この人間にとって大切な福祉は、誰がどのように実現するのだろう。ともすれば福祉とは「行政の仕事」で、「困っている人に手を差し伸べたり」「障害のある人々など特定の人に関する施策」だと狭く考えられがちである。しかしながら、福祉は人が幸せに生きることを意味し、誰もが、幸せになりたい、自分らしく生きたいという願いの実現が福祉そのものであり、人間にとって本源的な価値であると考えれば、まずは一人ひとりが実現すべき事柄だといえる。

　同時に人は、他人の喜びを自分の喜びと受け止め、他人の悲しみを自分の悲しみと同感することでつながりをつくり、労働や交流をしながら社会での位置を確認することができる。

　とはいえ、乳児や身体の機能が低下した高齢者に「自分のことは自分で」というのは無理であるから、家族は子どもを育て、高齢者を支えてきた。親が子どもを励まし、勇気付けて自立させていくように、強い絆で結ばれた家族は福祉を実現する機能をもった第一次集団である。この家族がもつ福祉を実現する機能をどのように強めていくのかは、国の政策にとっても大切なポイントとなる。例えば、所得保障策である児童手当は、子育て中の家族を経済的に支える役割をもっている。

　他方で、よほど恵まれていない限り、家族だけで福祉を実現するのはむずかしい。わが国では地理的特性ゆえに大規模災害が多発してきた。平成7（1995）年の阪神・淡路大震災、平成23（2011）年の東日本大震災は未曽有の被害をもたらした。近年の続発する熊本地震や西日本豪雨、九州豪雨などもそうである。かつては、そのような災害や危険などに見舞われた場合には、最初に支援に駆けつけるのは近隣の人々や職場の同僚、仲間、親戚ではなかっただろうか。人々が互いに援助し合うように、地縁や血縁、つながりで結ばれたこれらの共同体も福祉を実現する集団として重要な役割を果たしてきた。特に、わが国の農耕を軸にして形成され等質化された集団で構成されたかつての共同体は、地震や風水害などの危機に瀕したときに支え合う強い機能をもってきた。

　だが近年は、このような近隣をはじめとする地域における交流は希薄となり、共同体の構成も大きく変化している。大都市では、単身世帯や小世帯が増え、多様な働き方や生活形態などを背景にして人々の地域でのつながりがいっそう弱まっている。インターネットやSNSで人々は

*1
本双書第12巻第1部第3章第1節6参照。

*2
今日の児童虐待の出現は、この家族のもつ援助機能の低下、家族形態の変化、地域におけるつながりの弱化などが背景にあると指摘されている。

つながっているように見えるが、必ずしもそれは援助の関係ではない。

　そうしたなかで、地域福祉は、まさに共同体がもつ住民が福祉を実現する機能に着目した活動である。また、消費生活協同組合や農業協同組合なども協同組合原則に基づく共同体であり、福祉を実現する機能をもった集団となる。高齢者介護をはじめ福祉サービス供給に果たす協同組合の活動が期待されている。

　視点を変えれば、さまざまな事業所も一定のルールによる共同体と考えられる。平成15（2003）年制定の次世代育成支援対策推進法は、一定の規模以上の事業所に行動計画の策定を求めており、さまざまな事業所も福祉を実現する機能をもっている。企業による従業員への住宅や医療の提供などの福利厚生はその例である。

　なお、地域では社会福祉協議会、民生委員・児童委員、さらにNPO（非営利組織）やボランティアグループなどによる活動も広く展開されている。

　では、個人でも、家族や共同体でも福祉が実現できない場合は、誰がこれに代わることができるのだろうか。可能性をもつものの一つとしては、市場がある。商品として「福祉」を販売して利潤を獲得しようとする売り手と、これを購買して福祉の状態を得たいという買い手が登場して商談がまとまれば、福祉は市場を通じて実現できることになる。しかし、「福祉」という商品を必要とする人が低所得で支払い能力がない場合には、市場を通じた福祉の実現は困難になる。

　同時に、売り手の究極の目標はより多くの利潤の追求であり、利潤の極大化のためには経費を圧縮したいという動機が強くなる。介護サービスのような労働集約的な業態では経費に占める人件費の比率が高く、人件費を削り込むことになれば、結局のところ従事者の低賃金での処遇や労働強化を招き、離職やサービスの質の低下につながることになりかねない。平成18（2006）年に発覚したコムスンをめぐる事件では、経費の圧縮の上に介護報酬の不正請求、虚偽の現況報告などの「禁じ手」を使うことにより当事者は退場を命じられ、廃業となった。市場は必ずしも福祉の実現に十分な役割を果たすわけではないのである。

　それでは、個人や家族、共同体、そして市場でも福祉を実現できない場合には、誰が登場するのだろうか。最終的には、国がその役割を担うことになる。生活保護の実施や保育所の整備などの行政活動による福祉の実現で、この場合の国は、中央政府と地方公共団体とよばれる地方政府から成っている。国は、さまざまな福祉をめざす活動の役割と限界を

＊３
本双書第８巻第１部第
２章第３節８参照。

＊４
本双書第８巻第１部第
２章第２節参照。

＊５
本双書第８巻第１部第
２章第３節４参照。

＊６
本双書第８巻第１部第
２章第３節７参照。

＊７
本双書第３巻第３章第
４節２（２）参照。

見極めた上で、低所得の人々への援助をはじめ、市場にはなじまない希少で専門的なサービスを供給することになるのである。

　このように考えると、社会福祉とは、ひと口でいえば、やや抽象的であるが、人々が人生の諸段階を通じて幸せな生活を送ることをめざす、社会における個人から国までのありとあらゆる福祉を実現する活動、すなわち福祉活動の総体であるということができる。福祉活動を総体で把握し、「福祉」という漢字2文字に、さらに「社会」という冠を付けて、社会福祉という概念が成立するのである。

　この福祉活動はまた、次節で述べるように、法律から見れば、社会福祉関係法の土台となる社会福祉法第1条にある「社会福祉を目的とする事業」と同じ内容のものである。

第2節　法律における社会福祉

1　日本国憲法における社会福祉

*8
本双書第13巻第1部第
2章第2節参照。

*9
以下の憲法解釈は芦部
信喜『憲法 第七版』（岩
波書店、2019年）に
よっている。

　日本国憲法は、国民主権、基本的人権の尊重、平和主義を基本原理としている。このうち、**基本的人権**は「人間が社会を構成する自律的な個人として自由と生存を確保し、その尊厳性を維持するため、それに必要な一定の権利が当然に人間に固有するものであることを前提とし」、「侵すことのできない永久の権利として、現在及び将来の国民に与えられる」（第11条）と述べている。人間の尊厳、あるいは個人の尊厳とは、1945年の国際連合憲章、1966年の国際人権規約などに通底する概念で、人に対する敬意と尊重を価値基準にして人権の考え方を支えているのである。

*10
本双書第13巻第1部第
2章第2節3（2）❸
参照。

　その上で、人権は、個別に見れば自由権、参政権、及び社会権に区分される。自由権は国家による個人の支配を排除する権利、参政権は政治への参加の権利、そして社会権は20世紀に入って経済の発展過程でもたらされる失業や貧困などに対する国家の対応が求められて成立した権利である。

*11
本双書第13巻第1部第
2章第2節3（2）❶
参照。

*12
本双書第13巻第1部第
2章第2節3（2）❹
参照。

　自由権の中で、憲法第13条は「すべて国民は、個人として尊重される。生命、自由及び幸福追求に対する国民の権利については、公共の福祉に反しない限り、立法その他国政の上で、最大の尊重を必要とする」と包括的基本権を規定している。

　社会権は、**生存権**、教育を受ける権利、勤労の権利、労働基本権で構成され、生存権を規定した第25条は、以下のようになっている。

日本国憲法
第25条　すべて国民は、健康で文化的な最低限度の生活を営む権利を有する。
2　　国は、すべての生活部面について、社会福祉、社会保障及び公衆衛生の
　　向上及び増進に努めなければならない。

　この「健康で文化的な最低限度の生活を営む権利」が生存権で、「生存権の保障は、社会権の中で原則的な規定であり、国民が誰でも、人間的な生活を送ることができることを権利として宣言したものである」と

される。続く第2項では「国に生存権の具体化について努力する義務を課し」、その方策の一つとして社会福祉という用語を使っている。社会福祉は、社会保障、公衆衛生と並んで、生存権を支える重要な柱としているのである。わが国の公的文書の中で、社会福祉という用語が大々的に初めて登場したのが憲法である。

とはいえ、憲法は、これ以上は社会福祉、社会保障、公衆衛生がどのような内容で、それぞれどういった関係にあるのかは明らかにしていない。公的な機関が憲法第25条第2項の3つの用語を解釈して体系化するのは、昭和25（1950）年の総理大臣の諮問機関である社会保障制度審議会の勧告である。[*13]

なお、憲法第25条の生存権の解釈には、いくつかの違いがある。生存権をめぐる行政訴訟では、最終的には生存権は「国の積極的な配慮を求める権利であるが、『具体的な請求権』ではない。そのため25条は、国民の生存権を確保すべき政治的・道義的義務を国に課したにとどまり、個々の国民に対して具体的権利を保障したものではない、と説かれることが多い。この見解を一般的にプログラム規定説と言う[*14 4)]」とされている。

2　社会福祉法における社会福祉

社会福祉事業法（現　社会福祉法）は昭和26（1951）年に、先行する(旧)生活保護法、児童福祉法、身体障害者福祉法などに共通する基本事項である社会福祉の理念、社会福祉行政の実施体制、民間の経営組織などを取りまとめた法として制定された。平成12（2000）年には社会福祉基礎構造改革の中で大幅な見直しを受けて、社会福祉法に改称されている。[*15]

今日の社会福祉関係法の土台（つまり、基礎構造に関する法律）となっている社会福祉法では、社会福祉はどのように位置付けられているのだろうか。最初に社会福祉法（社会福祉事業法）と社会福祉関係法の関連について整理しておく。

（1）社会福祉事業法の制定と社会福祉法の役割

昭和21（1946）年の（旧）生活保護法が保護の実施主体を市町村長とし、昭和22（1947）年の児童福祉法、昭和24（1949）年の身体障害者福祉法では児童相談所や身体障害者更生相談所による措置、相談・判定

*13
同勧告の詳細については、本書第3部第1章第4節3を参照されたい。

*14
昭和32（1957）年に朝日　茂が国を相手に、生活保護費が健康で文化的な最低限度の生活を営むには不十分、と改善を求めて起こした行政訴訟＝朝日訴訟では、憲法第25条の解釈に焦点が置かれ、最高裁はこのプログラム規定説の立場をとった。朝日訴訟については、本書第3部第1章第4節6を参照。

*15
本書第3部第1章第4節参照。

機関を都道府県の所管とするなど、社会福祉行政の実施体制には一貫性がなく、また各法において、社会福祉の理念や社会福祉施設を経営する民間の経営組織についての規定も整備されていなかった。このため、社会福祉事業法は、あらためて社会福祉事業の全分野にわたる共通的基本事項を総合的・統一的に規定し、社会福祉を目的とする事業及び社会福祉事業全般の運営の適正を図ることとした。こうして社会福祉事業法は、社会福祉関係法の体系の中で生活保護法以下の社会福祉関係法を支える土台、つまり社会福祉基礎構造の役割を果たす、一般法的な性格をもつようになったのである。[16]

＊16
このほか、以下に述べる社会福祉事業法の解釈については、木村忠二郎『社会福祉事業法の解説（第二次改訂版）』（時事通信社、1960年）によっている。

　そして、社会福祉事業法を受け継いだ社会福祉法は、生活保護法、児童福祉法などの社会福祉関係法による社会福祉行政の実施体制を規定している。例えば、生活保護法は保護の原理や原則、保護の種類について規定しているが、肝心の保護の実施機関である福祉事務所については、最低限の事務処理の方法にしかふれていない。誰が、福祉事務所をどのように設置するのか、その主体、組織、取り扱う事務や職員の資格要件などは、すべて社会福祉法が規定しているのである。福祉事務所は、生活保護法のみならず児童福祉法、老人福祉法と分野別のサービス供給法に共通する事務を処理することになる。

　同様に、保育所は児童福祉法に、特別養護老人ホームは老人福祉法によるが、それを設置・運営する社会福祉法人の設立や管理の方法もまた、社会福祉法に具体的に規定されることになる。[17]

＊17
本書第3部第1章第3節8参照。

　社会福祉法のほか、今日、社会福祉基礎構造を支える法律としては、社会福祉士及び介護福祉士法をはじめ、民生委員法、独立行政法人福祉医療機構法などがある。社会福祉士及び介護福祉士法は、専門職を養成・確保してサービス給付法のフィールドに担い手を供給し、民生委員法は地域福祉の担い手に関する法律として社会福祉基礎構造の一角を構成しており、独立行政法人福祉医療機構法は、資金融資、情報提供などを通じて社会福祉基礎構造を担っている。

　社会福祉法と社会福祉関係法の関係は**図1−1−1**のようになっている。この図から、社会福祉法などが生活保護法以下のサービス給付等に関する社会福祉関係法を支える関係になっていることがわかるだろう。

（2）社会福祉法における社会福祉の位置付け

　では、社会福祉法では、実際にどのように社会福祉を位置付けているのか。キーワードは、社会福祉、社会福祉を目的とする事業、社会福祉

〈図1−1−1〉 社会福祉法と社会福祉関係法の構造

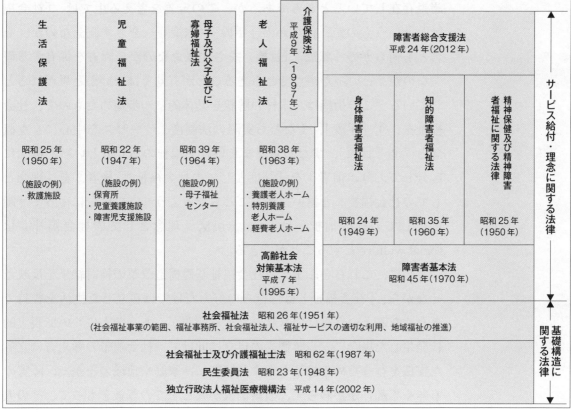

生活保護法	児童福祉法	母子及び父子並びに寡婦福祉法	老人福祉法	介護保険法 平成9年（1997年）	障害者総合支援法 平成24年（2012年）		
昭和25年（1950年）	昭和22年（1947年）	昭和39年（1964年）	昭和38年（1963年）				
（施設の例）・救護施設	（施設の例）・保育所・児童養護施設・障害児支援施設	（施設の例）・母子福祉センター	（施設の例）・養護老人ホーム・特別養護老人ホーム・軽費老人ホーム		身体障害者福祉法	知的障害者福祉法	精神保健及び精神障害者福祉に関する法律
					昭和24年（1949年）	昭和35年（1960年）	昭和25年（1950年）
			高齢社会対策基本法 平成7年（1995年）		障害者基本法 昭和45年（1970年）		

サービス給付・理念に関する法律

社会福祉法　昭和26年（1951年）（社会福祉事業の範囲、福祉事務所、社会福祉法人、福祉サービスの適切な利用、地域福祉の推進）
社会福祉士及び介護福祉士法　昭和62年（1987年）
民生委員法　昭和23年（1948年）
独立行政法人福祉医療機構法　平成14年（2002年）

基礎構造に関する法律

（筆者作成）

事業、社会福祉に関する活動、福祉サービス、地域福祉である。

❶社会福祉法の背景となる社会福祉の考え方

　社会福祉法では、「社会福祉とは何か」については定義をしていない。社会福祉だけではなく、福祉サービスや地域福祉といった用語についても定義をしていない。その理由は、社会福祉という言葉が極めて多岐にわたって使われているからである。

　時代によっても社会福祉の意味は変わってくる。昭和期であれば「貧しい人への施し」かもしれないし、今日では「地域共生社会の実現」という言葉も出てくるだろう。このため、当時の社会福祉事業法の立法にあたった当時の厚生省社会局長の木村忠二郎は、社会福祉事業の「対象は社会経済事情の変遷に応じて絶えず変化してきているばかりではなく、極めて複雑多岐にわたっているので、その形態をとらえて定義することが困難なのである」としている。[5]

　この木村の解釈は、今日にも当てはまる。その上で、社会福祉法の逐

条解説集である『社会福祉法の解説』では、社会福祉の定義については
諸説存在しているところであるが、この定義を考える上では、「社会福
祉」というものが、何らかの「手段」（施策等）をさす概念なのか、そ
れとも何らかの「状態」（目標）をさす概念なのか、両方を併有する概
念なのか、といった視点でとらえることが有効ではないかと思われると[6]
している。この指摘は、木村の解釈を具体的に一歩進めたもので、社会
福祉を、①「手段」、すなわち実際の法制度やサービスを中心にした概
念と、②「目標」、すなわち望ましい社会福祉のあり方といった概念に
区分しており、前者①を「制度としての社会福祉」、後者②を「理念と
しての社会福祉」と言い換えることもできよう。この区分に従って「制
度としての社会福祉」はsocial work、「理念としての社会福祉」は
social welfareとすることができる。

　さらに、これらをふまえて社会福祉基礎構造改革の検討結果を反映さ
せながら、「社会福祉とは、自らの努力だけでは自立した生活を維持で
きなくなるという誰にでも起こりうる問題が、ある個人について現実的
に発生した場合に、当該個人の自立に向けて、社会連帯の考え方に立っ
た支援を行うための施策を指すと同時に、家庭や地域のなかで、障害の
有無や年齢にかかわらず、当該個人が人としての尊厳をもって、その人
らしい安心のある生活を送ることができる環境を実現するという目標を
指すものである」としている。[7]

　半世紀前の**社会保障制度審議会**の昭和25（1950）年勧告では、「社会
福祉とは、国家扶助の適用を受けている者、身体障害者、児童その他援
護育成を要する者が、自立してその能力を発揮できるよう、必要な生活
指導、更生、その他の援護育成を行うことをいうのである」として、
サービス利用者を限定し、さらに「生活指導」「更生補導」といった言
葉に見られるように、サービスの提供者と利用者を上下の関係に置いて
社会福祉を規定せざるを得なかった。これに対して、先に紹介した社会
福祉法を貫く社会福祉の考え方は、国民全体を対象とする「普遍性」「人
としての尊厳」「自立の支援」という今日の社会福祉が到達した重要な
概念で構成されているのである。

❷社会福祉を目的とする事業と社会福祉事業の関連

　以上のような社会福祉の定義も、時代や状況に応じて変化せざるを得
ない。このため社会福祉法では、まずは第1条（目的）で、社会にある
さまざまな福祉をめざす活動を「**社会福祉を目的とする事業**」とし、さ

〈図１－１－２〉社会福祉法における社会福祉を目的とする事業、
　　　　　　　社会福祉事業及び社会福祉に関する活動の関連

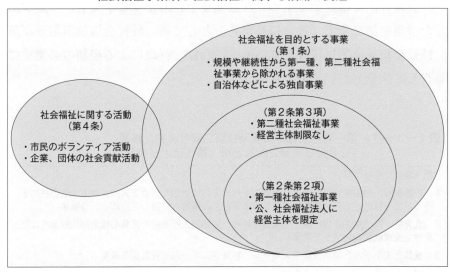

（出典）平野方紹「社会福祉行政の組織と運営」新版・社会福祉学習双書編集委員会　編『新版・社会福祉学習双書　第
　　　1巻　社会福祉概論』全国社会福祉協議会、2001年、184頁を一部改変

らに第２条（定義）で、この「社会福祉を目的とする事業」の中から特
定の事業を「社会福祉事業」として選び出してその範囲を示し、社会福
祉事業の独自性を明確にする手法をとっている（**図１－１－２**）。
　さらに第２条では、「社会福祉事業」の具体的な名称を、**第一種社会
福祉事業**と**第二種社会福祉事業**に分けて列挙している。それは多岐にわ
たる第１条の「社会福祉を目的とする事業」の中でも特に国民生活に関
係が深く、安定的にサービスの量を確保したり、質を維持しなければな
らないものがあるからである。このため、第２条では、これらの行政が
サービスの提供方法や質などの管理に関与し、提供組織の運営や支援策
に積極的にかかわっていく事業について具体的な名称をあげて「社会福
祉事業」としている。換言すれば、さまざまな「社会福祉を目的とする
事業」の中でも、とりわけ国民生活に密接に関連し、行政が責任をもっ
て管理していくべき事業を具体的な「**社会福祉事業**」として示している
のである。
　このように考えれば、第１条の「社会福祉を目的とする事業」は、特
別養護老人ホームや保育所といった社会福祉施設を経営する事業から、
在宅福祉サービス、ボランティア活動、チャリティーコンサート、見守
り活動など、ありとあらゆる不特定多数の事業から成る広範な概念であ
り、第２条の「社会福祉事業」は、根拠法などで名称が明確化されてい
る特定の事業をさすことになる。

❸第一種社会福祉事業と第二種社会福祉事業に区分する理由

　社会福祉法では、第1条の「社会福祉を目的とする事業」から選び出した事業を第2条で「社会福祉事業」として第一種社会福祉事業及び第二種社会福祉事業に区分している。これは、行政による規制の必要性に着目して区分しているのである。

〈表1－1－1〉第一種社会福祉事業及び第二種社会福祉事業
（社会福祉法第2条第2項・第3項より抜粋）

○第一種社会福祉事業

1　救護施設、更生施設その他生計困難者を無料または低額な料金で入所させて生活の扶助を行うことを目的とする施設を経営する事業及び生計困難者に対して助葬を行う事業

2　乳児院、母子生活支援施設、児童養護施設、障害児入所施設、児童心理治療施設または児童自立支援施設を経営する事業

3　養護老人ホーム、特別養護老人ホーム、軽費老人ホームを経営する事業

4　障害者支援施設を経営する事業

5　女性自立支援施設を経営する事業

6　授産施設を経営する事業及び生計困難者に対して無利子または低利で資金を融通する事業

○第二種社会福祉事業

1　生計困難者に衣食その他日常の生活必需品もしくはこれに要する金銭を与え、生活に関する相談に応ずる事業

1の2　生活困窮者自立支援法に規定する認定生活困窮者就労訓練事業

2　障害児通所支援事業、障害児相談支援事業、児童自立生活援助事業、放課後児童健全育成事業、子育て短期支援事業、乳児家庭全戸訪問事業、養育支援訪問事業、地域子育て支援拠点事業、一時預かり事業、小規模住居型児童養育事業、小規模保育事業、病児保育事業、子育て援助活動支援事業、、親子再統合支援事業、社会的養護自立支援拠点事業、意思表明等支援事業、妊産婦等生活援助事業、子育て世帯訪問支援事業、児童育成支援拠点事業または親子関係形成支援事業、助産施設、保育所、児童厚生施設、児童家庭支援センターまたは里親支援センターを経営する事業及び児童の福祉の増進について相談に応ずる事業

2の2　幼保連携型認定こども園を経営する事業

3　母子家庭日常生活支援事業、父子家庭日常生活支援事業、寡婦日常生活支援事業、母子・父子福祉施設を経営する事業

4　老人居宅介護等事業、老人デイサービス事業、老人短期入所事業、小規模多機能型居宅介護事業、認知症対応型老人共同生活援助事業、複合型サービス福祉事業、老人デイサービスセンター、老人短期入所施設、老人福祉センター、老人介護支援センターを経営する事業

5　障害福祉サービス事業、一般相談支援事業、特定相談支援事業、移動支援事業、地域活動支援センター、福祉ホームを経営する事業

6　身体障害者生活訓練等事業、手話通訳事業、介助犬訓練事業、聴導犬訓練事業、身体障害者福祉センター、補装具製作施設、盲導犬訓練施設、視聴覚障害者情報提供施設を経営する事業、身体障害者の更生相談に応ずる事業

7　知的障害者の更生相談に応ずる事業

8　生計困難者のために、無料または低額な料金で、簡易住宅を貸し付け、宿泊所その他の施設を利用させる事業

9　生計困難者のために、無料または低額な料金で診療を行う事業

10　生計困難者に対して、無料または低額な費用で介護老人保健施設または介護医療院を利用させる事業

11　隣保事業

12　福祉サービス利用援助事業

13　上記の事業に関する連絡、助成を行う事業

表1－1－1を見てみよう。第一種社会福祉事業では、まず、生活保護法に規定される救護施設以下のものを経営する事業（第2条第2項第1号）となっている。特別養護老人ホームも第一種社会福祉事業である。第一種社会福祉事業には多くの生活・入所施設が列挙されている。これらの施設では、整備費や運営費に公金が注入されるとともに、運営のいかんによっては利用者の生命、人権や人格に非常に重大な影響を与えることになる。授産施設や生計困難者に無利子または低利で資金を融通する経済保護事業（第2条第3項第7号）の経営などでは、不当な搾取が生まれる可能性がないともいえない。

このため、より公正かつ適切な経営が確保されるように、これらを第一種社会福祉事業に区分して行政による規制・監督を強めているのである。第60条では「第一種社会福祉事業は、国、地方公共団体又は社会福祉法人が経営することを原則とする」とし、経営主体に制限をかけている。この社会福祉を目的とする事業（第1条）→社会福祉事業の範囲・第一種及び第二種社会福祉事業の区分（第2条）→第一種社会福祉事業の経営主体の制限（第60条）という構図は、わが国の民間社会福祉経営の原理となっているものである。

これに対して、第二種社会福祉事業の範囲は、第一種社会福祉事業以外の社会福祉事業で構成され、デイサービスなどの居宅サービスや保育所、地域での相談事業などが列挙されている。第一種社会福祉事業では入所施設が多いが、第二種社会福祉事業では在宅福祉サービス、通所・利用施設が中心になるという特徴がある。第二種社会福祉事業は、社会福祉法では第一種社会福祉事業よりも経営主体の制限もなく、法律上の規制も弱い。それゆえ、民間の自主性と創意に基づいた運営が望まれている分野なのである。

❹社会福祉に関する活動、福祉サービス、地域福祉

今日では社会福祉事業に加え、社会福祉に関する活動、福祉サービス、地域福祉といった用語も使われている。

先に述べたように、社会福祉事業の範囲は第2条に記載されているものに限定される。このため、自治体が単独事業として提供している配食サービスや移送サービスは、社会福祉法における社会福祉事業にはあたらない。ボランティア活動も社会福祉事業ではない。どちらも第2条に記載されていないからである。

しかし、これらは社会福祉事業ではないものの、社会福祉を目的とす

＊18
本双書第8巻第1部第
2章第3節3参照。

る事業であり、それは、共同募金の配分の対象となっている（第117
条）。とりわけ、ボランティア活動は、社会福祉を目的とする事業であ
るとともに、第4条の「**社会福祉に関する活動**」であり、同様のものと
して企業、団体の社会貢献活動などがある。これらの関連についても**図
1-1-2**で確認しておこう。

　福祉サービスといった場合には、広狭の概念があるが、狭義では、福
祉サービスとは、とりあえず第一種社会福祉事業及び第二種社会福祉事
業を通じて提供されるサービス、と限定的にとらえておく（第75条）。
よって、有料老人ホームで提供されるサービスは、福祉サービスにはあ
たらない。有料老人ホームは、第2条に記載されていないからである。

　第1条では「地域における社会福祉」を「地域福祉」とし、第4条の
「地域福祉の推進」に加え、第10章では地域福祉の推進体制や地域福祉
計画について述べている。地域福祉については、社会福祉と同様に多岐
にわたる解釈があるが、社会福祉法では最低限の要素を指摘するにとど
めている。第4条で、その主体は、地域住民、事業者及び社会福祉に関
する活動を行う者とし、地域住民等は地域福祉の推進に努めなければな
らないと努力義務を求め、地域住民を筆頭に置いている。社会福祉に関
する活動を行う者としては、前述のボランティアが該当する。

　地域福祉推進の目的は、「福祉サービスを必要とする地域住民が地域
社会を構成する一員として日常生活を営み、社会、経済、文化その他あ
らゆる分野の活動に参加する機会が確保されるように」することである
（第4条第2項）。これらを総合すると、地域福祉とは地域住民が主体と
なって、地域を活性化し、福祉課題を発見して解決に向けて行動するこ
とをさしているのである。

＊19
本双書第8巻第1部第
6章第2節参照。

　第10章では、第4条の「地域福祉の推進」の規定を受けて、地域福
祉の実現に向けて地域福祉計画、社会福祉協議会及び共同募金をあげて
おり、計画→推進主体→財源確保と、3層構造で推進体制が組まれてい
る。

　なぜ、地域福祉がこのように規定されたのだろうか。それは、社会福
祉基礎構造改革の中で半世紀にわたる中央集権的な仕組みに終止符を打
ち、地方分権化を背景にして住民の身近な地域、市町村におけるサービ
ス提供への転換が図られたことがある。

　これからの社会福祉が地域の特性をいかし、地域に密着して展開する
ことが望まれること、そのサービスは行政や社会福祉法人はもとより住
民、ボランティア、住民参加団体など多様な組織、個人が協力して担

い、総合的な住民の立場でのサービス開発が重要となる。こうした要素に基づく地域福祉が各地で工夫されて開発され、次世代に継承されることで、地域福祉は福祉文化を形成していくと考えられるのである。[*20]

❺社会福祉事業の本質

　社会福祉事業は、そのサービスや内容が社会福祉法と生活保護や児童、高齢者などの分野別の関係法で詳細に規定されている。これらに共通するものを分析すると、社会福祉事業の本質が見えてくる。

　まずは、社会福祉事業の経営では、いうまでもなく「人間の尊厳」「人権の尊重」を前提にしなければならないことである。その上で、入所施設経営のような社会福祉事業では、サービス提供にあたっては安定性と継続性が確保されなければならない。加えて、サービス提供には普遍性があり、サービスが必要な人が容易にアクセスできることが求められる。そして、常に一定のサービス量と質が維持されなければならない。

　社会福祉事業は、歴史的に見れば、慈善事業のように支払い能力のない人への一方的なサービス投入から始まっており、社会福祉事業の本質の一つは、そのサービスが代償を求めない無料あるいは低額なところにある。今日の社会福祉事業の中に生活困窮者への支援、利用者負担額の減免・低額化などが存在しているのは、このためである。

　社会福祉事業は、純粋性、公益性が高い事業である。純粋性とは、ただひたすら社会福祉事業の本質を貫くということであり、公益性とは、その事業が限られた個人や組織のためではなく、広く社会のために役立つという意味である。

＊20
平成の社会福祉基礎構造改革では、地域福祉推進の中で社会連帯の考え方に基づき、幅広い住民の参加を得て豊かな福祉文化の土壌形成が大切とされた。この視点は、社会福祉法で地域福祉計画の規定に継承された。

第3節 社会福祉の学びのために

1 社会福祉の学びの構造

　ハイキングや旅行では地図が必要である。地図を見ながら現在地と目的地との距離、所要時間などをチェックする。同様に、社会福祉の学びでも、何を学ぶのか、最初にその全体像を理解することが大切である。この学びでの地図にあたるのが、**図1-1-3**の「社会福祉の学びの構造」である。

　この図の見方を説明しよう。社会福祉の学びでは、何を学ぶのか、最初にその対象を理解することが肝心である。社会福祉の学びの構造は、分野横断的な3層の縦軸でつくられている。

　縦軸の第1層は、「臨床・社会福祉援助」の領域の学びで、個人や集団へのソーシャルワーク、介護技術といった、利用者にかかわる際の援助の原理・原則に関する知識であり、利用者と相対する社会福祉の専門職の仕事の原動力となるものである。第2層の「経営・管理」は、事業所や地域がどういった仕組みでヒト、モノ、カネを組み合わせてサービスを提供しているのか、組織やサービスの経営と管理を学ぶ知識より成っている。行政のサービス提供組織や社会福祉法人などの経営組織の運営、財務・人事管理などもここに含まれることになる。第3層は、「政策・制度」に関する領域でつくられ、第1層及び第2層の組織の基盤や理念とあわせて学ぶことになる。ソーシャルワーク教育では、おおむね第1層をソーシャルワークのミクロ、第2層をメゾ、そして第3層

〈図1-1-3〉社会福祉の学びの構造

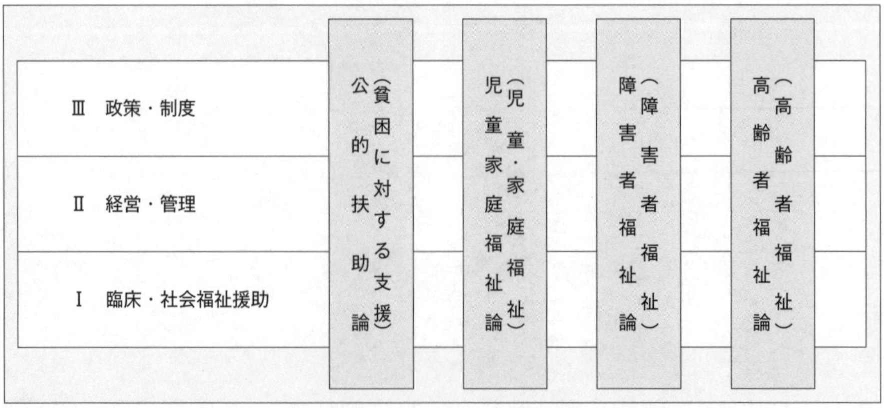

（筆者作成）

をマクロとしている。

　以上の縦軸の領域に対して横軸の教科群がある。公的扶助論や児童家庭福祉論などの分野別のサービスに関する教科である。これらは、教科ごとに第1層から第3層までを含んだものとなっている。例えば、公的扶助論では、公的扶助の概念が歴史の中でいつごろ、どのように登場してきたかを学び、公的扶助の実施体制の要となる福祉事務所などの機能や、低所得者への援助方法と、第3層→第2層→第1層の順で内容が組み立てられている。分野別のサービスに関する教科群は、縦軸＋横軸で構成された教科なのである。さらに、図では明示されていないが、これらの3層全体の周囲に展開するのが、医学や心理学などの利用者の理解、社会学などの社会福祉を支える社会システムに関する教科である。

　これらの教科の中で、例えば、第1層に位置するミクロレベルでのソーシャルワークなどは、比較的関心が強まり、学習へのモチベーションが高まる教科といわれているが、一方で社会保障などの教科は、なかなか難解だとされることがある。第1層は実際に利用者にはたらきかける援助の学びなので、目に見えて理解が深まりやすいからである。

　これに対して第3層の社会保障などは、その多くが法制度により構成されるために抽象的で可視化されにくいという特質をもっている。とはいえ、学習方法を工夫すれば、制度系の教科も理解や興味が深まるはずだ。例えば、「自分が介護保険を利用する場合」といった視点で、介護保険の要介護認定の仕組み、利用できるサービス、保険料負担などを追っていけば、医療保険などのほかの社会保険の理解にもつながっていく。体験や日ごろの気付きに引き寄せて学習するのがポイントである。

2 社会福祉の理論

　社会福祉の学びの構造を構成する縦軸と分野別のサービスに関する横軸の教科群は、多くの研究成果が蓄積された理論の体系をもっている（**図1-1-3**）。

　他方で、社会福祉の研究者にとって、「社会福祉とは何か、すなわちその基本的性格、理念、範囲、制度の体系、援助活動の種類や方法など、社会福祉の全体像を過不足のない簡潔な言葉で表現し、記述したい[8]」という問題意識は、社会福祉学の構築をめざす研究を生み出している。[21]

　もっとも今日の社会福祉研究をめぐる状況は、「現代の実学ともいうべき社会福祉[9]」という性格を反映して、対象となる領域は「Ⅰ　臨床・

＊21
その先行例としては、京極髙宣『現代福祉学の構図』（中央法規出版、1990年）、古川孝順『社会福祉学』（誠信書房、2002年）など。

17

社会福祉援助」から「Ⅲ 政策・制度」までを包含しながらほかの学問と複雑にからみ合って拡大しているのが現状であり、社会福祉とは何かという根本的な問いかけに対する社会福祉研究はまだ途上にあるといえる。「実学」とは、暮らしに役立つ学問であり、介護の技術や知識、福祉サービスの利用方法、関連制度などの情報がそれに相当するだろう。

　社会福祉がどのような歴史をたどって今日に至っているかという視点からは、社会福祉史というカテゴリーの研究が、それぞれの時代に人々が生活問題、貧困や差別をどのようにとらえていたかという視点に立てば、社会福祉思想史ともいうべき研究が成立する。しかし、社会福祉史はそれなりの成果が得られている半面、社会福祉史と社会福祉思想史が混在して分化していないものも散見され、社会福祉思想史も十分な発展を見ていない。

　社会福祉に関する研究、とりわけ政策論が先行研究を取り込みながら発展してきた過程を対象とする社会福祉学説史は、これから発展が期待される研究分野である。社会福祉史の中に登場する事実が社会福祉思想史を貫くプラットフォームとなり、社会福祉思想史が明らかにするその時代の社会経済や制度への人々の見方、貧困観などは、社会福祉学説史を理解するキーワードとなるように、こうした分業を通じて社会福祉の理論研究は発展していくのである。

📖BOOK 学びの参考図書

●蟻塚昌克『日本の社会福祉－礎を築いた人びと』全国社会福祉協議会、2019年。
　　制度が十分に整っていない時代、前例がない、法律がない、資金がないなどの多くの困難を突破して、制度の狭間（はざま）にあってサービスが届いていない人への支援に果敢に取り組み、日本の社会福祉を切り開いた48人の先達の人物伝。

引用文献
1）全国社会福祉協議会 編『新しいコミュニティの創造－灘神戸生協の在宅福祉』全国社会福祉協議会、1986年、116頁
2）芦部信喜 著、高橋和之 補訂『憲法 第七版』岩波書店、2019年、82頁
3）芦部信喜 ほか、前掲書、278頁
4）芦部信喜 ほか、前掲書、279頁
5）木村忠二郎『社会福祉事業法の解説 第二次改訂版』時事通信社、1960年、17頁
6）社会福祉法令研究会 編『社会福祉法の解説』中央法規出版、2001年、58頁
7）社会福祉法令研究会 編、前掲書、60頁
8）古川孝順『社会福祉学』誠信書房、2002年、38頁
9）一番ケ瀬康子 編著『新・社会福祉とは何か 第3版』ミネルヴァ書房、2007年、13頁

第2章

現代における社会問題と社会構造

学習のねらい

　昭和55（1980）年に第3次産業に従事する労働者の割合は半数を超え、日本は製造業中心の社会からポスト工業社会に移行する。ポスト工業社会では男性よりも女性に多くの雇用機会が生み出される。女性の社会進出が進み、高学歴化が起きると、少子高齢化が進展し、家族形態も多様化する。さらに、1990年代には職場の高齢化や経済のグローバル化などが進展した結果、雇用形態が多様化し、非正規労働者が増加した。

　このような社会の変化が、現代社会にさまざまな問題をもたらしている。本章では、こうしたわが国の社会問題・社会構造の変化と特徴を見ていくものとする。

第1節　経済の構造変化と女性労働

1　日本経済の構造変化

　日本経済は戦後になって急速に発展した。昭和25（1950）年には約半数の労働者が第１次産業に従事していたが、20年後の昭和45（1970）年には19.3％に減少し、急速な工業化が進展している。いわゆる高度経済成長が実現された時期である。

　そして、昭和45（1970）年から令和２（2020）年にかけては、第１次産業従事者が急減し、第３次産業に従事する労働者の割合が増えている。昭和45（1970）年には46.6％であったのに対して令和２（2020）年には73.4％と、急速にサービス産業化が進展している。また、工業社会からポスト工業社会への移行が速いことがわかる（**図１－２－１**）。

　第３次（サービス）産業は女性に多くの雇用機会を提供する。令和３（2021）年に女性が半数以上を占める産業を見ると、卸売業・小売業（52.4％）、金融業・保険業（55.5％）、宿泊業・飲食サービス業（64.0％）、生活関連サービス業・娯楽業（60.1％）、教育・学習支援業（57.1％）、医療・福祉（76.8％）となっている。他方、第２次産業の製造業に占める女性労働者の割合は29.6％となっている。同様に、サービス職業従事者の７割は女性である。[2]

*1
第１次産業とは、農業、林業、漁業など、自然から直接に資源を採取する産業をいう。第２次産業とは、製造業、建設業、水産加工業など、第１次産業から得た資源を加工する産業をいう。第３次産業とは、第１次産業にも第２次産業にも含まれないものであり、金融業、小売業、サービス業、情報通信業などをさす。

*2
厚生労働省「令和４年版 働く女性の実情」。

〈図１－２－１〉　産業構造の変化　大正９(1920)～令和２(2020)年

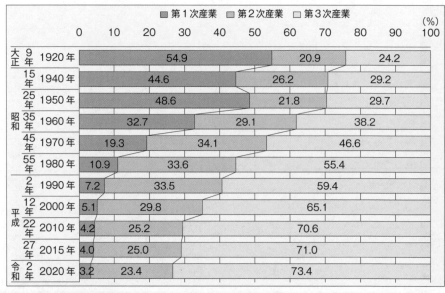

（出典）総務省統計局「国勢調査」をもとに筆者作成

2 経済発展と女性労働

（1）女性の労働力率の変化

　一般に、女性の労働力率と経済発展度にはU字の関係があるといわれている。**労働力率**は、労働者数を15歳以上の人口で割って求められる。労働者には、自営業者、家族従業者、雇用就業者に加えて、現在仕事はしていないが職探しをしている失業者が含まれる。**図1-2-2**は、1人当たりのGDP（国内総生産）と女性の労働力率との関係を描いたものである（イメージ図）。

　農業が中心の社会から工業が中心の社会に移行すると女性の労働力率は減少するが、その後、サービス経済化が進展し、社会が工業社会からポスト工業社会に変化するに従って、女性の労働力率が上昇する。また農業が中心の社会では、女性は家族従業者として働くことが多く、家で仕事をするので仕事と家庭の両立がしやすいのだが、女性の就業機会が雇用部門に移行するに従って仕事と家庭の両立が大きなテーマになっていく。そして、この両立が困難であるほど出生率が低下し、高齢化が進展することになる。

（2）女性の社会進出と出生率の関係

　女性の社会進出が進むと出生率が低下するという現象は先進国に共通して見られるが、その後については、出生率が回復に向かう国と少子化から抜け出せない国に分かれる。出生率の回復が見られた国は、北欧諸

〈図1-2-2〉経済発展度と女性の労働力率との関係（イメージ）

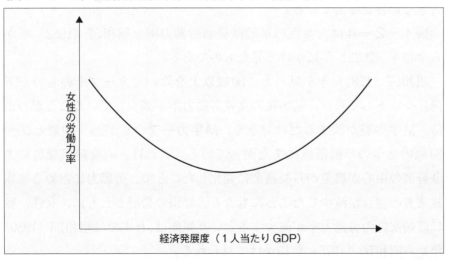

（出典）Blau, F., Ferber, M.A., Winkler, A.E. (2014) 'The Economics of Women, Men and Work', Person Education, p. 19, Figure 2-1をもとに筆者作成

〈図1－2－3〉出生率とジェンダー平等社会成熟度との関係（イメージ）

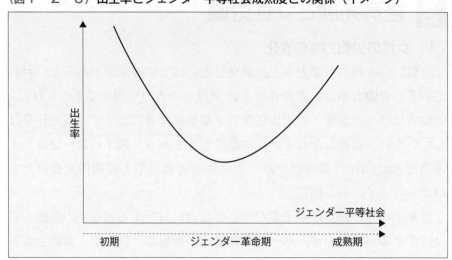

（著者作成）

国やアメリカ、イギリスなどの男女格差が小さく、家庭で育児や介護などが平等に分担されている国（gender-equal society）である[1]。

　別の表現をすれば、男性は稼ぎ主で女性は育児や介護などのケアの担い手というような男女の性別分業が前提の社会では女性の社会進出は出生率の低下をもたらすが、家庭内にジェンダー革命が起き、その後男性も女性も仕事と家事や育児を分担する社会に移行すると、出生率は回復するということである[2]（**図1－2－3**）。

（3）年齢別に見た女性の労働力率の変化

　前述の経済の構造変化が、女性のライフステージで見た労働力率にも大きな影響を与えている。

　図1－2－4は、女性の年齢階級別労働力率を昭和57（1982）年から令和4（2022）年にかけて見たものである。

　昭和57（1982）年を見ると、50歳以上を除いてカーブそのものが下降にシフトしており、結婚後の女性労働力率が減少していることがわかる。M字の谷が深まるだけでなく、**M字カーブ**の底が25〜29歳と30〜34歳の2つの年齢階級にまたがっている。これは、高度経済発展により経済の中心が農業から製造業に変化したことで、労働力に占める家族従業者の割合が減少したことにもよる。経済の発展とともに、女性、特に既婚女性の労働力率が減少するという傾向は、日本では昭和25（1950）年から昭和50（1975）年にかけて見られる。

　そして、第1次産業から第2次産業に就業機会が変化するにつれて、

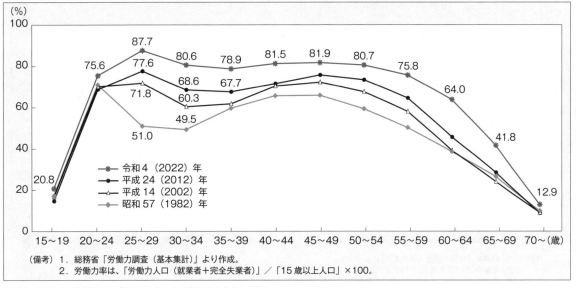

〈図1－2－4〉女性の年齢階級別労働力率の変化　昭和57（1982）～令和4（2022）年

（備考）　1．総務省「労働力調査（基本集計）」より作成。
　　　　　2．労働力率は、「労働力人口（就業者＋完全失業者）」／「15歳以上人口」×100。

（出典）内閣府男女共同参画局『令和5年版　男女共同参画白書』10頁

25～29歳、30～34歳の女性の労働力率が低下する女性労働力率のM字カーブが形成されていることがわかる。

　昭和56（1981）年の女性の平均初婚年齢は25.3歳、平均第1子出生年齢は26.5歳であった。当時は、結婚後1年未満に第1子を出産する女性は7割に上った。また、子育てから手が離れてからはパート労働者として家計補助的に働く女性が多かった。

　しかしその後、サービス経済化が進展するにつれて女性の雇用就業者が増加する。平成14（2002）年には、M字カーブの底は30～34歳（60.3％）に移行する。そして、令和4（2022）年になると、30～34歳から35～39歳（78.9％）に移行し、年齢別の女性の労働力率のカーブはほぼ台形型になっている。

　この25歳から34歳の増加は、晩婚化と同時に、出産後も就業継続をする女性が増えたことによってもたらされている。出産前に働いていた女性の中で、第1子出産後就業を継続する女性は、平成12（2000）年から平成16（2004）年にかけて出産した女性の40.5％であったのに対して、平成22（2010）年から平成26（2014）年にかけては57.7％と、17.2ポイント増加している。さらに平成27（2015）年から令和元（2019）年にかけては69.5％と11.8ポイント増加している。M字カーブの底が上がったのは、晩婚化や非婚化といった結婚の変化に加えて出産後も継続して働く女性が増えたことも大きい。なお、女性の平均初婚年齢は、令和3（2021）年で29.5歳、平均第1子出生年齢は30.9歳へと上がっている。

〈図１－２－５〉女性の年齢階級別正規雇用比率（令和４〔2022〕年）

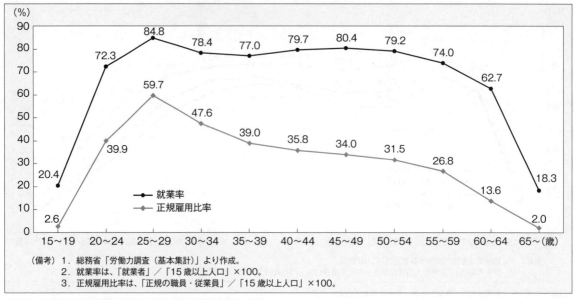

（備考）1．総務省「労働力調査（基本集計）」より作成。
　　　　2．就業率は、「就業者」／「15歳以上人口」×100。
　　　　3．正規雇用比率は、「正規の職員・従業員」／「15歳以上人口」×100。

（出典）内閣府男女共同参画局『令和５年版　男女共同参画白書』139頁

*3
総務省「労働力調査（基本集計）」2022年より筆者作成。

　とはいうものの35歳以降、女性雇用就業者に占める非正規雇用者の割合は上昇している。25～34歳では31.3％なのに対して、35～44歳で48.4％、45～54歳では54.9％、55～64歳では65.6％に上昇している。[*3]

　このように年齢別の労働力人口比率はM字を描いているものの、正規雇用に限定すると25～29歳の年齢層をピークに年齢別正規雇用比率は低下し、L字を描く（**図１－２－５**）。働く女性の数は増えているが、雇用の質が相対的に高まっているわけでない。これをL字カーブとよび、日本の女性労働が抱える課題の一つと考えられている。

（４）女性の社会進出と夫の所得水準

　前述のように、工業（第２次産業）中心の時代では、女性の就業は結婚前の短期間に行われることが多く、既婚女性の就業率は夫の所得が低いほど高く、家計補助的な目的で行われることが多かった。しかし、1990年代になると、夫の所得と妻の就業率の間には相関関係が弱まっている。

　女性の高学歴化も進展しており、昭和62（1987）年には女性の大学への進学率は13.6％であったが、令和２（2020）年には50.9％にまで上昇しており、男女差も急速に縮小している。女性の就業機会が拡大するに従って、女性が自己投資をして稼得能力を上げていることがわかる。背後には、情報経済化により高学歴者の需要が高まっていることがある。

〈図1−2−6〉　**出生数及び合計特殊出生率の年次推移**

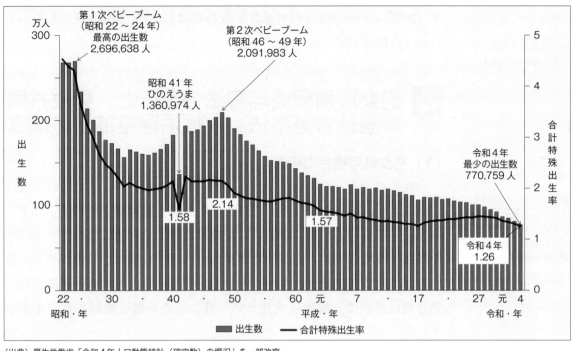

（出典）厚生労働省「令和4年人口動態統計（確定数）の概況」を一部改変

3　少子化の進展と育児休業制度の導入

　先進国において女性の社会進出への関心が高まった理由の一つは、それが出生率に影響を及ぼすからである。**図1−2−6**は、日本の戦後の出生数と合計特殊出生率の変化を見たものであるが、昭和50（1975）年ごろから合計特殊出生率が人口置換水準を下回っており[*4]、平成20（2008）年からは総人口が低下している。なお、この昭和50（1975）年ごろからの出生率の低下は女性の雇用就業率の増大と関連している。

　しかし、日本で少子化が注目されたのは、平成元（1989）年の合計特殊出生率が、昭和41（1966）年の「ひのえうま」を下回る1.57となってからである[*5]。これは「**1.57ショック**」とよばれ、この年を境に、社会の少子化への危機感が一気に高まった（**図1−2−6**）。

　平成4（1992）年には育児・介護休業法が施行され[*6]、労働者は出産後1年間の休業が認められるようになった。当初は無給であったが、平成7（1995）年より雇用保険から休業中の給付が始まり、現在では子が1歳になるまで、休業の最初の6か月は休業前の所得の67%、その後の6か月は50%が支払われ、税負担や社会保険料負担も免除される。

　平成22（2010）年からは夫婦で育児休業を取る場合は、休業期間が

*4
同じ人口を維持するために必要な合計特殊出生率。

*5
本双書第5巻第1部第3章第2節1（1）、及び第12巻第2部第1章第1節2参照。

*6
正式な法律名は、「育児休業、介護休業等育児又は家族介護を行う労働者の福祉に関する法律」。

＊7
厚生労働省「令和3年
度雇用均等基本調査」。

1年2か月に延長できることになった（**パパ・ママ育休プラス**）。令和
4（2022）年度の男性の育児休業取得率は17.13%と過去最高となって
いる[7]（女性は80.2%）。

４ 男女雇用機会均等法の改正と、男女共同参画社会基本法、女性活躍推進法の成立

（1）男女雇用機会均等法

＊8
正式な法律名は、「雇用
の分野における男女の
均等な機会及び待遇の
確保等に関する法律」。

　女性の社会進出の増加に伴い、昭和61（1986）年には雇用の分野に
おける男女の均等な取り扱いを目的とする**男女雇用機会均等法**（以下、
均等法）[8]が施行された。企業は、正社員を昇進や昇格によってキャリア
を形成する総合職と、補助的な事務職である一般職の2つのコースに分
けるコース別人事管理制度をつくることで対応したものの、実際には、
総合職は男性で一般職は女性という性による分離は維持されたままで
あった。

　ところが前述のように、均等法が施行されるとともにこの法律を雇用
における男女平等社会の実現に向けたシグナルと受け取り、女性の大学
への進学率が上昇する。また、高学歴女性が増えるに従って均等法も女
性への保護色の強い法律から女性に対する差別を禁止する法律へと転換
する。平成9（1997）年の改正では、募集・採用、配置・昇進に関する
男女の均等な取り扱いが、努力義務から均等でない取り扱いの禁止規定
に変わった。同時に、事業主の「女性に対するセクシャルハラスメン
ト」を防止するための雇用管理上の配慮義務規定が新設され、平成18
（2006）年改正では配慮義務から措置義務へと強化され、平成27（2015）
年には「妊娠、出産等に関するハラスメント」防止が措置義務となっ
た。

＊9
ここでいう間接差別と
は、性中立的なルール
や取り扱いであるが、
それを適用すると、一
方の性に著しく不利益
を与えるルールや取り
扱いのことをさす。

　さらに、平成18（2006）年改正で、間接差別の一部禁止条項[9]が盛り
込まれた。これは、日本の雇用慣行において暗黙の前提として使われて
いる男性基準そのものの妥当性を問い、そこに存在する「社会通念」の
差別性を浮かび上がらせ、社会意識を変えることができる重要な概念で
ある。

（2）男女共同参画社会基本法

　さらに、平成11（1999）年には**男女共同参画社会基本法**（以下、基
本法）が制定された。社会制度・慣行上での男女の固定的役割分業を見

直すためにつくられた法律で、男女共同参画社会とは「男女が、社会の対等な構成員として、自らの意思によって社会のあらゆる分野における活動に参画する機会が確保され、男女が均等に政治的、経済的、社会的及び文化的利益を享受することができ、かつ、共に責任を担うべき社会」と定義されている（第2条）。

　日本政府は、男女共同参画社会の形成を21世紀の最重要課題と位置付けており、基本法の成立を受けて男女共同参画社会を実現するための国の行政機関として、内閣府に男女共同参画局と男女共同参画会議を設置している。

　なお、平成15（2003）年には男女共同参画推進本部が「社会のあらゆる分野において、2020年までに、指導的地位に女性が占める割合が、少なくとも30％程度となる」という目標を設定し、平成24（2012）年12月に発足した第2次安倍内閣では、成長戦略の中に「女性の輝く社会の実現」を掲げた。

（3）女性活躍推進法

　その結果、平成28（2016）年4月1日に**女性活躍推進法**[*10]が施行され、常時雇用する労働者が301人以上の事業主は、自社の女性の活躍に関する状況把握・課題分析をふまえた行動計画の策定・届出・公表、及び女性の活躍に関する情報の公開が義務付けられた。令和元（2019）年5月改正では、情報公開義務の対象企業が101人以上の事業主に拡大されている。

　女性活躍推進法では、自社の女性労働者の活躍状況を把握し課題を分析し、それをもとに一般事業主行動計画の策定が義務付けられている。また、策定した旨の届出を行った企業のうち、一定の基準を満たし、女性の活躍推進に関する状況等が優良な企業を厚生労働大臣が認定している[*11]。

　以上、見てきたように、女性が能力を発揮し働きやすい環境をつくるためにさまざまな試みがなされてきたが、依然として課題も多い。女性[*12]活躍推進法が施行されたが、管理職に占める女性比率は国際的に見ても低い水準にとどまっている。令和2（2020）年7月、政府は、令和2（2020）年までに「指導的地位」における女性の割合を30％にするとしていた目標達成の時期を、「2020年代の可能な限り早期に」と先送りすることを決定した。

*10
正式な法律名は、「女性の職業生活における活躍の推進に関する法律」。

*11
認定を受けた企業は、認定マーク（愛称「えるぼし」）を商品や広告、名刺、求人票などに使用し、女性の活躍を推進している事業主であることをアピールすることができる。さらに、「公共調達における加点評価」と「日本政策金融公庫による低利融資」の対象となることから、公共調達や資金調達の点でもメリットを得ることができる。令和元（2019）年改正では、ワンランク上の「プラチナえるぼし」認定が創設された。

*12
本書第2部第6章第4節2参照。

　また、女性の政治参画も低い水準にあり、2023年2月現在の列国議
会同盟（IPU）の調査結果によると、国会議員に占める女性の比率は日
本は10％（衆議院）で190か国中165位であり、G7など先進国の中で
は最も低い。

　働く女性は増えているものの、その多くが非正規労働者として低賃金
で働いており、大きな男女間の賃金格差が存在している。次節では、非
正規労働者の増加の要因と、それがもたらした社会変化について述べ
る。

第2節 バブル崩壊後の非正規労働者の増加

　経済の国際化が進展する中で、平成3（1991）年にバブル経済が崩壊した後、平成9（1997）年にはアジア通貨危機、平成20（2008）年にはリーマンショック、平成23（2011）年には東日本大震災と、多くの経済ショックに見舞われ、日本経済は長い不況期が続いている。それに伴って労働力に占める非正規労働者の割合が増加している。

1 非正規労働者の増加の状況

　図1-2-7は、役員を除く雇用者に占める正規・非正規の職員・従業員の割合を見たものである。昭和59（1984）年には15.3％であった非正規の職員・従業員比率は令和4（2022）年には36.9％にまで上昇している。

　また、女性雇用者のうち非正規の占める割合は53.4％である（令和4〔2022〕年）。ちなみに正規労働者とは、期間の定めのない労働契約を締結しフルタイムで雇用されている労働者であり、非正規労働者は、それ以外の労働者のことをさす。具体的には、パート・アルバイト、派遣労働者、契約社員、嘱託社員などがここに含まれる。

〈図1-2-7〉雇用者に占める正規・非正規の職員・従業員の比率とその推移

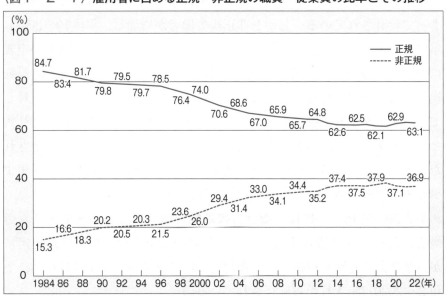

（出典）平成13（2001）年までは総務省「労働力調査特別調査」（毎年2月）をもとに、平成14（2002）年からは総務省「労働力調査（詳細集計）」をもとに筆者作成

＊13
「労働者派遣事業の適正
な運営の確保及び派遣
労働者の就業条件の整
備等に関する法律」（現
労働者派遣事業の適正
な運営の確保及び派遣
労働者の保護等に関す
る法律。平成24〔2012〕
年名称変更）。

平成11（1999）年には労働者派遣法が改正され[13]、職業紹介に関する規制が緩和されるとともに、派遣労働者を採用できる業種が原則自由化された。

2 非正規労働者増加の要因

平成7（1995）年には日本経営者団体連盟が、新たな日本的経営として雇用ポートフォリオという考え方を提案する。これは、「長期蓄積能力活用型（正社員）」「高度専門活用型（契約社員）」「雇用柔軟型（パート・アルバイト・派遣労働）」という3つのタイプの労働者を、それぞれの企業が最適に組み合わせて雇用ポートフォリオをつくり、経営を行うというものである。背後には総額人件費の抑制が意識されている。

そして、非正規労働者が1990年代に入って増加した背景には、非正規労働者を採用することによって人件費を削減できるというメリットがあることが大きい。日本企業の正社員の賃金は、年齢とともに上昇する年功型賃金体系が適用されている。ところが、非正規労働者の賃金体系では、年齢が上昇しても賃金の上昇は見られない。さらに、定年延長等により職場の高齢者の割合が増加する中で、企業が新卒採用を抑制したり、非正規労働者を雇うことで節約できる人件費は大きい。

（1）賃金制度の違いと法改正

＊14
「短時間労働者の雇用管
理の改善等に関する法
律」（現 短時間労働者及
び有期雇用労働者の雇
用管理の改善等に関す
る法律。令和2〔2020〕
年名称変更）。

日本の正社員とパートタイマーの賃金体系はそもそも異なった制度によって設計されている。しかし非正規労働者が増加し、平成19（2007）年にパートタイム労働法が制定された際に[14]、パートタイム労働者の定義について議論された。その中で、正社員は会社に対して残業や配置転換、業務内容の変更などに関して命令に従う義務を負っているのに対して、パートタイム労働者の場合にはその義務がない。そこから、正社員とパートタイム労働者との違いは、働き方の拘束度の違いであるとされた。そして、人材活用の仕組みと運用が同じであれば「正社員と同視すべき短時間労働者」として差別の禁止規定が設けられた。

平成30（2018）年には「**働き方改革関連法**」によりパートタイム労働法が改正され、第8条に不合理な待遇の禁止規定（均衡待遇規定）が、第9条に差別的取扱いの禁止規定（均等待遇規定）が設けられ、令和2（2020）年4月から施行されている。

このように非正規労働者の待遇改善のための法改正が行われている

が、異なる処遇体系が用いられている場合に、何が不合理な待遇で、何が差別的取り扱いかの基準が明らかにされていないことが、格差の是正をむずかしくしている。

（2）社会保険の費用負担

　企業にとって、非正規労働者の雇用で節約できることのもう一つは社会保険料負担である。

　雇用者の老後の所得保障や病気やけがをしたときのためにつくられたのが被用者保険（年金・医療）である。[*15] 被用者保険の保険料率は厚生年金の場合、標準報酬額の18.3%で、これを労使折半で負担する。他方、労働時間が週20時間未満で、年収が106万円未満（月額8万8,000円以上）、2か月以下の雇用の見込みで企業規模が101人未満の者に対しては被用者保険の加入義務はない。[*16]

＊15
本双書第6巻第4章第1節4（2）参照。

＊16
本書第2部第6章第4節参照。

（3）社会制度適用の加入率に見る雇用形態間格差

　表1-2-1は、雇用形態別に企業が適用している主な社会保険制度等の加入率を見たものである。法律に定められている雇用保険、健康保険、厚生年金制度の加入率を正社員と正社員以外で比較すると、正社員は100%に近い加入率であるのに対して、正社員以外は約半数の者が加入しているにすぎない。

　また、雇用期間が1か月以内の臨時労働者とパートタイム労働者（常用的に雇われている労働者で、フルタイム正社員よりも所定労働時間が短い者）で加入率が低くなっている。パートタイム労働者では、雇用保険の加入率は64.0%、健康保険は約半数の人が、厚生年金は43.1%しか加入していない。

　すでに見たように、正社員であれば社会保険料は労使で折半される。正社員が病気になったときのリスクや老後の生活に対する生活保障を会社と個人とでシェアすることができるのに対して、非正規労働者は個人

〈表1-2-1〉雇用形態別に適用される各種社会保険制度等の加入率

(%)

	雇用保険	健康保険	厚生年金
正社員	92.7	97.2	96.1
正社員以外の労働者	71.2	62.7	58.1
パートタイム労働者	64.0	48.7	43.1
臨時労働者	47.5	36.6	34.8
派遣労働者	86.4	86.6	84.1

（出典）厚生労働省『令和元年就業形態の多様化に関する総合実態調査』2021年

でリスクを背負わなければならないのである。

3 非正規労働の増大がもたらした格差拡大と社会の階層化

　森口千晶は、日本の格差拡大の特徴は「富裕層の富裕化を伴わない『低所得層の貧困化』にあり、世界の趨勢とは一線を画している」と述べている[3]。

　バブル経済が崩壊し、正社員の採用が抑制された平成5（1993）年から平成17（2005）年に入社した世代は、就職氷河期世代とよばれる。それ以前の世代ならば当然であった、学校を卒業したら正社員の仕事に就くことの困難さに直面した世代である。それまで学校は就職をあっせんし、就職後もさまざまな形で卒業生の成長を支えるという機能を兼ね備えていた。特に学歴の低い若者の場合は、大人に移行する初期の過程で能力開発の機会が必要であるが、それが失われたのである。

　いったん非正規職に就くとそこから抜け出すのはむずかしい。平成27（2015）年に非正規から正規に移動したのは1割弱であった。

　日本では長年、非正規労働者の大多数がパート主婦であった。しかし、すでに述べたように1990年代以降、主婦以外の人々に非正規雇用が広がり、日本に新たなアンダークラスが形成された。

　所得分布の平等度を示す**ジニ係数**[*17]の変化を男女別に昭和57（1982）年から平成19（2007）年にかけて見ると、女性では昭和57（1982）年から平成14（2002）年まで格差が拡大しているのに対して、男性は、非正規労働者が増加し始めた平成9（1997）年から拡大が続いている[4]。

　つまり、所得格差は、女性間の格差の拡大から始まっており、それはすでに80年代に女性の正社員とパートタイム労働者の間の賃金格差の拡大という形で表れている。

　橋本健二は、「かつて非正規雇用は、学生・生徒のアルバイトや中高年の嘱託など、人生のある時期に限定されたケースを除けば、主婦などが家計補助のために働く女性パートが中心だった。また、多くの女性労働者の賃金は、夫が定職をもち生活費の大半を稼いでいることを前提に、低い水準に抑えられてきた」と述べている[5]。

　日本における主婦パートの原点は、製造業で人手不足が生じた60年代にある。労働力不足に対応するために、未熟練者でも作業ができるように生産工程を改良してそこに主婦がパートタイマーとして採用された

*17
所得格差を示す指標の一つ。値は0から1であり、値が大きいほどその集団における格差が大きい状態を表し、0は格差が全くない状態を表す。

のである。他方、海外では移民労働者が採用されるケースが多く、既婚女性は製造業であまり働いていない。ところが日本では、昭和55（1980）年に生産工程職で働く女性の４分の３が既婚女性によって占められており、これはほかの先進国には見られない日本的な特徴といえる。[6]

　そして前述のように、パートの主婦は夫に扶養されている被扶養者であることから、社会保険制度の適用から除外され、賃金においても正社員とは別の処遇体系が適用された。その後、男性の非正規労働者が増える中で多少の制度改革はなされたものの、現在まで基本的な枠組みとして維持されており、また、非正規から正規への移動も少なく、格差が固定化される構造がある。

第3節 家族形態の変化と女性労働の家族依存モデル

　非正規労働者の増大はバブルが崩壊し経済の国際化が進展する以前から見られるにもかかわらず、リーマンショックによって派遣切りが起き、生活に困窮した男性派遣労働者の姿が報道されるまで社会問題とはみなされなかった。その背後に「女性労働の家族依存モデル」の存在がある。

1 家族依存モデルと非正規労働

（1）女性の非正規労働増加の背景

　「戦後日本社会では、女性労働は、女性が属する家族に包摂されていることが前提で組み立てられていた[7]」。つまり、女性は経済的に独立して生きるとはみなされておらず、家計補助的に働いているのであり、何かあったときには、父親か、夫かに生活を依存することができるということが暗黙のうちに想定されており、解雇されても家族のもとに帰れば生活ができると考えられているということだ。山田昌弘は、これを「女性労働の家族依存モデル」とよんでいる[7]。

　大多数が、結婚した後離婚せずに、男性のほとんどが正社員の仕事に就き、家族が養える（年功）賃金が支払われるのであれば、家族依存モデルは成り立つ。しかし、ポスト工業社会では女性の社会進出が進み、女性が経済的に自立できるようになると、結婚も人生の選択肢の一つになり、また、離婚率も上昇する。単身世帯や母子世帯なども増える。家族形態が多様化する中で、女性が世帯主として一家を支える世帯も増える。ところが、非正規労働の仕事は夫に養われているという前提であり、勤続が長くなっても賃金が上がらず、また賃金水準そのものも低い。世帯主として一家を支える女性の非正規労働が増えるにつれて、「貧困の女性化[*18]」が起きるのである。

　江原由美子は、女性労働の家族依存モデルが存在していると、非正規労働の問題はライフスタイルの選択の問題ととらえられ、また、非正規労働の問題や貧困の問題が労働市場の構造的な問題によって生み出されているにもかかわらず、自己責任として片付けられてしまうという問題があることを指摘している[8]。

＊18
世界で貧困に苦しむのは女性が圧倒的に多いという現象。同時に、経済のサービス化が進展して女性世帯主が増えることに伴って女性の貧困率が上昇する現象。

（2）年収の壁と就労調整

　日本の税・社会保障制度には年収の壁といわれる問題があることが指摘されている。これは、世帯で世帯主に扶養されている被扶養者がある年収を超えると税控除がなくなったり保険料負担が発生し手取りの年収が減少するという現象のことをいい表わしたものである。

❶所得税における配偶者控除・配偶者特別控除

　昭和36（1961）年にそれまでの扶養控除から独立して創設された税控除で、平成30（2018）年までは、世帯主の所得に依存して生計を立てている被扶養者の年の給与所得が103万円までは所得税の負担はなく、夫は所得税負担において配偶者控除の適用が受けられる仕組みである。また、昭和62（1987）年には配偶者の給与所得が103万円を超えて配偶者控除の適応が受けられなくなり、世帯の手取り所得が減少することに対応するために配偶者特別控除制度が創設され、段階的に控除額が減少する仕組みが導入された。平成30（2018）年には税制改正により、配偶者の給与所得が103万円を超えても150万円以下であれば、配偶者特別控除は満額受け取れる。

❷国民年金制度における第3号被保険者制度

　昭和60（1985）年に創設された制度で、基礎年金制度を導入し、被用者世帯の専業主婦の基礎年金部分について専業主婦も含めた年金権を確立した。被用者世帯の専業主婦の基礎年金の保険料は配偶者の加入する年金制度によって負担されるので専業主婦の保険料負担はない。令和4（2022）年10月から週の所定時間が20時間以上、2か月以上の勤務期間が見込まれ従業員101人以上の企業に勤めている人は、年収が106万円（月額賃金が8万8,000円）を超えると社会保険、健康保険、介護保険（40歳以上）の保険料負担が発生する。

　さらに、年収（給与所得）が130万円を超えると配偶者の扶養から外れ、自ら保険料を負担しなければならない。

　これらの制度によって、短時間働く既婚女性が年収の壁を意識して、賃金が上昇しても就労調整をすることで短時間勤務者の賃金を抑制していることが実証されている[9]。

2　家族形態の多様化と脱主婦化

（1）未婚・離婚の増加

　ポスト工業社会では、女性の労働力率が上昇するとともに、家族の形も大きく変わる。誰もが家族をもつ時代が終焉し、生涯未婚率が上昇し、結婚も不安定になる。生涯未婚率は、令和2（2020）年には、（配偶関係不詳も含めた）不詳補完値では、男性28.25％、女性17.81％となっており、男性3人に1人が、女性は5人に1人が独身である。

　今日、離婚もそれほどめずらしいことではなくなっている。離婚率（人口1,000人当たりの離婚件数の割合）は、昭和38（1963）年に0.73と最低を記録して以来上昇傾向にあり、平成14（2002）年には戦後最高値の2.30になった。それ以降は、婚姻率そのものが減少していることもあり、離婚率は減少傾向にあるが、令和2（2020）年では1.57となっている。

　その結果、ひとり親世帯が増加している。母子世帯は平成2（1990）年の55万1,977世帯から平成27（2015）年の75万4,724世帯に増加後、令和2（2020）年には64万6,809世帯に減少している。他方、父子世帯は平成2（1990）年の10万1,705世帯から平成27（2015）年の8万4,003世帯に、さらに令和2（2020）年には7万4,481世帯に減少している。

　子どもがいる現役世帯のうち大人が1人の世帯の**相対的貧困率**は令和3（2021）年では44.5％であるのに対して大人が2人以上の世帯では8.6％となっている。

　さらに、令和4（2022）年には65歳以上の者のいる世帯は約2,747万世帯（全世帯の50.6％）となっており、そのうちの単身世帯は31.8％を占める。

　3世代同居の割合が減少する中で、介護などのニーズがますます高まってくるものと予想される。

（2）専業主婦世帯の貧困と男性の稼ぐ力の低下

　ポスト工業社会では家族も多様化しているだけでなく、稼ぎ主である男性の所得も減少する傾向にある。かつて専業主婦世帯は豊かさの象徴といわれた。しかし今では、専業主婦世帯の中にも貧困世帯が含まれる。

　平成26（2014）年では、子どものいる専業主婦世帯の11.8％が貧困世帯である。平成28（2016）年では5.6％と下がっているのは、パートタイム労働者の需要が高まっているからで、非正規パートタイム労働者は

＊19
50歳までに一度も結婚したことのない人の割合。

＊20
国立社会保障・人口問題研究所。

＊21
令和元年人口動態統計の年間推計より。

＊22
未婚、死別または離別の親とその未婚の20歳未満の子どものみから成る一般世帯である。

＊23
総務省統計局「平成27年国勢調査 世帯構造等基本集計結果」。

＊24
世帯の所得（等価可処分所得）がその国の中央値（50％が一般的）の半分に満たない状態（25％未満）を相対的貧困という。

＊25
厚生労働省「国民生活基礎調査」2022年。

＊26
＊25に同じ。

雇用の調整弁として解雇されやすく、景気の後退期にはこの割合が上昇する可能性が高い[11]。背後には、男性稼ぎ主の稼ぐ力が低下していることがある。平均的な暮らしができる収入基準をクリアしている男性世帯主は４割強にすぎないという[12]。その結果、妻の世帯所得への貢献度も増しており、本格的な共働き社会が到来している。

　前述のように、バブル経済崩壊後のポスト工業社会において、日本型福祉が前提としてきた雇用慣行と家族の形態が大きく変化しているにもかかわらず、日本の社会保障制度はそれに合わせて変化していない。その結果、社会保障制度が格差を是正するのではなく、格差を助長するものになってしまっているのである。

3 日本の社会保障制度の特徴と課題

　日本の社会保障制度はどのような特徴をもっているのだろうか。
　大沢真理は、日本の社会保障制度の特徴を「国家福祉の役割が小さく、家族福祉と企業福祉が強固に相互補強しており、また、サードセクター[*27]の規模が小さく性別分業を特徴としている。（略）『男性稼ぎ主型』の生活保障システムでは、壮年男性に対して安定的な雇用と妻子を扶養できる『家族賃金』を保障するべく、労働市場が規制される（保障がすべての男性に行きわたるわけではない）。それを前提として、男性の稼得力喪失というリスクに対応して社会保障が備えられ、妻子は世帯主に付随して保障される。家庭責任は妻がフルタイムで担うものとされ、それを支援する保育、介護のサービスは低所得や『保育に欠ける』[*28]などのケースに限っていわば例外として提供される[13]」と述べている。

　森口は、日本の社会保障制度の問題として、北欧社会のような税・社会保障を通じて所得の再分配を行う再分配機能が弱いことを指摘する[14]。そのために、低所得が貧困に直結し、日本の相対的貧困率は、先進国の中でアメリカに次いで高い割合になっている[*29]。生活保護世帯も1990年代後半から急増している。

　日本は、企業と家族に依存してきた福祉政策を転換し、世帯ではなく個人を単位とし、税や社会保障制度に所得の再分配機能を強化する仕組みを導入することですべての人を包括する、新しい社会保障制度を構築する時期にきている。

*27
ここでいうサードセクターとは、「社会的経済」とよばれ、「共同組合・共済組合・アソシエーションの経済諸活動を包括する部門」をさす。

*28
本双書第5巻第2部第2章第1節4（3）参照。

*29
本双書第7巻第2章参照。

> **BOOK 学びの参考図書**
>
> ● 岩田正美『貧困の戦後史』筑摩書房、2017年。
>   　貧困研究の第一人者の著書。戦後貧困の形がどのように変化したのか、インタビューをもとに人々が意欲や希望を奪い取られ貧困に陥る過程を克明に描いている。
>
> ● 橋本健二『「格差」の戦後史（増補新版）』河出書房新社、2013年。
>   　データをもとに日本にアンダークラスが形成される過程が描かれている。

引用文献

1）Myrskylä, M., et al. (2009) 'Advances in Development of Reverse Fertility Declines', *Nature,* Vol.460, No. 6 , pp. 741-743.

2）Esping-Andersen, G., et al. (2015), 'Re-Theorizing Family Demographics', *Population and Development Review*, Vol.41, No. 1 , pp. 1-31.

3）森口千晶「日本は『格差社会』になったのか－比較経済史にみる日本の所得格差」『経済研究』第68巻第2号（2017年）、岩波書店、169〜189頁

4）大沢真知子『女性はなぜ活躍できないのか』東洋経済新報社、2015年、238頁

5）橋本健二『「格差」の戦後史』河出書房新社、2009年、189頁

6）大沢真知子『経済変化と女子労働－日米の比較研究』日本経済評論社、1993年、14頁

7）山田昌弘「女性労働の家族依存モデルの限界」小杉礼子・宮本みち子 編著『下層化する女性たち』勁草書房、2015年、28〜31頁

8）江原由美子「見えにくい女性の貧困－非正規問題とジェンダー」小杉礼子・宮本みち子 編著『下層化する女性たち』勁草書房、2015年、69〜70頁

9）石塚浩美『働き方と年収の壁の経済学』日本評論社、2018年、134〜175頁

10）周　燕飛『貧困専業主婦』新潮社、2019年、56頁

11）周　燕飛、前掲書、57頁

12）周　燕飛、前掲書、44〜45頁

13）大沢真理『現代日本の生活保障システム－座標とゆくえ』岩波書店、2007年、54頁

14）森口千晶、前掲書、169〜189頁

参考文献

● 浅倉むつ子「均等問題」『日本労働研究雑誌』第717号（2020年4月号）、労働政策研究・研修機構

● 大沢真知子『21世紀の女性と仕事』左右社、2018年

● 大沢真理『現代日本の生活保障システム－座標とゆくえ』岩波書店、2007年

● 小杉礼子・宮本みち子 編著『下層化する女性たち』勁草書房、2015年

第3章

社会福祉を担う専門職

学習のねらい

　社会福祉は、ミクロ・メゾ・マクロレベルにおいて個人・家族・集団・組織・地域・社会全体へのはたらきかけを包含するものである。このはたらきかけを有効なものとする存在は、社会福祉及び関連領域の専門職である。本章では、社会福祉士をはじめとした国家資格について、その担うべき役割を知るとともに、その他の専門職の職務内容や根拠法律の理解を深めることが目的となる。あわせて、関連専門職種についても認知することで、社会福祉領域や関連領域との連携を実現する基本的知識を習得してほしい。

第1節　社会福祉分野の人材の現状

　団塊世代がすべて75歳以上になる令和7（2025）年に向けて、人口減少や少子高齢化が進む中で、介護や保育分野を中心に、社会福祉分野における人材の確保が急務の課題となっている。

　令和3（2021）年に取りまとめられた「第8期介護保険事業計画に基づく介護職員の必要数について」によると、必要な介護人材数は、令和7（2025）年度末までに約243万人、団塊ジュニア世代が65歳以上になる2040年度末までに約280万人と見込まれている。これは、令和元（2019）年度の介護人材数の211万人に加えて、令和7（2025）年には約32万人・年間5.3万人程度、2040年度には約69万人・年間3.3万人程度の新たな介護人材を確保することが必要とされている。

　さらに、令和3（2021）年度から令和6（2024）年度末までの4年間で全国の待機児童の解消をめざす「新子育て安心プラン」では、令和6（2024）年度末までに約14万人分の保育の受け皿の拡充が必要とされている。

　こうした社会福祉分野の人材の確保のみならず、人材の質の確保も必要とされる。社会福祉分野の人材には、人権尊重の高い倫理観や責任感が求められるとともに、近年、ますます多様化・複雑化・複合化する福祉ニーズや分野を超えた地域生活課題に対応するために、より高い専門性が求められる。

　また、社会福祉分野の人材の質を確保する観点からは、人材の育成・定着を図っていくことも重要な課題である。そのために、処遇改善やキャリアアップの仕組みづくり、ワークライフバランスに配慮し働きやすく、やりがいをもって働き続けられる職場づくり、社会福祉分野の仕事の魅力向上、ICT（情報通信技術）・DX（デジタルトランスフォーメーション）を活用した生産性向上がよりいっそう求められている。

　このように、社会福祉分野の人材は、量と質両面においてさらなる拡充が求められている。

第2節　社会福祉の資格

1 国家資格の社会福祉専門職

社会福祉の国家資格には、社会福祉士、介護福祉士、精神保健福祉士、保育士、公認心理師があり、それぞれの法律に規定されている。

（1）社会福祉士

社会福祉士[1]は、社会福祉士及び介護福祉士法に規定される名称独占[2]の国家資格である。社会福祉士は、同法第2条第1項において、「社会福祉士の名称を用いて、専門的知識及び技術をもって、身体上若しくは精神上の障害があること又は環境上の理由により日常生活を営むのに支障がある者の福祉に関する相談に応じ、助言、指導、福祉サービスを提供する者又は医師その他の保健医療サービスを提供する者その他の関係者との連絡及び調整その他の援助を行うことを業とする者」と位置付けられている。

社会福祉士には、連携、誠実義務、資質向上の責務規定が定められている（**表1−3−1**）。

社会福祉士の活躍の場は、高齢者分野、障害分野、子ども・子育て分野、生活困窮者分野などの広い分野にわたっている。

多様化・複雑化・複合化する地域生活課題に適切に対応していくため、社会福祉士は、社会福祉の専門職のみならず、医師、看護師、保健師などの保健医療の専門職やスクールカウンセラーなどの心理職などとも連携していく必要がある。

さらに、地域共生社会の実現に向け、また、多様化・複雑化・複合化[3]する地域生活課題に対応するため、社会福祉士には、他の専門職や地域住民との協働、福祉分野をはじめとする関係機関等との連携の役割を担うことが期待されている。

令和5（2023）年6月末現在、社会福祉士登録者数は、28万6,740人である[4]。社会福祉士国家試験は年1回実施されており、厚生労働大臣の指定を受けた公益財団法人社会福祉振興・試験センターが試験の実施及び登録の事務を行っている。

*1
本双書第9巻第3章第2節2参照。

*2
「名称独占」とは、資格がなくてもその業務に従事することはできるが、無資格の者がその資格の名称を名乗ることができないことである。一方、その資格がないとその業務に従事することができないものを「業務独占」という。

*3
本書第2部第4章第1節6、及び第3部第1章第5節3、本双書第8巻第1部第4章第4節7、及び同巻第2部第1章第1節、及び同巻第2部第4章第1節参照。

*4
公益財団法人社会福祉振興・試験センターホームページより。

〈表1-3-1〉社会福祉士、介護福祉士、精神保健福祉士の連携、誠実義務、資質向上の責務規定

| | 社会福祉士及び介護福祉士法 | | 精神保健福祉士法 |
	社会福祉士	介護福祉士	精神保健福祉士
連携規定	第47条第1項 その業務を行うに当たっては、その担当する者に、福祉サービス及びこれに関連する保健医療サービスその他のサービス（略）が総合的かつ適切に提供されるよう、地域に即した創意と工夫を行いつつ、福祉サービス関係者等との連携を保たなければならない。	第47条第2項 その業務を行うに当たっては、その担当する者に、認知症（略）であること等の心身の状況その他の状況に応じて、福祉サービス等が総合的かつ適切に提供されるよう、福祉サービス関係者等との連携を保たなければならない。	第41条第1項 その業務を行うに当たっては、その担当する者に対し、保健医療サービス、（略）障害福祉サービス、地域相談支援に関するサービスその他のサービスが密接な連携の下で総合的かつ適切に提供されるよう、これらのサービスを提供する者その他の関係者等との連携を保たなければならない。
誠実義務規定	第44条の2 社会福祉士及び介護福祉士は、その担当する者が個人の尊厳を保持し、自立した日常生活を営むことができるよう、常にその者の立場に立って、誠実にその業務を行わなければならない。		第38条の2 精神保健福祉士は、その担当する者が個人の尊厳を保持し、自立した生活を営むことができるよう、常にその者の立場に立って、誠実にその業務を行わなければならない。
資質向上の責務規定	第47条の2 社会福祉士又は介護福祉士は、社会福祉及び介護を取り巻く環境の変化による業務の内容の変化に適応するため、相談援助又は介護等に関する知識及び技能の向上に努めなければならない。		第41条の2 精神保健福祉士は、精神保健及び精神障害者の福祉を取り巻く環境の変化による業務の内容の変化に適応するため、相談援助に関する知識及び技能の向上に努めなければならない。

（出典）社会福祉士及び介護福祉士法、精神保健福祉士法より抜粋

（2）介護福祉士

　介護福祉士は、社会福祉士及び介護福祉士法に規定される名称独占の国家資格である。介護福祉士は、同法第2条第2項において、「介護福祉士の名称を用いて、専門的知識及び技術をもって、身体上又は精神上の障害があることにより日常生活を営むのに支障がある者につき心身の状況に応じた介護を行い、並びにその者及びその介護者に対して介護に関する指導を行うことを業とする者」と位置付けられている。

　介護福祉士には、連携、誠実義務、資質向上の責務規定が定められている（**表1-3-1**）。

　介護福祉の専門職である介護福祉士には、現場のケアの提供者の中で中核的な役割を果たすとともに、複雑化・多様化・高度化する介護ニーズに対応することが期待されている。

　令和5（2023）年6月末現在、介護福祉士登録者数は、193万8,765人である。介護福祉士国家試験は年1回実施されており、厚生労働大臣の指定を受けた公益財団法人社会福祉振興・試験センターが試験の実施及び登録の事務を行っている。

　なお、介護人材に関しては、平成27（2015）年に取りまとめられた社会保障審議会福祉部会福祉人材確保専門委員会の報告書「2025年に向けた介護人材の確保～量と質の好循環の確立に向けて～」をふまえ、

＊5
公益財団法人社会福祉振興・試験センターホームページより。

介護職の専門性が不明瞭で役割が混在している「まんじゅう型」から、介護人材の裾野を広げるとともに介護分野に参入した人材の意欲や能力に応じたキャリアアップを図っていく「富士山型」への人材構造の転換を図る施策が進められている。これにより、「介護職員初任者研修[*6]」から「実務者研修[*7]」、「実務者研修」から介護福祉士の資格取得といった介護人材のキャリアパスが描かれている。

（3）精神保健福祉士

精神保健福祉士[*8]は、精神保健福祉士法[*9]に基づく名称独占の国家資格である。精神保健福祉士は、同法第2条において、「精神保健福祉士の名称を用いて、精神障害者の保健及び福祉に関する専門的知識及び技術をもって、精神科病院その他の医療施設において精神障害の医療を受け、又は精神障害者の社会復帰の促進を図ることを目的とする施設を利用している者の地域相談支援の利用に関する相談その他の社会復帰に関する相談に応じ、助言、指導、日常生活への適応のために必要な訓練その他の援助を行うことを業とする者」と位置付けられている。

精神保健福祉士には、連携、誠実義務、資質向上の責務規定が定められている（**表1−3−1**）。

精神保健福祉士は、精神障害にも対応した地域包括ケアシステムの構築推進や依存症対策、犯罪被害者支援、災害時のこころのケアや要配慮者への対応等が期待されている。

令和5（2023）年6月末現在、精神保健福祉士登録者数は、10万3,754人である[*10]。精神保健福祉士国家試験は年1回実施されており、厚生労働大臣の指定を受けた公益財団法人社会福祉振興・試験センターが試験の実施及び登録の事務を行っている。

（4）保育士

保育士は、児童福祉法に基づく名称独占の国家資格である。保育士は、同法第18条の4において、「保育士の名称を用いて、専門的知識及び技術をもって、児童の保育及び児童の保護者に対する保育に関する指導を行うことを業とする者」と位置付けられている。

国家資格化に際して、保育士の業務は、従来の児童の保育というケアワークに「保護者に対する保育に関する指導」というソーシャルワークの業務が加えられた。

地域共生社会の実現に向けて、保健医療福祉の専門人材について、対

[*6] 「介護職員初任者研修」は、平成25（2013）年度に、ホームヘルパー2級から移行された資格。介護に携わる者が業務を遂行する上で最低限の知識・技術とそれを実践する際の考え方のプロセスを身に付け、基本的な介護業務を行うことができるようにすることを目的に行われる研修（130時間）。

[*7] 「実務者研修」は、平成25（2013）年度にホームヘルパー1級及び介護職員基礎研修を一本化して創設された資格。平成28（2016）年度からは、3年以上介護等の業務に従事し、かつ、都道府県知事の指定する実務者研修（450時間）を修了していることが介護福祉士試験の受験資格となった。

[*8] 本双書第9巻第3章第2節4参照。

[*9] 本双書第9巻第3章第2節5参照。

[*10] 公益財団法人社会福祉振興・試験センターホームページより。

人支援を行う専門資格を通じた新たな共通基礎課程の創設の検討が進められている中、平成30（2018）年度より福祉系国家資格所有者（社会福祉士、精神保健福祉士、介護福祉士）への保育士養成課程・保育士試験科目の一部免除の措置が行われている。

令和3（2021）年4月1日現在、保育士登録者数は、172万2,679人である。保育士国家試験は年2回実施されており、登録は、都道府県知事が行っている。

＊11
厚生労働省「第1回保育士養成課程等検討会」資料より。

（5）公認心理師

公認心理師は、平成29（2017）年に施行された公認心理師法に基づく名称独占の国家資格である。公認心理師は、同法第2条において、「公認心理師の名称を用いて、保健医療、福祉、教育その他の分野において、心理学に関する専門的知識及び技術をもって、次に掲げる行為を行うことを業とする者」と位置付けられている。ここでの「次に掲げる行為」とは、①心理に関する支援を要する者の心理状態を観察し、その結果を分析すること、②心理に関する支援を要する者に対し、その心理に関する相談に応じ、助言、指導その他の援助を行うこと、③心理に関する支援を要する者の関係者に対し、その相談に応じ、助言、指導その他の援助を行うこと、④心の健康に関する知識の普及を図るための教育及び情報の提供を行うこと、である。

＊12
本双書第11巻第5章第5節2参照。

今日の心の問題や発達・健康上の問題が複雑化・多様化・複合化する中で、これらに心理的にアプローチする専門職として、今後の活躍が期待されている。

令和5（2023）年6月末現在、公認心理師登録者数は、7万684人である。公認心理師国家試験は年1回実施されており、文部科学大臣及び厚生労働大臣の指定を受けた一般財団法人日本心理研修センターが試験の実施及び登録の事務を行っている。

＊13
一般財団法人日本心理研修センターホームページより。

2 国家資格以外の社会福祉専門職

社会福祉専門職には、国家資格以外の資格もある。ここでは、社会福祉主事、身体障害者福祉司、知的障害者福祉司、児童福祉司、介護支援専門員（ケアマネジャー）について概説する。

（1）社会福祉主事

　社会福祉主事は、社会福祉法第18条及び第19条において、その資格が定義付けられている[*14]任用資格である。社会福祉主事は、社会福祉各法に定める援護、育成または更生の措置に関する事務を行うことを職務とし、福祉事務所に必置義務がある。

　福祉事務所などで社会福祉主事が任用資格に含まれる職種として、現業員（ケースワーカー）、査察指導員、老人福祉指導主事、身体障害者福祉司、知的障害者福祉司、児童福祉司等がある。

　また、各種社会福祉施設の職種に求められる基礎的資格としても準用されており、社会福祉施設の施設長や生活相談員、社会福祉協議会の福祉活動専門員等があげられる。

　社会福祉主事資格は、大学等において厚生労働大臣が指定する科目のうち3科目を修得すれば認められる、いわゆる「3科目主事」が残存している。しかしながら、地域共生社会の実現に向け、多様化・複雑化・複合化する地域生活課題に対応するためには、少なくとも厚生労働大臣の指定する養成機関または講習会の課程を修了した者が、社会福祉主事として任用されることが望ましい。

（2）身体障害者福祉司、知的障害者福祉司、児童福祉司

　身体障害者福祉司は、身体障害者福祉法に規定された身体障害者更生相談所に必置され、専門的な知識及び技術を必要とする相談や指導、市町村への情報提供等を行う。身体障害者福祉司は、医師、社会福祉士の資格を有する者や社会福祉主事として身体障害者福祉事業の一定の実務経験を有する者等から任用される。

　知的障害者福祉司は、知的障害者福祉法に規定された知的障害者更生相談所に必置され、専門的な知識及び技術を必要とする相談や指導、市町村への情報提供等を行う。知的障害者福祉司は、医師、社会福祉士の資格を有する者や社会福祉主事として知的障害者福祉事業の一定の実務経験を有する者等から任用される。

　児童福祉司[*15]は、児童福祉法に規定された児童相談所に必置され、児童の保護や児童の福祉に関する相談に応じ、専門的な技術に基づいた指導等を行う。児童福祉司は、医師、社会福祉士の資格を有する者や社会福祉主事として児童福祉事業の一定の実務経験を有する者で、指定講習会を修了した者等から任用される。

*14
「任用資格」とは、特定の職位や職務に従事するために必要となる資格のことである。任用資格はその資格を取得しただけでは効力を発揮せず、当該職位や職務に任用されて初めて効力を発揮する。

*15
本双書第5巻第1部第4章第2節3参照。

第1部

第**3**章

＊16
本双書第3巻第3章第2節3（2）参照。

＊17
厚生労働省ホームページより。

＊18
令和3（2021）年、全国社会福祉協議会は、社会福祉法人・福祉施設と社会福祉協議会が、「お互い顔の見える関係」を構築し、地域生活課題や社会資源等を情報共有できるきっかけや、ネットワーク組織の活性化のきっかけとなるよう、「地域生活課題の解決に向けたソーシャルワーク研修」を開発した。この研修の詳細は、これからの地域づくりを担うソーシャルワーク現任者の実践力の強化・育成に関する企画委員会 編著『みんなでめざそう！ 地域づくりとソーシャルワークの展開』（全国社会福祉協議会、2021年）を参照。

（3）介護支援専門員

介護支援専門員[＊16]（ケアマネジャー）は、介護保険法において規定された資格である。介護支援専門員は、同法第7条第5項において、「要介護者又は要支援者からの相談に応じ、及び要介護者等がその心身の状況等に応じ適切な居宅サービス、地域密着型サービス、施設サービス、介護予防サービス若しくは地域密着型介護予防サービス又は特定介護予防・日常生活支援総合事業を利用できるよう市町村、居宅サービス事業を行う者、地域密着型サービス事業を行う者、介護保険施設、介護予防サービス事業を行う者、地域密着型介護予防サービス事業を行う者、特定介護予防・日常生活支援総合事業を行う者等との連絡調整等を行う者であって、要介護者等が自立した日常生活を営むのに必要な援助に関する専門的知識及び技術を有するものとして（略）介護支援専門員証の交付を受けたもの」と位置付けられている。

介護支援専門員は、居宅介護支援事業所や介護保険施設等に所属し、居宅サービスや施設サービス等の利用者の相談に応じ、ケアプランの立案を担っている。

令和5（2023）年3月末現在の介護支援専門員実務研修受講試験の合格者数は、73万9,215人である[＊17]。介護支援専門員の登録、介護支援専門員実務研修受講試験、介護支援専門員実務研修は、都道府県知事が行う。

3 関連領域の専門職

多様化・複雑化・複合化する地域生活課題に対応するためには、社会福祉専門職だけでなく、多職種・多機関と連携・協働を図りながら、課題解決に取り組むことが必要となる[＊18]。紙幅の関係上、連携・協働が求められる関連職種名を一部あげるにとどめるが、医師や看護師、保健師、理学療法士、作業療法士、言語聴覚士などの保健医療の専門職、特別支援学校の教師などの教育の専門職、弁護士や司法書士、保護観察官、家庭裁判所の調査官などの司法の専門職などがあげられる。

また、地域共生社会の実現に向け、福祉のみならず、医療、保健、雇用・就労、住まい、司法、金融、商業、工業、農林水産業、防犯、防災、環境、教育、まちおこし、多文化共生など、多様な分野の支援関係機関が連携・協働する体制が求められる。

第1章

社会福祉の根源

学習のねらい

　本章では、社会福祉という公共的営為の基礎付けや正当化に資する思想・哲学、ならびに原理について理解を深めていく。そうすることで、「社会福祉とは何か」「社会福祉はなぜ・何のために存在するのか」「社会福祉の政策や援助はどうあるべきか」といった根源的な問いに対し、読み手が自分なりに考えて納得のいく「答え」にたどり着くための手がかりを提供することが、本章の中心的なねらいである。

第1節　社会福祉の思想・哲学

1 社会福祉の根本の思想・哲学

　社会福祉の根本は、個人の尊厳を保持することである。個人の尊厳とは、一人ひとりが人間として尊重され、これによって誇りをもって自己実現を図っていくことである。

　福祉サービスの提供は、常に利用者の個人の尊厳を中核に置いて行わなければならない。例えば認知症の高齢者に対して子どもに接するような言動でケアにあたることは、高齢者の尊厳の保持の見地から適切でない。一方、利用者は、自分の尊厳が損なわれていると考える場合は、苦情を訴えることができる。社会福祉に関する政策をはじめ、現場での相談・指導、ケアなどいかなる局面でも、妥当性の最終的判断は、個人の尊厳が守られているかによる。

　このことは、社会福祉法第3条に「福祉サービスは、個人の尊厳の保持を旨とし」と明確に規定されている。しかし、これが規定されたのは、社会福祉基礎構造改革を実施するため、社会福祉事業法を全面改正して社会福祉法に法律名が改められた平成12（2000）年になってからである。

　昭和26（1951）年に制定された社会福祉事業法第3条には、「社会福祉事業は、援護、育成又は更生の措置を要する者に対し、その独立心を損なうことなく正常な社会人として生活できるように援助することを趣旨として経営されなければならない」と定められ、個人の尊厳については規定されていなかった。この規定では社会福祉事業は、「正常な社会人」という一定の人間像に適合させることを目的としているが、福祉サービス利用者の特性や多様性が尊重されず、ときには個人の尊厳を損なう恐れがある。この規定は、平成2（1990）年の福祉関係8法の改正によって削除されたが、個人の尊厳については規定されなかった。

　日本の社会福祉の歴史で個人の尊厳が重視されてこなかったことに、日本の社会福祉の特徴を見ることができる。

　明治維新以降、日本の社会福祉は、欧米の制度を参考にしながら、充実・発展してきた。しかし、社会福祉の行政や社会福祉事業の従事者を含め、社会福祉に関する国民の意識は、貧困、障害、保護者の喪失などにより生活に困難を抱える者を憐憫の情から援助・保護するというもの

であった。これは人間としての本来の感情、宗教的な考えなど尊い心から生まれたが、ともすれば上位の立場から「施す福祉」「与える福祉」「してあげる福祉」になった。社会福祉制度も高齢者・障害者・児童に対する福祉サービスが措置制度で提供されていたように、この考えを基本に構成されていた。このため、利用者の個別の要望や事情を考慮されず、すべての者に共通するサービスの内容で行われてきた。利用者からの苦情は、制度的には受け付けられなかった。

　一方、社会福祉事業従事者は、さまざまな困難を抱えている利用者のためになると考え、専門的な知識や技術を駆使し、自分の判断で援助・保護を提供していた。これは、**パターナリズム**と称され、利用者の意思が尊重されず、利用者の自立を妨げ、社会福祉事業従事者への依存を高める結果になった。特に外部から閉鎖された福祉施設でパターナリズムが起きやすく、社会福祉事業従事者は、独善的な行為に陥りやすい。

　欧米の社会福祉も、慈善事業として発展してきた。しかし、中世からルネサンス、市民革命を経て、人権として個人の尊厳が確立するに伴い、社会福祉においても個人の尊厳を基本とするように発展した。一方、日本は制度面では欧米を参考にしたが、根本にある思想・哲学は、長い間従来どおりであった。

2 人権の歴史で形成された個人の尊厳

（1）第1世代の人権

　個人の尊厳は、今日では人権の根幹を形成しているが、これは世界の長い人権の歴史の中で形成・発展してきた。

　中世のヨーロッパの封建社会では、国王や教会が農民や都市住民を支配し、農民・都市住民には職業、移動等の自由が認められず、財産保有の権利が収奪されることが起こっていた。イギリスでは、17世紀なかばに清教徒革命が起こり、清教徒を中心とする市民が国王を倒し、絶対王政の支配機構の打破、議会特権の確認などがなされた。続いて名誉革命が起こり、1689年に議会が「権利章典」を制定し、国王に承認させた。権利章典は、議会の承認なくして徴税されないことや、選挙の自由、議会での言論の自由を認めるなど、市民の自由と権利を保障した。

　イギリスとの独立戦争に勝利したアメリカは、1776年に独立宣言を発布したが、そこには「すべての人間は生まれながらにして平等であり、創造主によって、生命、自由及び幸福の追求を含む不可侵の権利を

与えられている」と述べられた。「生命」の権利とは、生命が国家権力によって脅かされないこと、「幸福の追求」の権利とは、自由に経済的活動を行うことを意味している。

さらに名誉革命やアメリカ独立戦争の影響を受け、1789年にフランス革命が発生し、**フランス人権宣言**が制定された。ここでは人に譲り渡すことのできない神聖な**自然権**[*1]として「自由と平等」が定められた。

イギリスの権利章典、アメリカ独立宣言、フランス人権宣言のいずれも、イギリスの哲学者ロック（Locke, J.）の「統治二論」で述べられた、「国家が形成される以前から人間には不可欠な自然権としての自由、安全、所有権など固有の権利を有する」という思想を基礎にしている。

これらで認められた人権は、絶対王政に対抗して起こった近世の市民革命によって生まれ、「第1世代の人権」と称されている。国王や教会の従属的支配から脱し、個人として自由に活動できる地位を保障するもので、「**自由権**」と称される。

これらの人権思想は、19世紀に入り、「信教の自由」「言論、出版の自由」「住居の不可侵」「財産を所有する権利の不可侵」など国家からの自由な活動に発展・確立した。

（2）第2世代の人権

1770年代から1830年代にかけてイギリスで産業革命が起こり、生産技術が向上し、経済が急激に拡大した。これにより資本主義は発展を続けた。国家権力から自由に経済活動ができるという第1世代の人権が、資本主義の発展の支えとなった。イギリスの産業革命は、ドイツ、フランス、アメリカ、ロシア、日本などに影響を及ぼし、各国で産業革命が起こり、経済は、世界全体で急速に発展していった。

一方で、経済循環によって発生する不況期には多数の失業者が生まれ、膨大な貧困者が発生した。労働者の居住地域の環境悪化、貧富の格差拡大などが深刻な社会問題となった。労働者は、労働組合を結成し、資本家に対して待遇改善要求を展開する運動が激化するなど、社会不安が増大した。1917年にはロシア革命が起こった。

19世紀末から20世紀初めにかけてイギリスでは、海運業経営者で統計学者だったブース（Booth, C.）がロンドンで、実業家で社会調査家だったラウントリー（Rowntree, B. S.）がヨークで貧困者の実態を調査したところ、「貧困は、個人の怠惰や飲酒など個人的原因によるものではなく、低賃金や貧弱な年金制度など社会的原因によるものである」こ

*1
憲法などの実定法によって定められることにより有する権利でなく、人間が人間であることによって当然に有すると観念される権利をいう。中世のヨーロッパで主張された自然法に源をもつ。

とが明らかになった。このため貧困の解消には国の対策が求められた。

　そこで20世紀に入り、労働者の生活を保障するための生存権や労働者の団結権など「**社会権**」が認められるようになった。1919年のドイツの**ワイマール憲法**第151条第1項では「経済生活の秩序は、すべての者に人間に値する生活を保障する目的をもつ正義の原則が適合しなければならない」と定め、世界の憲法で初めて「生存権」に関する規定が定められた。

　これらの人権は「第2世代の人権」とよばれ、第1世代とは逆に、国家によって支援されるという性格をもつ。

（3）第3世代の人権

　第二次世界大戦後、世界は戦争によっておびただしい人命が失われる悲劇を繰り返さないために、各国が協力して平和を希求する動きが活発になった。特にナチスの残虐行為などに対する反省に立って人権問題に対して関心が集まった。

　1948年に国際連合（国連）によって「**世界人権宣言**」が採択され、第1世代の人権である自由権、第2世代の人権である社会権の両者が盛り込まれた。

　一方、1945年に設立された国連を舞台に途上国の発言力が強くなり、途上国から「発展権」ということが主張されるようになった。これは、経済成長が遅れた途上国は、経済を成長させ、生活水準を向上させる権利を有し、先進国は、これに対して援助する義務があるというものである。また、植民地だった国を中心に「民族自決権」が主張された。

　従来人権は、個人が享受の対象であったが、「発展権」や「民族自決権」は、国家や民族が対象で異質な性格を有していた。

　また、先進国を含め世界各国では、経済・社会状況の変化によりプライバシー権、肖像権、個人情報保護権、環境権、日照権など新しい人権が主張された。この中には、日本で判例や学説で認められる人権が出現している。

　人権は、このように時代の変遷とともに変化・発展する性格を有している。第二次世界大戦後に主張され始めた新しい人権は、すべてが社会的に定着し、認められているわけではないが、これらは総括して「第3世代の人権」と称されている。

3 個人の尊厳の概念

(1) 憲法第13条の意義

　世界の人権の歴史を受けて、昭和21（1946）年に制定された日本国憲法は、第13条に「すべて国民は、個人として尊重される」と規定している。最高裁判例（昭和23〔1948〕年3月24日）では、第13条は、「個人の尊厳と人格価値の尊重を宣言したもの」とされているように、個人の尊重と個人の尊厳とは同義に解釈される[*2]。

*2
ちなみに、憲法第24条第2項では「個人の尊厳」と表現されている。

　憲法は、最上位の法規範であるので、すべての法令は、これに従属しなければならない。民法第2条でも個人の尊厳が解釈の基準となると定めている。社会福祉関係の法律も同様に、障害者基本法、障害者総合支援法（障害者の日常生活及び社会生活を総合的に支援するための法律）、介護保険法等で法律の目的として個人の尊厳を規定している。社会福祉法第3条は、憲法第13条の趣旨を福祉サービスにおいて具現化するものである。

(2) 個人の尊厳の3要素

　世界の人権の発展を受けて、個人の尊厳の概念には3つの要素が含まれていると考えることができる。

　第1の要素は、人間としての個人の尊厳である。

　人間は、各自が生命や人格の尊さをもっている。人間の尊厳の重要性を哲学で最初に確立したのは、カント（Kant, I.）である。カントは、価格をもつものは、ほかの等価物と置き換えることができるが、人格を有する人間は、価格を超え、等価物と置き換えることを許さない尊厳を有するとした。第1世代の人権である国家権力からの自由（自由権）は、これを保障するためのものである。

　さらに、人間の尊厳を維持するためには人間にふさわしい生活が保障されなければならない。第2世代の人権である生存権は、これを保障するためのものである。

　第2の要素は、国や集団に対する個人としての地位の尊重である。

　第二次世界大戦前のドイツ、イタリア等の全体主義（ファシズム）や戦前の日本でのムラや家族による集団主義では個人が抑圧された。これに対して、個人の尊厳が守られている社会では、全体や集団のために個人を犠牲にすることはしない。このためには自己決定権や個人の発言権・選択権が尊重されなければならない。

　第3の要素は、個人の差異の尊重である。

　一人ひとりの人間は、年齢、性、心身の状態、人種、民族など差異があるが、それぞれの差異を尊重することである。近年、重視される**ダイバーシティ**[*3]の尊重と同じ意味である。

　第3世代の人権である新しい人権は、個人の尊厳の第2と第3の要素を保障する。

　個人の尊厳の概念として上記3つのいずれかの要素に限定する考え方がある。しかし、3つの要素は、矛盾・対立するものでなく、相互に補完する関係にあるので、個人の尊厳の概念には3つの意味を含むと解することが適切である。

　なお、「人間の尊厳」という言葉が使用されることがある。人間の尊厳は、「個人の尊厳」と同じ意味で使用されることが多いが、言葉の意味から上記の第1の要素に重点が置かれると考えられる。

　ドイツ基本法[*4]では、第1条に人権について定めているが、「人間の尊厳は不可侵である。これを尊重し、保護することは、すべての国家権力の義務である。ドイツ国民は、それゆえに侵すことのできない、かつ譲り渡すことのできない人権を、世界のあらゆる人間社会、平和及び正義の基礎として認める」と人間の尊厳の概念を用いる。研究者の間には、個人の尊厳との違いはないとする見解もあるが、ドイツ基本法は、ナチスによるユダヤ人虐殺の反省を背景として制定され、第1の要素である人間としての尊厳に着目して定められている。

　「個人の尊厳」は、「人間の尊厳」と異なり、利己主義を広げることになりかねないという考えがある。しかし、個人の尊厳は、本人だけでなく他の人の尊厳も含むので、利己主義とは異なる性格である。

4 個人の尊厳を深化させる思想

　個人の尊厳を具体化・深化させるため、経済・社会の状況の変化に応じ、社会福祉を動かす新しい思想が提起されてきた。しかし、これらの思想の根底には、常に個人の尊厳が存在していることは不変である。

（1）ノーマライゼーションと社会的承認

　ノーマライゼーション[*5]という思想は、1950年代デンマークの行政官だったバンク-ミケルセン（Bank-Mikkelsen, N. E.）が、知的障害者を対象に世界で初めて提唱し、デンマークの1959年法（知的障害者福祉

*3
多様性と翻訳されるが、性別、人種、国籍、宗教、年齢、出自等の差異を受け入れ、差別をしないこと。

*4
1949年に当時の西ドイツで制定されたが、当時は連合国による占領下で、東西ドイツに分裂していたため、ドイツ統一までの暫定的な憲法として基本法と名付けられた。しかし、1990年に統一された後も事実上の憲法の役割を果たしている。

*5
本双書第4巻第1部第2章第1節参照。

法）で具体化した。ノーマライゼーションは、知的障害者をノーマルにするのではなく、知的障害者のニードに合わせたケア、教育、訓練等の援助により生活条件を整備し、一般人と同様なノーマルな生活が送れるようにすべきであるという主張である。

ノーマライゼーションの思想は、スウェーデンでも採用され、1968年に法制化されている。法制化の中心を担ったニィリエ（Nirje, B.）は、ノーマライゼーションの原理を「知的障害者は、ノーマルなリズムに従って生活し、ノーマルな成長段階を経て、一般の人々と同等のノーマルなライフサイクルを送る権利がある」と整理した。

両者とも、知的障害者の生活環境を一般の社会と同様な状態に整えることで、個人の尊厳を守ることを目標としている。これにより知的障害者が社会の中で価値のある役割を果たし、社会的承認を獲得することができると考えた。アメリカの心理学者マズロー（Maslow, A. H.）の人間の欲求5段階の法則では、生理的欲求、安全の欲求、社会的欲求、承認欲求、自己実現の欲求となっているが、ノーマライゼーションは、知的障害者について第4段階の承認欲求を満たすことになる。

社会的承認は、「集団あるいは社会的機関によって、ある個人の所与の行動に許容・承認・自由・称賛などが与えられることをさす」とされている。集団は、友人、学級、職場等の身近なものから地域社会、国と大きくなり、承認は、集団の規模や権威が大きくなるにしたがい、満足感は大きくなる。知的障害者についても適合する。

また、両者とも知的障害者を念頭に置いているが、障害者全般を対象に拡大され、世界各国に強い影響を及ぼした。1971年の「国連知的障害者権利宣言」、1975年の「国連障害者権利宣言」、1981年の「国際障害者年」の中核の思想に据えられた。

（2）自立と自己決定権

ノーマライゼーションの思想は、アメリカにも影響を与えた。ネブラスカ州の行政官だったヴォルフェンスベルガー（Wolfensberger, W.）は、障害者に対する対人サービスを充実させ、障害者が地域で自立し、社会的役割を実現することを目標に掲げた。

アメリカでは1960年代に黒人の地位を向上させるため**公民権運動**が激化し、社会的弱者の人権を向上させる運動が活発化した。この公民権運動とノーマライゼーションの思想の双方の影響を受け、1970年代初めにアメリカのカリフォルニア大学のバークレイ校の学生を中心に重度

障害者が施設を脱して地域で自立生活に移行する運動が活発に展開された。特に重度障害者について、個人の尊厳の見地から「自己決定権」を最大限尊重し、地域での生活と機会の平等の確保が訴えられた。この障害者の自立生活運動は、世界に広く影響を与え、日本でも自立生活センターの設置などが進められた。

日本では、社会福祉の各分野において当事者の自立が重視され、社会福祉の目標とされた。

自立は、「他への従属から離れてひとり立ちすること」であり、経済面や身辺面では、他者の力を借りないことであると一般的に解されている。生活保護法の目的として同法第 1 条に最低生活保障と「自立助長」が掲げられているが、「自立助長」の解釈・運用上、ここでの「自立」も職を得て、生活保護から脱し生活を営む、経済的自立と解されることが多かった。

一方、身体障害者福祉法では、法制定時の昭和24（1949）年は、法律の目的として身体障害者の「更生」を援助することを定めていた。「更生」は、他者の援助を必要としない状態にすることを意味している。しかし、アメリカを発端とする障害者の自立生活運動の影響などを受け、障害者の自立とは、すべてを自分で行うことを目的とするのではなく、他者の援助を受けても人格的、社会的に自立していることであると理解されるようになり、これが目標とされるようになった。現行の身体障害者福祉法の目的からも「更生」は削除されている。

この中核となった思想は、自分の生活や人生を自ら選択するという「自己決定権」を尊重するという考え方である。今日では生活保護の中の自立もこのように解釈されなければならないが、根底には個人の尊厳がある。

＊6
自己の生活や生き方のあり方について自らの責任で決定すること。

（3）ソーシャルインクルージョンと参加

1990年代からヨーロッパでは、外国人・障害者・失業者・貧困者・ホームレス・薬物依存症患者など、地域社会にとって異質でマイノリティの者が、マジョリティが支配する地域社会から排除される現象が顕著になり、深刻な社会問題となっていった。

ヨーロッパは、歴史的に教会を中心にコミュニティのつながりが強く、住民は、高齢者・障害者等の社会的弱者に対して援助する伝統があった。しかし、20世紀後半から地域の相互扶助機能が崩れ始め、国家の基盤が弱体化していった。このため、フランス、ドイツ、イギリス

等のヨーロッパ各国は、**ソーシャルインクルージョン（社会的包摂）**の理念を国家政策の根幹に据え、具体的な政策を強力に講じている。欧州連合（EU）も同様に1997年にアムステルダム条約を採択し、EUとしてソーシャルインクルージョンを推進している。

それまで各国ではノーマライゼーションの普及を推進してきたが、ノーマライゼーションもソーシャルインクルージョンも社会的弱者を地域社会で暮らせるようにすることでは目的は一致していた。

しかし、ノーマライゼーションは、障害者を主たる対象としたが、**社会的排除（ソーシャルエクスクルージョン）**を受ける者は、障害者だけではなく、外国人・失業者・貧困者・ひとり親家庭・ホームレスなど範囲が広い。また、ノーマライゼーションは、障害者が他の住民と同じ生活を行えるように条件を整備することに重点が置かれていたが、これだけでは社会で起きている異質な者を排除する力に対する対抗力とならず、問題を十分に解決することができない。このため、ノーマライゼーションの思想を発展させ、ソーシャルインクルージョンが登場した。

このような事情は、世界各国で共通しており、ノーマライゼーションに替わってソーシャルインクルージョンが急速に普及・定着している。

日本で、国によって最初にソーシャルインクルージョンの思想が言及されたのは、平成12（2000）年に厚生省（当時）から発表された「社会的な援護を要する人々に対する社会福祉のあり方に関する検討会報告書」である。その後、平成30（2018）年に東京都国立市で制定された「国立市人権を尊重し多様性を認め合う平和なまちづくり基本条例」、令和元（2019）年に東京都で制定された「都民の就労の支援に係る施策の推進とソーシャルファームの創設の促進に関する条例」において、それぞれソーシャルインクルージョンの推進が定められるなど、日本でもソーシャルインクルージョンの導入が進められている。

ソーシャルインクルージョンは、多様な背景をもつ地域住民が、自主的に就労・教育・余暇活動等に参加し、協力してまちづくりを行っていくことによって実現する。これまで住民の福祉活動の参加は、町内会・青年団等の地縁のつながりで近所への気遣いから参加する者も少なくなかった。都市部を中心に地縁組織が弱体化している今日では、ソーシャルインクルージョンの活性化には、自主的な住民参加が必須である。このためには住民間で目的意識を共有することが必要である。

参加には、社会的排除を受けている障害者・ひきこもりの人・ホームレス・刑務所出所者等の参加が重要である。これらの人々の就労・教

育・余暇活動等への参加を促し、そして、参加することにより課題の解
決能力を付けることが期待でき、エンパワメントとして効果的な方法で
ある。

　多くの障害者・高齢者・ひきこもりの人・ホームレス・刑務所出所者
などは、一般の企業で就労の場を得ることが困難である。そこで住民自
らが主体になってソーシャルファーム（社会的企業）等を設立し、就労[*7]
困難者と住民がともに働くようになると、ソーシャルインクルージョン
が推進される。就労困難者がソーシャルファーム等で就労することで社
会的承認が得られる効果は大きい。ドイツの哲学者ホネット（Honneth,
A.）は、社会的承認のあり方を、愛や友情による承認、法律による承
認、価値共同体による承認と3つの形態に分けているが、ソーシャル
ファームは、価値共同体による承認に該当する。

　子ども食堂や認知症カフェの設立が全国的に進められているが、これ
らも子どもや認知症高齢者の孤立を防ぎ、社会とのつながりをもつため
に有効である。

　ソーシャルインクルージョンは、世界全体で生起している深刻な社会
問題である社会的排除の解決を目的としていること、対象者は、障害
者・難病患者・高齢者・ひとり親家庭・ひきこもりの人・貧困者・失業
者・刑務所出所者・外国人など幅広いこと、援助する領域も、福祉・就
労・教育・余暇活動等範囲が広いことなどの観点から従来の社会福祉と
は大きく異なるが、社会福祉の中核を占める思想である。

[*7]
1970年代にイタリア
で、精神科病院の入院
患者が地域で就労でき
るようにするため、病
院スタッフが協力して
設立したことが始まり
である。現在ではドイ
ツ、北欧、イギリス、
オランダ、南アフリカ、
韓国など各国に多数設
立され、一般企業と同
様のビジネス的な手法
で経営され、障害者、
長期失業者、刑務所出
所者等の就労の場と
なっている。

BOOK 学びの参考図書

● 炭谷　茂『私の人権行政論－ソーシャルインクルージョンの確立に向けて』解放出
版社、2007年。
　　人権の歴史をふまえ、社会福祉の哲学を、精神障害者・ホームレス・同和問題な
どを題材にわかりやすく説明している。ソーシャルインクルージョンを学ぶには絶
好の書。

参考文献

- S. E. フロスト・ジュニア、岩垣守彦 訳『哲学の森』玉川大学出版部、1992年
- 森岡清美・塩原　勉・本間康平 編『新社会学辞典』有斐閣、1993年
- 有福孝岳・坂部　恵・石川文康・大橋容一郎・黒崎政男・中島義道・福谷　茂・牧野英二 編『カント事典』弘文堂、1997年
- 堀　勝洋『現代社会保障・社会福祉の基本問題－21世紀へのパラダイム転換』ミネルヴァ書房、1997年
- 社会福祉法令研究会 編『社会福祉法の解説』中央法規出版、2001年
- 炭谷　茂『社会福祉の原理と課題－「社会福祉基礎構造改革」とその後の方向』社会保険研究所、2004年
- 炭谷　茂『私の人権行政論－ソーシャルインクルージョンの確立に向けて』解放出版社、2007年
- 松本健男・横田耕一・江橋　崇・友永健三 編『これからの人権保障－高野眞澄先生退職記念』有信堂高文社、2007年
- 佐藤久夫・小澤　温『障害者福祉の世界 第3版』有斐閣、2006年
- 阿部志郎『福祉の哲学 改訂版』誠信書房、2008年
- 人権文化を育てる会 編『わたしと人権 Part 2』ぎょうせい、2009年
- 関家新助『「生存権」と国家－西洋国家思想に学ぶ』中央法規出版、2014年
- 野口定久『ゼミナール 地域福祉学－図解でわかる理論と実践』中央法規出版、2018年

第2節　福祉の原理への理論的接近

1 福祉の原理と政治イデオロギー

（1）規範原理と存立原理

　「原理」（principle）という言葉は、①何らかの行為や活動に方向性を与える根本的な指針、②事象の成り立ちや仕組みに関する基底的な説明、といった意味で用いられている。

　本節では①を「規範原理」、②を「存立原理」として区別し、実際の取り組みとしての「福祉」（実体概念としての福祉）について、その規範原理と存立原理の所在を確認する。

　なお以下では、実体概念としての福祉のうち、福祉政策（政府による制度的な福祉追求に向けた取り組み）を念頭に置いて論述する。

　これら規範原理と存立原理は、分析的には区別できるものの、一体的な形で表現されることもある。例えば、資本主義社会のもとでは自助努力で暮らしていかねばならない、といった原理的観念には、社会の仕組みがどうなっているのかに関する事実認識と、人が何をすべきか・どうあるべきかに関する規範的見解が渾然一体となっている。

　一般に、こうした認識と行為を左右する包括的な観念を「イデオロギー」という。特に、人間と社会のあり方や国家の役割といった公共的関心事にかかわる包括的観念は、「政治イデオロギー」とよばれる。本節では政治イデオロギーを、歪められた意識とか幻想とかといった否定的な意味ではなく、「人間・家族・社会・国家などについて系統立った見方を形づくる信念のパターン」と規定して議論を進めていく。

（2）政治イデオロギーと福祉政策

　私たちの社会では、個々人や社会全体の「福祉」が、政府をはじめとする各種の組織・団体の活動目標として掲げられている。だがそれは極めて多義的で漠然とした目標であることも確かであり、そのあいまいさゆえに「福祉」をめぐる議論では、しばしば互いに相反する見解が並び立つ。

　例えば、労働市場に参加することが本当の「自立」であり、その支援こそ福祉という目標にふさわしいと考える者もいれば、労働市場に限らず広く社会に参加して何らかの役割を果たすことが本当の「自立」で

あり、その支援こそ福祉の名に値する、と考える者もいる。また、社会資源の公的供給は、深刻な必要を抱えている人々に限定すべきだと考える者もいれば、できる限り多くの人々が享受すべきだと考える者もいる。

福祉の見方や求め方にこのような相違をもたらす要因はさまざまであろうが、（意識的あるいは無意識的に）人々がいかなる政治イデオロギーに依拠しているか、その時代や社会でどのような政治イデオロギーが支配的であるかという観点から、そうした相違を説明することもできる。政治イデオロギーは、「福祉」のような公共的関心事をめぐる議論と活動において、無視できない影響力をもつ。実際、福祉政策の評価や構想に対する政治イデオロギーの影響力や両者の関係をめぐる議論と考察は、英語圏の福祉研究において確固たる位置を占めている。

では、政府の福祉政策や私たちの福祉観を大きく左右する政治イデオロギーにはどのようなものがあるのだろうか。また、政治イデオロギーはどのように福祉政策の形成や評価にかかわっているのだろうか。このような問いについて考えることを通して、福祉政策の原理に迫ってみたい。

2 福祉政策の存立原理

（1）福祉政策の存立原理－資本主義と民主主義の衝突

まず「福祉政策はなぜ存在するのか」という存立原理に関する問いから出発したい。ここでは、その存立原理について、資本主義と民主主義という２つの政治イデオロギーに基づいて構成されたシステム同士の衝突・せめぎ合い、という観点から説明を試みる。このような解釈は極めて雑駁であるかもしれないが、日本を含む先進経済諸国における政策的対立軸を明確にする上では、理にかなった見方であると思われる。

資本主義というのは、市場での自由な経済活動（企業間・労使間の取引、商品の売買、生産と消費）、私的所有（自分が働いて得たものを自分のものにすること）、等価交換（貨幣を媒介とした価格＝交換価値に依拠して取引がなされること）等によって特徴付けられる社会の組み立てを基調とする政治イデオロギー及び政治経済システムをいう。近代化を遂げた国々では、資本主義の浸透により、働いて得た収入で商品を購入して生活の必要を満たすという「自助」に基づく生活の仕組みが当たり前のものとなっていった。[8]

民主主義というのは、主権在民（人民を主権者とすること）、法治主

＊8
資本主義の全体像については今村仁司 編『資本主義』（新曜社、1986年）を参照。なお、キャピタリズムを「資本制」と訳す場合もあるが、ここでは慣例に従い「資本主義」と表記する。

義（人々に影響を及ぼす決定は法律を通して行うこと）、多数決、自由権・平等権・基本的人権の保障といった考えに基づく統治の仕組みを基調とする政治イデオロギー及び政治システムをいう。

　民主主義の考え方そのものは古代ギリシャにさかのぼるが、その広がりの端緒はフランス革命やアメリカ独立革命など、18世紀の出来事に見出せる。[*9]

　資本主義も民主主義も、ともに封建的な身分制社会から人々を解放し「自由」な「個人」から成る社会をめざす原動力となった。そして近代社会では、「自立した個人」による「自由」な幸福追求が尊重されてきた。しかし資本主義における「自由」の考え方と、民主主義における「自由」の考え方は、根本的なところで食い違いを見せてきた。

（2）資本主義的「自由」と民主主義的「自由」

　資本主義に適合的な「自由」は、主として私的な利益の追求としての経済活動を妨げられない自由（消極的自由）であると言い得る。希少な財（仕事や生活資源、それらの多寡に伴う社会的地位）をめぐる市場での自由競争においては、勝者と敗者の経済的・社会的な不平等や、所得や資産をもつ者ともたざる者との著しい格差としての貧困は、「自由」の代償と目される。

　福祉政策がターゲットとする「貧困」や「必要」の多くは、どの時代にもある「困窮」や「欠乏」と違い、資本主義に基づく経済・社会の仕組みによって生み出されるところに特徴がある。

　資本主義社会（資本主義ないし自由主義イデオロギーが一般化・日常化した社会）では、自助生活が常態化するが、このことは、働くことができなければ生活が営めなくなることを意味している。労働（労働市場への参入）を困難ないし不可能にする一般的な要因・リスクとしては、病気・けが・障害・老化・退職・失業などがあげられる。産業化を遂げた社会では労働災害も日常茶飯事となる。

　こうした要因によって稼ぎ手が働けなくなった場合や死亡した場合には、それまで稼ぎ手に養われていた者の生活も危うくなる。賃金そのものが低く設定されている場合も同様である。このように、資本主義社会では、個人の自助努力ではどうすることもできない諸要因によって、本人とその家族が貧困に陥ってしまうことがある。だが、政府や他者の介入・干渉を徹底して避ける資本主義的「自由」は、「貧困になる自由」すら容認する。

*9
民主主義に関する優れた入門書としてクリック（Crick, B. R.）の『デモクラシー』（岩波書店、2004年）がある。なお、デモクラシーは「民主制」と訳されることもある。

他方、民主主義を旗印にして求められてきたのは、資本主義的な「自由」よりもいっそう幅の広い「自由」である。それは、人間の尊厳が保たれる／保ち合われる関係と条件をもたらすような「自由」や、個人が主体的・自律的に何かを行う／何かになる自由（積極的自由）であるともいえる。

こうした民主主義的「自由」は、資本主義的「自由」が生み出す（あるいは容認する）経済的・社会的な不平等・格差・貧困とは相いれない。資本主義的「自由」は、民主主義という視座からすれば、「自由の条件」を欠いているという意味で「不自由」のもとですらある。それゆえ、民主主義的「自由」を求める動きは、資本主義的「自由」の制約をめざすことになる。

（3）民主主義的「自由」の進展

ほとんどの資本主義社会では、民主主義的「自由」が、次第に法制度的な「権利」とされていった。とりわけ参政権（普通選挙権）の拡大が、民主化の進展に決定的な役割を果たした。参政権の拡大により、人々の政治参加が進んでいくことで、富裕層・特権層の利害（資本主義的「自由」の堅持）に偏らない制度・政策が導入されたり、民衆の利害（民主主義的「自由」の拡大）を代表・代理する政党が政権与党になったりした。

こうした民主主義的「自由」の進展は、さまざまな政治的要請との複雑な結び付きのもとで理解されねばならない。例えば20世紀初頭における列強各国では、国力を高めるには、産業化を進め、軍備を増強し、労働者＝消費者＝兵士＝国民の生活水準を向上させる各種の社会改良が不可欠であるとの認識が強まった。世界恐慌による経済・社会の混乱と大量失業の発生は、階級対立を激化させ、政府による社会改良を後押しした。さまざまな「限界」をもつ市場経済の補完をはじめ、生産力＝労働力の増強と再生産、政治的正統性の確保、治安維持、社会統合といった統治課題も、福祉政策の形成につながっていった。

資本主義的「自由」にとって、ロシア革命に引き続く社会主義諸国の登場は極めて重大な出来事であった。社会主義勢力の拡大が脅威となることで、各国政府は福祉政策の拡充によって資本主義の修正（資本主義的「自由」の制約）を図っていった。また、多くの尊い生命を奪った第二次世界大戦の教訓も、戦後各国における民主主義的「自由」の拡大と福祉国家の建設を促していった。こうして20世紀には、国民国家ごと

に生存権をはじめとする社会権が法制化されるとともに、国際的な人権保障の枠組みも形成された。

　以上のような、資本主義と民主主義の衝突が、その他の歴史的な出来事と相まって、古くから実施されてきた支配層による恩恵的な救済（あるいは貧困者の監視と処罰）を、国家の義務であると同時に人々が共有する権利でもある生活保障の仕組みに変えていった。これが公的扶助制度である。また、それと並行して、労働者同士の自発的な相互扶助・共済活動を国家が取り込んで、国民各層に対する「社会保険」へと変えていく動きも見られた。そして公的扶助と社会保険が「融合」する形で、今日のような福祉国家体制、つまり国民国家を単位とした社会保障の仕組みと福祉政策の基礎ができ上がった。

3 福祉政策の規範原理

（1）福祉政策における目的－手段の連鎖

　ここまで、「福祉政策はなぜ存在するのか」という根本的な問いに関し、資本主義と民主主義の衝突という観点から応答と整理を試みた。そして福祉政策の存立原理は、二つの「自由」のせめぎ合い・二重運動に見出されるという理解を示した。次に「福祉政策はどうあるべきか／何をすべきか」という、もう一つの根本的な問いに応答しながら、規範原理の所在と概要を確認してみたい。

　福祉政策は文字どおり「福祉」を目的として掲げる政策であるが、それはまずもって、前節で見たような「人間の尊厳」や「基本的人権」の尊重といった、普遍的価値の実現を究極の目的としている。そしてそのような普遍的目的を達成するために、社会保障をはじめとするさまざまな制度が「手段」として用いられてきた。これを整理すると**図2－1－1**のようになる。

　この図が表しているのは、まず普遍的目的がコアを成し、その延長上に福祉政策に焦点を当てた目的が掲げられ、この政策目的を実現するための個別具体的な目的に応じて福祉制度がつくられる、といったイメージである。さらに、福祉制度の目的は、制度運営の局面において、より具体的で多様な目的に細分化され、円の外枠が広がっていくことになる。つまり、「人間の尊厳」「基本的人権」などの普遍的価値を起点にして、「国や自治体の福祉政策」→「法や条例に基づく福祉制度の理念・目的」→「政策領域ごとに策定される福祉計画」（地域福祉計画、医療

〈図2-1-1〉福祉政策における規範原理のイメージ

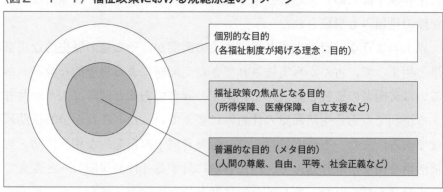

個別的な目的
（各福祉制度が掲げる理念・目的）

福祉政策の焦点となる目的
（所得保障、医療保障、自立支援など）

普遍的な目的（メタ目的）
（人間の尊厳、自由、平等、社会正義など）

（筆者作成）

計画など）→「個別に策定される支援計画／方針」といった具合に、目的の範囲や内容が具体的に絞られていく。

　ひと口に福祉政策の目的といっても、このような局面や水準の違いがあり、より上位の目的から見れば下位の目的は手段として位置付けられる。福祉政策の規範原理は、狭義には普遍的な目的をさすが、広義にはこのような目的-手段連鎖の全体として了解され得るはずである。

　また、例えば供給原理（選別主義・普遍主義、必要原理・貢献原理）、給付原理（保険・扶助）、負担原理（応益・応能）、援助原理（自立支援、ノーマライゼーション）などのさまざまな個別原理が、目的-手段連鎖に関する理論的な観察や考察を通じて分析的に導かれることもある。そしてこれら個別原理にも規範性を見出すことができる。

（2）福祉政策をめぐる主要な政治イデオロギー

　以上のように、福祉政策の形成や評価には、「自由」や「平等」のような普遍的価値が政策領域を横断しながら重大な影響を与えている。しかし、これらの価値は政治イデオロギーごとに違った解釈がなされる。

　例えば「自由」という価値概念に関し、自由主義イデオロギーを視座とするなら、個人の自由、特に政府や他者の介入・干渉からの自由（消極的自由）が本質的であるとされる。これは前述した資本主義的「自由」とほぼ重なる。反対に、社会民主主義や社会主義といった政治イデオロギーを視座とするなら、前述の民主主義的「自由」が本質的とされる。つまり、人間は連帯や相互扶助のネットワークのもとで生きる社会的な存在と目され、何かを行ったり何かになったりする自由（積極的自由）と、そのための条件（資源や権原）の集合的保障が支持される。

　当然ながら、異なった視座から導かれる福祉政策の評価と構想は違っ

〈表２－１－１〉主な政治イデオロギー

政治イデオロギーの類型	概要
自由主義 (Liberalism)	個人主義と結び付いた一連の信念であり、特に「ニューライト」の場合、国家を信頼せず、あらゆる国家活動は個人の自由を脅かし得るとみなす。また、社会は国家の介入がなければ最適な自己調整が可能であると主張する。
保守主義 (Conservatism)	伝統的な社会関係のパターンと社会秩序の重要性を強調する一連の政治的信念をいう。保守主義者はとりわけ宗教、家族、労働の価値を重視する。公共秩序の維持に資する場合には、福祉供給や社会改良を容認する。
社会民主主義 (Social democracy)	混合経済のもとでの集合的な社会活動と社会保護が不可欠であることを支持する一連の政治的信念をいう。集合主義よりも個人主義を支持し、不平等の緩和を肯定するが全面的除去は主張しない点で、社会主義とは異なる。
社会主義 (Socialism)	集合行為、連帯、自由、平等という価値に基づく一連の政治的信念をいう。それは、①集合行為による社会改良、②共同の管理・所有に基づく社会・経済組織、③協同と平等に基づく社会の理想型、などを求めるさまざまな潮流から成る。フェビアン社会主義のように福祉追求における国家の役割を強調する立場もあれば、社会運動や相互支援を強調する立場もある。
マルクス主義 (Marxism)	社会は経済階級（資本家・ブルジョワジーと労働者・プロレタリアート）同士の闘争から成る、という考えに基づく一連の信念をいう。国家は支配階級の道具とみなされることが多いが、ネオマルクス主義者は、国家が、資本蓄積の促進と資本主義社会の正統化という相互に衝突する役割を担うことで、正統化の危機に陥ると考える。
フェミニズム (Feminism)	女性が男性に劣っているとみなしたりそのような存在として扱ったりしてはならないとする信念全般をいう。自由主義フェミニズム、マルクス主義フェミニズム、急進的フェミニズムなど多くの分派がある。
緑の政治 (Green politics)	環境保全を強調しながら、天然資源の使用、他の種や自然世界と人間との関係をめぐって主流派の関心を拒絶するような、一連の政治的信念をいう。

（出典）Spicker, P. (2008) *Social Policy: Themes and Approaches* (revised second edition), Policy Press, pp. 93-96及びpp. 287-301をもとに筆者作成

たものになる。自由主義的な視座では、公的福祉が充実すれば人々は給付に依存し始めると考えられ、「低福祉低負担」の残余的で選別的な福祉供給が望ましいとされる。社会民主主義的な視座では、公的福祉の充実は人々の自立・自律の条件とみなされ、「高福祉高負担」の普遍的で制度的な福祉供給が望ましいとされる。このように、依拠する視座が異なれば、互いに相いれない政策評価や政策構想が提示されるのである。

　イギリスの著名な福祉政策研究者であるスピッカー（Spicker, P.）は、主な政治イデオロギーについて**表２－１－１**のような類型を示している。またスピッカーは、これらを視座としながら福祉政策の見方と求め方に影響を及ぼしていく規範原理について、役割別に**表２－１－２**のような分類を行っている。そして主要な原理的価値として、**表２－１－３**

〈表2－1－2〉 福祉政策にかかわる原理的価値の類型

価値の類型	価値の焦点
個々人の境遇に影響を及ぼす価値	福祉の増進、必要の定義、人々の利害関心や選択の重視
他者との関係を調整する原理	道徳的義務、相互責任、連帯、自由、権利
人々と社会構造の関係に関する原理	平等、社会正義
個人と国家の関係を統べる原理	自由と権利、所有とそれにかかわる国家の役割、福祉サービス供給
国家と社会の関係に関する原理	国家責任、法・民主制・介入の性質
国家同士の関係に関する原理	グローバル福祉政策、対外援助、国際機関の役割

（出典）Spicker, P.（2008）*Social Policy: Themes and Approaches*（revised second edition）, Policy Press, p. 86の記述をもとに筆者作成

〈表2－1－3〉 福祉政策にかかわる原理的価値の具体例

原理的な価値	解説
自由 （freedom）	人は心理的自由（選択が行えること）、消極的自由（行為を妨げられないこと）、積極的自由（行為をなし得ること）を有さねばならない。自由の個人主義モデルは、自立に基づく自由を重視し、社会福祉や国家介入を自立や自由の侵害とみなす。他方、自由の社会モデルは相互依存に基づく自由から出発する。そして貧困を自由の否定とみなし、社会福祉は人々をエンパワーすることで自由を促進すると考える。
権利 （rights）	権利は人々の関係を統べるルールである。権利を有していれば、相手の行為を変化させることができる。道徳的権利の背後には道徳的要求があり、法的権利の背後には法的制裁がある。人権や市民権など、万人に適用される一般的権利もある。マーシャル（Marshall, T. H.）は福祉国家の発展を所有権や参政権に追加された社会権の拡張として描いた。
平等 （equality）	平等とは不利を取り除くことであり、人々が同一であることを意味するわけではない。平等を追求する手法には、「扱いの平等」（歪曲や偏見を抜きに人々を扱うこと）、「機会の平等」（競争の機会や条件の足並みをそろえること）、「供給の平等」（教育や医療の供給を「画一化」ではなく「共通化」という意味で「標準化」すること）、「基本的保障」（基本的な権利・資源・サービス・再分配を保障すること）、「結果の平等」（状況に応じて違った扱いをしながら、結果において不利を取り除くこと）がある。
社会正義 （social justice）	社会における正義（公正さ）に関しては、競合し合う二つの理解が見られる。一つはプラトン的見解であり、「善いもの」と「正しいもの」を正義とする。例えばロールズ（Rawls, J. B.）の正義概念は、道理を備えた人々なら合意するとロールズ自身が信じたものに依拠している。もう一つはアリストテレス的見解であり、「つり合い」という観点から正義を理解する。例えば、罪とつり合う処罰（矯正的正義）、貢献や必要など合意される基準から見てつり合う資源の分配（分配的正義）がある。
民主主義 （democracy）	民主主義とは、①統治システム（民主的統治システムの一つである代議制においては、得票を求める競争によって統治は応答的なものとなる）、②意思決定システム（民主制とは説明責任・参加・交渉・討議・利害の代表・不同意の合法化といった統治の規則にかかわっている）、③人々が権利を有する社会（自由民主制のもとでは、少数派の合意がある場合に限って多数決が容認される）をさし得る。福祉供給と民主主義は手を取り合って成長してきた。

（出典）Spicker, P.（2008）*Social Policy: Themes and Approaches*（revised second edition）, Policy Press, pp. 86-87の記述をもとに筆者作成

のような概念をあげている。

（3）社会福祉の援助原理

　人類の歴史を振り返れば、古代ギリシャのポリスにおける「アルムス」、ローマ帝国における「アリメンタ」、キリスト教の「カリタス」といった福祉的行為の原型的原理が見られるが、これらは今日でも「相互扶助」「社会防衛」「愛他主義」として存在し、政治・経済・社会・文化が織り成す複雑なシステム連関のもと、それぞれ相互に重なり合いながら、社会福祉の政策や援助などに関する規範原理を成している。

　社会福祉学のテキストには、福祉的援助を中心に据えた規範原理（援助原理）が、ときに体系的に、ときに網羅的に示されている。戦後社会福祉学を代表する理論家である**岡村重夫**は、機能分化が進む現代社会における社会福祉の存立原理（固有の存在理由）をめぐる考察に基づいて、**表２－１－４**のような援助原理を体系的に導き出した。

　表２－１－５に整理した岡本栄一・岡本民夫・高田真治 編著『新版・社会福祉原論』は、岡村の考え方を継承しつつ援助原理の新たな潮流や展開を網羅的に解説している。さらに、星野貞一郎『社会福祉原論』は、援助関係の原型となる原理として「相互扶助」「宗教的慈善」「政治的救済」をあげ、現代社会における社会福祉の規範原理として「人間の尊厳」「連帯と参加」「地域福祉重視」「自立の支援」をあげている。

　いずれにせよ、こうした社会福祉の援助原理（あるいは社会福祉にこ

〈表２－１－４〉岡村重夫による援助原理

社会性の原理	人間は社会的な生（個人と社会制度が織り成す社会関係に基づいた社会生活）を営む共同的・社会的存在であるとの観点から、社会福祉はあくまでそうした生の困難（社会的役割を調和させる困難、制度的欠陥による要求の不充足）に対して、社会的に承認された解決を行う方策であることを強調する原理。
全体性の原理	機能分化した制度との間で取り結ばれる社会関係の複数性を、断片化することなく調和的にとらえつつ、社会関係の束としての個人が、各制度領域における社会的役割を、自らの主体的な生活行為として十全に発揮し得るよう援助していくことを強調する原理。
主体性の原理	個人とは複数の社会関係に規定されつつもそれらを統合する主体であるとの観点から、個人を受動的・他律的存在へとおとしめ自己疎外化する社会状況にあらがい、能動的な生活・責任主体としての契機を個人が自覚し実現するよう援助していくことを強調する原理。
現実性の原理	社会生活の基本的要求は、既存の社会関係が不成立・不完全の場合でも、あらゆる方法を用いて自己貫徹を図るのと同じく、社会福祉の援助もあらゆる方法を用いて現実的に生活問題の解決を図ることになる点を強調する原理。この「あらゆる方法」は保護的サービスを含むが、それは現実的問題解決の帰結にすぎず、決して社会福祉の本質ではない。

（出典）岡村重夫『社会福祉原論』全国社会福祉協議会、1983年、95～103頁をもとに筆者作成

〈表2－1－5〉援助原理の今日的展開

人間尊重の原理	人格の尊厳と基本的人権の尊重が福祉追求の基本であることを明示する、最も基本的な原理。
社会的責任性の原理	社会サービスを受ける権利を保障する公的責任を国や自治体が有していることを強調する原理。
生活の全体性の原理	制度と個人が織り成す社会関係の困難を援助しようとするとき、個人を全体的・統合的にとらえ、はたらきかけることを主張する原理。
主体性援助の原理	要援護者の主体的側面にはたらきかけ、自律性と社会性を側面的に援助し、自立支援と当事者参加の意義を主張する原理。
地域生活尊重の原理	ノーマライゼーション思想をコミュニティケア（在宅ケア・施設社会化）によって実現し地域生活を保障するよう迫る原理。
連帯と共生の原理	当事者と住民が互いに人間として重荷や喜びを分かち合い、互いの差異を尊重し合うために、市民意識とボランタリズムの醸成を求める原理。

（出典）岡本栄一・岡本民夫・高田真治 編『新版・社会福祉原論』ミネルヴァ書房、1992年、42〜67頁をもとに筆者作成

められた理念・思想・倫理・価値）は、政治イデオロギーと全く無関係であるとはいえないはずである。例えば「人間の尊厳」という価値概念は、おおむねどの政治イデオロギーにおいても尊重されるとしても、政策的な応答として示される「人間の尊厳」の解釈や尊重の仕方は、イデオロギー的視座に応じて変わり得る。

　福祉政策をめぐる規範的議論において、価値概念の解釈を示す場合、それがいかなる視座に依拠した解釈であるかを可能な限り明記しなければ、文字どおり「原理主義」の態度を示すことになりかねないだろう。

参考文献
● B.クリック、添谷育志・金田耕一 訳『デモクラシー』岩波書店、2004年
● Drake, R. F.（2001）*The Principles of Social Policy*, Palgrave, Red Globe Press.
● 星野貞一郎『社会福祉原論』有斐閣、1998年
● 今村仁司 編『資本主義』新曜社、1986年
● 京極高宣『改訂 社会福祉学とは何か－新・社会福祉原論』全国社会福祉協議会、1998年
● Manning, N.（2003）'Welfare, Ideology, and Social Theory', in Baldock, J., Manning, N., Vickerstaff, S.（eds.）, *Social Policy*, 2nd edition, Oxford University Press.

第**2**章

福祉政策の基本的な視点

学習のねらい

　福祉政策の分析や理解のための基本的な視点を学ぶことが本章のねらいである。

　本章では主な視点として、理由、主体、客体、時間、空間、資源、方法、水準を扱う。福祉政策が存在する「理由」については、法律や権利に依拠する説明、シチズンシップや社会正義のような理念に基づく説明、歴史的経緯に基づく説明があり得ることを示す。「主体」については、国家中心の見方や多元的な見方を紹介する。「客体」については、社会問題や社会的リスク、社会的必要を取り上げる。「時間」については、公助や共助の時間（給付開始のタイミングや期間など）と、自助や互助の時間（自由時間）を示す。「空間」については、自助の空間と社会的な必要充足の空間の区別を示す。「資源」については、形態別の分類と経路別の分類を提示する。「方法」については、社会資源の供給方法として社会保険と社会扶助を取り上げる。「水準」については、最小・最適という考え方を示す。

第1節 福祉政策とは

1 概念整理

　福祉政策と関連する概念に「社会政策」と「社会保障」がある。社会政策とは、社会生活の維持や安定化を目的とする広範な政策領域を総称する国際標準の概念である。[1)] 本章では、この社会政策と福祉政策とを同義の概念として扱う。社会保障とは、英語圏では所得保障の体系を意味するが、日本では所得保障のみならず医療保障・公衆衛生・社会福祉と合わせた4つの分野から成る生活保障制度の体系を意味するのが一般的である。また、日本では社会保障は政府の公式用語として定着しているが、福祉政策は（また社会政策も）主に学術用語として使われている。福祉政策という語には、「福祉」という概念の抽象性やあいまいさに依拠して、「福祉」が想起させる限定的な、あるいは不特定多数の政策領域や、それらのあり方をめぐる種々の理念などをさし示す効果がある。それゆえ、そのような効果を望まない場合は、例えば医療政策や年金政策といった形で、指示対象がより明確な語彙を用いることが望ましい。

　こうした概念のほとんどは、議論の文脈によって使われ方に幅があり、常に一定の事柄を意味するわけではないという共通点をもつ。要するに、福祉政策であれ社会保障であれ、どう定義して使うかが重要であるということである。しかし、好き勝手に定義してよいわけではなく、慣例的な使われ方との関連性や共通点が述べられるようなとらえ方をしなければ、社会科学的なコミュニケーションがうまくいかなくなる。社会科学的なコミュニケーションがうまくいかなくなることは、その外部にいる者であればどうでもよいことだが、その内部にいる、あるいは、いようとする者にとっては重大な問題なのである。

　本章では、福祉政策を、自助・互助・共助・公助の組み合わせのもとで、社会資源を生産・供給して社会的必要を充足する活動及びその方針である、と抽象的に規定する。この概念規定を構成する個々の要素については順を追って解説していく。

2 分析視点

　一般に、出来事を正確に伝える上では、「いつ when」「どこで where」「誰が who」「何を what」「なぜ why」「いかに how」すなわち５Ｗ１Ｈを意識することが重視される。

　本章では、この５Ｗ１Ｈに「誰に（to）whom」と「どれだけ how much/many」を加えた６Ｗ２Ｈに即して、福祉政策の全体像をとらえ

〈表２－２－１〉 本章の説明枠組みと視点

基本的な視点	視 点 の 概 要
理由：なぜ	福祉政策が「なぜ」存在するか、という問いには、福祉政策を実施することが世界人権宣言や日本国憲法で謳（うた）われているから、と答えることができる。また、社会連帯や社会正義といった理念からも、それらが生み出されてきた歴史的な経緯からも、この「なぜ」に答えることができる。
主体：誰・何が	福祉政策は「誰・何が」実施しているか、という問いには、国家（政府）である、と答えることができる。またこの問いには、実際の資源供給においては国家だけでなく民間（営利・非営利）や家族の役割も重要であると答えることもできる。しかし、各種の供給主体の間には、その役割や基本的な考え方に根本的な違いがある点に注意しなければならない。
客体：誰・何に	福祉政策は「誰・何に」向けて資源を供給しているのか、という問いには、社会問題や社会的リスクである、と答えることができる。またこの問いには、社会問題や社会的リスクが発生することで生じるニーズ（必要）や、そのニーズが満たされずに困っている人々である、と答えることもできる。
時間：いつ	福祉政策による資源供給は「いつ」（いつから、いつまで）なされるか、という問いに対して、まず「いつから」に関しては、総じて受給の開始には時間がかかる、と答えることができる。次に「いつまで」に関しては、一定期間の場合もあれば、ほぼ永続的（死亡するまで）の場合もあると答えることができる。
空間：どこで	福祉政策による資源供給は「どこで」なされるか、という問いには、施設などの制度的・専門的空間だけでなく、自宅や地域社会といった生活空間でもなされる、と答えることができる。福祉政策の空間に共通しているのは、どこでなされようとも、その空間を給付やサービスに適したものにつくり替えようとする点にある。
資源：何を	福祉政策が「何を」提供しているのか、という問いには、ニーズを満たす働きのあるものなら何でも、と答えることができる。必要を満たせるものをまとめて「資源」とよんでいる。ただし、ニーズも資源も、社会の中で一定のルールに従って設定されているという点が重要である。
方法：いかに	福祉政策は「いかに」人々のニーズやリスクに対応しているのか、という問いには、みんなでリスクを分かち合う予防の方法（社会保険）と、国家を通じてリスク発生後に救済を行う事後の方法（社会扶助）によって、と答えることができる。国家以外の福祉の担い手も、多様な方法を用いてニーズの充足を行っている。
水準：どれだけ	福祉政策は「どれだけ」もしくは「どこまで」人々のニーズやリスクに対応しているのか、という問いには、最小（ミニマム）の水準もあり、最適（オプティマム）の水準もある、と答えることができる。ミニマム保障の典型は生活保護であり、医療・ケア・教育等の社会サービスの場合はオプティマム水準の保障がなされる。

（筆者作成）

＊1
本章は、坏 洋一「自己
責任の時代の社会福祉」
『NHKテキスト 社会福
祉セミナー』（2020年
4～9月号、NHK出版、
2020年）を加筆修正の
上、再構成したもので
ある。

ていく。つまり本章では、なぜ、誰・何が、誰・何に、いつ、どこで、何を、いかに、どれだけ、という問い（理由、主体、客体、時間、空間、資源、方法、水準）を、福祉政策の説明と理解のための基本的な「視点」と位置付ける、ということである。その本章の全容をまとめると、**表2-2-1**のようになる。[*1]

第2節　福祉政策の理由・主体・客体

1 福祉政策の理由

　福祉政策が存在し実施されているのは「なぜ」だろうか。この存在理由をめぐる根本的な問いへの応答から始めたい。日本の場合は**日本国憲法（第13条、第25条）**の規定が、国家の活動としての福祉政策を規範的に正当化するという意味で、存在理由を説明する。国際的には**世界人権宣言**（第22条、第25条）、**国際人権Ａ規約（社会権規約）**特にその第9条が、福祉政策の規範的な正当化根拠として共有されている（**表2－2－2**）。

　学術的な議論においては、上述のような法・権利とともに、シチズンシップ（市民資格、市民権、国籍）、社会連帯、社会正義といった価値概念の解釈を通して、福祉政策とその背景を成す福祉国家の存在に関する規範的正当化や基礎付けがなされてきた。他方で、以上のような規範的な根拠とともに、次のような歴史的な展開も福祉政策の存在理由をめぐる問いへの応答となり得る。

　貧民救済や弱者保護は、洋の東西を問わずどの時代にも見られる普遍

*2
国際人権Ａ規約（社会権規約）の正式名称は「経済的、社会的及び文化的権利に関する国際規約」である。

*3
伊藤周平『福祉国家と市民権－法社会学的アプローチ』（法政大学出版局、1996年）、及び岡野八代『シティズンシップの政治学（増補版）－国民・国家主義批判』（白澤社発行、現代書館発売、2009年）、塩野谷祐一・鈴村興太郎・後藤玲子 編『福祉の公共哲学』（東京大学出版会、2004年）を参照。
また、本書第2部第1章第2節も参照。

〈表2－2－2〉　**福祉政策の存在理由と正当化根拠**

日本国憲法 第13条	すべて国民は、個人として尊重される。生命、自由及び幸福追求に対する国民の権利については、公共の福祉に反しない限り、立法その他の国政の上で、最大の尊重を必要とする。
日本国憲法 第25条	すべて国民は、健康で文化的な最低限度の生活を営む権利を有する。 2　国は、すべての生活部面について、社会福祉、社会保障及び公衆衛生の向上及び増進に努めなければならない。
世界人権宣言 第22条	すべて人は、社会の一員として、社会保障を受ける権利を有し、かつ、国家的努力及び国際的協力により、また、各国の組織及び資源に応じて、自己の尊厳と自己の人格の自由な発展とに欠くことのできない経済的、社会的及び文化的権利を実現する権利を有する。
世界人権宣言 第25条	1　すべて人は、衣食住、医療及び必要な社会的施設等により、自己及び家族の健康及び福祉に十分な生活水準を保持する権利ならびに失業、疾病、心身障害、配偶者の死亡、老齢その他不可抗力による生活不能の場合は、保障を受ける権利を有する。 2　母と子とは、特別の保護及び援助を受ける権利を有する。すべての児童は、嫡出であると否とを問わず、同じ社会的保護を受ける。
国際人権Ａ規約 第9条	この規約の締約国は、社会保険その他の社会保障についてのすべての者の権利を認める。

（出典）筆者作成。世界人権宣言と国際人権Ａ規約は外務省ホームページより

的な営みである。だが、私たちがよく知る福祉政策は、あくまで西欧近代の産物であり、西欧で開花した人権や民主主義の思想の申し子ともいえる。また福祉政策は、同じく西欧由来の資本制システムがもたらす社会問題（搾取・失業・労災・貧困など）を是正し、個々人の自助を支える取り組みとして発達を見た。西欧諸国では19世紀の後半から国家の福祉政策が整備され始め、20世紀になるとシチズンシップに基づく社会権の実現をめざす福祉国家体制が本格的に発展した[*4]。そして、完全雇用の推進とともに、所得再分配により格差是正が図られる一方で、保健医療・住宅・教育・保育・介護等の社会サービスが社会生活の基盤として整備されていった。

　以上のように、福祉政策は歴史の産物であるがゆえに、具体的な内容は国ごとに相違する。

2 福祉政策の主体

　福祉政策は「誰・何が」担っている（策定・実施する）のだろうか。福祉政策の主体は国家（中央政府と地方政府）である、とするのが一般的な見方である。だが福祉政策の主体（特に供給主体）に関して、国家を中心化しない見方もある。近年では、「**福祉ミックス**」や「**福祉多元主義**」の考え方[*5]が重視されるようになっている[3)]。そうした議論においては、フォーマルな福祉とインフォーマルな福祉との対等性、また自助・互助・共助・公助の相補性が強調される。国家の福祉役割を過大に見積もることは、事実的にも規範的にも正当化し難い、というのが国家を脱中心化する根本理由であると考えられる。

　国家は福祉政策の伝統的な主体であり、「**公助**」（税方式の社会扶助や社会サービス）と「**共助**」（社会保険方式の諸制度）を担っている。古くて新しい主体である市民社会は「**互助**」（多様な関係に依拠した互酬）を担い、市場と家族は「**自助**」（生産と再生産、労働と消費）を担っている。それぞれは福祉の生産と供給において異なる機能と限界、そして規範的意義と供給原理を有している。ただし、市民社会、市場、家族が担っている福祉役割の全体を視野に収めて何をどう実施するのかについて包括的な方針を示すことができるのは国家だけである。

　市民社会についてはさらなる説明が必要であろう。エスピン-アンデルセン（Esping-Andersen, G.）の**福祉レジーム論**[*6]では「国家、市場、家族」が、福祉の生産・供給にかかわる主体とされ、市民社会は扱われ

*4
Marshall, T. H., Bottomore, T. (1992) *Citizenship and Social Class*, London, Pluto Press. (T. H. マーシャル、トム・ボットモア、岩崎信彦・中村健吾 訳『シティズンシップと社会的階級−近現代を総括するマニフェスト』法律文化社、1993年) 参照。

*5
福祉多元主義とは、国家（中央政府や地方政府）による一元的な福祉供給を相対化し、それ以外の多様な部門ないし担い手（民間の営利組織や非営利組織、近隣住民、友人、家族など）が福祉供給において果たしている、または果たすべき役割を重視する考え方をさす。福祉ミックスとは、こうした多元的な福祉供給部門が全体として達成している、または達成すべき成果をとらえようとする場合に用いられる概念である。

*6
本書第2部第7章第2節参照。

ていない。だが市民社会は、福祉の生産・供給にかかわる主体としてその存在感を強めてきた。市民社会とは、NGO（非政府組織）、NPO（非営利組織）、慈善団体、共済組織、労働組合、協同組合といった民間の組織や団体が織り成す多様な互助・互恵関係の総体であるといえる。いずれにしても、この市民社会や市場そして家族による福祉の生産と供給の全体に、補助金や法的規制などの手段を通じて影響力を及ぼし得るという点で、国家には特別な地位を認めることができる。

*7
Greve, B. (2014) *Welfare State: present and future*, Routledge. 参照。

3 福祉政策の客体

　福祉政策は「誰・何に」対して資源を供給するのだろうか。福祉政策の客体は「社会問題」（貧困・格差・差別・虐待・排除など社会が「問題」と認めた生の困難）や「社会的リスク」（社会問題が発生する可能性や蓋然性）としてとらえることもできる。だが、実際に福祉政策のもとで行われているのは、社会問題や社会的リスクそのものへの対処というよりも、それらから直接・間接に生じる「社会的必要」の充足を図ろうとする活動であるといえる。

　社会的必要とは、生きる上で充足されねばならない事柄（以下、生の必要）のうち、社会的な充足が期待されているものを意味する。社会的必要には制度的な対応が図られるが、制度の不備や不足などによって充足されない場合もある。

　社会的必要の典型としては、所得保障ニーズ、保健医療ニーズ、福祉ニーズがあげられる。これらは日本の福祉政策が、所得保障、医療保障、公衆衛生、社会福祉といった領域から成る社会保障を、主な指示対象としていることを反映している。何らかの要因によって制度的な対応がなされない社会的必要の充足にあたっては、市民社会における互助が重要な役割を担っている。

　また、社会的必要としてどのようなものがリストアップされるかは、福祉政策にいかなる領域を含めるかに左右される。福祉政策の領域を広くとらえているイギリスでは、社会的必要のリストも長大なものになる。なお、イギリス社会政策学の代表的テキストでは、福祉領域（welfare domains）として、所得維持、雇用、医療、公衆衛生、学校教育、生涯教育、住宅、社会的ケア、刑事司法といった9つの領域があげられている。

*8
Alcock, P., Haux, T., May, M., Wright, S. (eds.) (2016) *The Student's Companion to Social Policy*, 5th edition, Oxford, Blackwell. 参照。

　私たちの生の必要は、日々の暮らしの中で、各種の欲求や欲望ととも

に、市場と家族を通じた自助によって私的に充足が図られる。そうした私的充足がむずかしい場合に、さまざまな理由に基づいて、社会的な充足が図られることになる。その場合、生の必要が自助では満たせないときに、互助、共助、公助が順番に対応する、という段階的な補完論が自然な見方であるように見える。しかし、福祉政策が発達した社会においては、互助・共助・公助に支えられながら自助がなされることもある。

　さまざまな生の必要が社会化されていくにつれて、社会化されない必要にはどのようなものがあるのか、また何がその障壁になっているのか、という論点がいっそう重要なものとなる。[9]

*9
社会的必要（ニーズ）については、本書第2部第4章第1節でさらに詳しい解説がなされている。

第3節　福祉政策の時間・空間

1　福祉政策の時間

福祉政策による社会的必要の充足活動は「いつ」なされるのだろうか。ここではまず福祉政策の活動が「いつから」始まり、「いつまで」なされるのかを概観してみたい。

暮らしに何らかの不具合や問題が生じたときに、速やかに対応が図られることは、誰にとっても望ましいことだろう。だが、社会的な必要やリスクの発生時に、間髪を容れず共助や公助がなされることはめったにない。大多数の福祉制度では、必要発生から供給がなされるまでの間に、多かれ少なかれタイムラグが生じる。生活保護制度の急迫保護や、医療保険制度の給付は、社会的必要の発生と社会的資源の供給との間に時間的なズレが短い制度といえる。

医療保険を除く社会保険では、受給資格を満たしていたとしても、請求や認定の期間（雇用保険の場合は待機期間）があり、即座に資源の供給がなされるわけではない。社会扶助の場合も、緊急の場合は別として、通常は申請から受給までに一定の時間を要する。各種の社会福祉サービスもこれらと同様であるが、特に都市部で需要の多いサービス（保育所や特別養護老人ホーム）は、待機期間の長期化が社会問題になっている。

また、共助や公助による資源供給が「いつまで」なされるか（有期か無期か、短期か長期か）も決して一様ではない。暮らしに生じる必要不充足状態は、一時的な場合もあれば永続的な場合もあるため、給付期間は多様である。例えば、長期給付の代表である年金保険給付のうち、老齢年金と障害年金は無期、遺族年金は有期である。雇用保険、児童手当、児童扶養手当も有期である。医療保険給付は病気やけがが治るまでの有期である。生活保護と社会福祉サービスは自立するまで供給されるという意味では有期であるが、自立できない場合は無期であるといえる。しかし、社会資源を利用しながら自立ないし自律した生活が営まれる場合もあるため、生活保護と社会福祉サービスが有期か無期か、短期か長期かを論じることはあまり意味がない。

福祉政策とかかわる時間をめぐる論点は、社会資源の供給にかかわる時間のあり方に尽きるわけではない。より根本的な論点として、「自由

時間」をどう確保するか、という重大な問題が指摘できる。人生の大半が労働とその準備（つまり生産と再生産）に費やされる多くの現代人には、余暇はいうまでもなく、ケアしケアされる時間、ボランティア等の社会活動に参加する時間、地域社会の課題を共有し協働で解決を図るための時間は、ほとんど残されていない。さまざまな状況に置かれている人々が、人間らしく、自分らしく、市民としての責任を果たしながら自律的に生きることを支えるためには、資源の確保を前提とした自由時間をもつ権利を福祉政策によってどう保障するかが問われよう。

2 福祉政策の空間

　福祉政策はいったい「どこで」なされているのか、という空間的な次元の解説に移る。私的な必要充足としての自助は、生活空間としての自宅や地域社会と、経済空間としての市場（労働市場や商品市場）でなされる。これに対して、社会的な必要充足の空間は多岐に及ぶ。例えば、健康を保障するための社会資源は、病院や保健所といった専門的な機関で供給され、自立ないし自律を支援するための社会福祉サービスもまた専門的な施設や機関で供給される。

　このような制度的・専門的な空間のみならず、福祉・介護・医療の在宅化が進む現在では、生活空間としての自宅や地域社会においても、社会資源の供給（社会的必要の充足）がなされるようになっている。また、医療・介護・保育・教育・住宅などにかかわる社会的必要の充足は、公私協働・民間活用・**新公共経営**（New Public Management：NPM）といった考え方のもとで、経済活動の空間としての市場との結び付きを強めている。

　こうした福祉政策の空間に共通しているのは、何らかの境界線が引かれ、内部と外部との差異化がなされた上で、内部空間の編成に関して、社会的必要充足のために最適化が図られるということである。上記の専門的な施設や機関とは異なり、一般住宅や地域社会は社会的必要充足の空間としてデザインされているわけではない。それゆえ、自宅や公共の場の改修によるバリアフリー化をはじめ、地域社会の組織的・計画的なリデザインを通して物理的な最適化が進められる。あわせて家族、近隣、地域社会における各種の組織・団体などもまた、社会的必要充足に適した役割や社会関係への再編が企図され、空間編成に即した最適化が進められる。日本における「福祉のまちづくり」や「地域包括ケアシス

*10
民間企業の経営手法を応用して公共部門（行政運営）の効率化を図ろうとする考え方であり、主な手法に行政サービスの民営化や民間委託などがある。

テム」の構築は、このような空間最適化の事例といえるだろう。

　これら福祉政策の空間が「国民国家」の内部に形成された空間であることは自明であろう。第二次世界大戦後、西側諸国は総じて福祉国家の道を歩んだが、それは「国民」を単位として社会的必要を充足する内部空間の創出ととらえることもできる。いわゆる「国民」とは、出身国の国籍をもち、公用語ないし国語を使い、もっぱら一国内で生活する人々をさしてきた。それゆえ、外国籍や出身地以外にも複数の国籍をもつ人々、異なる言語を使う人々、複数の国で生活する人々が増えれば、「国民」を前提にして（あるいは国民の形成をねらいとして）つくられた福祉システムの修正は避けられない。今日の福祉政策には、国際化やグローバル化とよばれる趨勢が、「福祉国民国家」という空間の編成に及ぼすさまざまな影響と、それに伴う社会的必要の変化への対応が求められているのである。

第4節 福祉政策の資源・方法・水準

1 福祉政策の資源

福祉政策は「何を」供給しているのか、という問いには給付、財、サービス、便益といった回答がなし得るが、ここではそれらを「資源」という用語で一括する。資源というと「天然資源」を想起させるが、ここでいう資源は、生の必要を充足するはたらきのあるもの・こと全般をさす。

「開発」されたり「発掘」されたり「希少性」があったりするという点では、資源も天然資源も同様である。だが資源は、地球ではなく人間が生み出すものであるという点や、物質であるとは限らないという点で、天然資源と大きく異なっている。

資源は、「ヒト（人手)」「モノ（物財)」「カネ（購買力)」「情報」「時間」「機会」「関係」など、有形・無形の多様な形態を取る。福祉政策のもとで生産・供給される資源は、社会的必要を充足する上で用いられるため「**社会資源**」とよぶことができる。

社会資源も多様な形態を取るが、「現金給付」と「現物（サービス）給付」という形態分類がある。[5][11] 現金給付は、市場において商品の購入を手助けするという役割を果たし、現物給付は商品では充たせない必要を充足するという役割を果たす。福祉政策としての両者のメリットとデメリットは裏返しの関係にあり、現金給付が保障する選択の自由は、目的外使用をもたらす一方で、現物給付が可能にする使途の限定は、自律性を脅かす。

また、社会資源には「制度的／非制度的」（あるいは「フォーマル／インフォーマル」）という生産・供給の経路の違いによる分類もある。制度的資源は法的に規定・規制された活動のもとで、非制度的資源は法的に規定・規制されない活動のもとで生産・供給される。前者の活動は行政やその委託先によって、後者の活動は家族・親類・友人・近隣・地域組織・ボランティアなどによってなされる。

2　福祉政策の方法

　福祉政策は前述のような社会資源を「いかに」「どのように」供給しているのか。福祉政策における供給方法は「社会保険」と「社会扶助」に大別できる。**社会保険**は、不特定多数の人々が連帯して共通の生活リスクに備える予防的な方法であり「共助」ともよばれる。拠出金（社会保険料）と税金が主な財源であり、社会保険事故（失業、労働災害、老齢退職、稼ぎ手の死亡、障害、病気やけが、要介護状態など）が生じた場合に、受給権を有する市民に社会資源が供給される。

　これに対し、**社会扶助**は、公費（税金）を財源に、貧困・低所得・児童の養育などの特定の事態が発生したと認められる場合に、あくまで事後的に社会資源を供給する方法であり「公助」ともよばれる。

　社会保険を用いた共助の制度には、労働保険、年金保険、医療保険、介護保険などがあり、社会扶助を用いた公助の制度には、生活保護、児童手当、児童扶養手当などがある。一般に、資力調査がある社会扶助を「公的扶助」とよび、資力調査がない（ただし所得制限等の受給要件がある）社会扶助を「社会手当」とよんで区別している。社会福祉サービスを提供する諸制度も、税方式であるという意味で社会扶助に分類されることもある。

3　福祉政策の水準

　福祉政策は「どこまで」「どれだけ」資源を供給しているのか。福祉政策による資源供給の水準に関する考え方は、最小（ミニマム）水準保障と最適（オプティマム）水準保障に大別できる。ミニマム水準保障の典型が生活保護制度であり、保護基準は国民に「健康で文化的な最低限度の生活」を保障し得る（と国が考える）水準を設定している。「最小」や「最低限」というと、生きるか死ぬかの瀬戸際の状態が保たれる絶対的水準がイメージされやすい。しかし、「健康で文化的な」という表現にも見られるように、実際にはそのときどきの標準的な生活を勘案した相対的水準の実現が図られている。

　これに対して、オプティマム水準保障とは、社会的必要が（専門的判断から見て）充足される水準を意味する。病気やけがが治るまで（つまり医師の判断により保健医療ニーズが充足されたとみなされるまで）給付がなされるという点で、医療供給制度は最適保障の典型といえる。そ

のほか、ケア（保育・介護・介助）や教育・居住を提供する社会サービスにおいても、ミニマムではなくオプティマムの水準を保障することがめざされている。

　ミニマムの対義語はマキシマム（最大限）である。福祉政策においてマキシマム水準まで資源供給がなされることはあり得ないように見える。だが実際には、資源制約のもとでマキシマム水準が追求された結果がオプティマム水準であると考えられる。

引用文献

1）圷　洋一・堅田香緒里・金子　充・西村貴直・畑本裕介『社会政策の視点−現代社会と福祉を考える』法律文化社、2011年、1〜5頁
2）坂田周一『社会福祉政策−原理と展開 第4版』有斐閣、2020年、12〜22頁
3）平岡公一・杉野昭博・所　道彦・鎮目真人『社会福祉学』有斐閣、2011年、462〜468頁
4）古川孝順『社会福祉の拡大と限定−社会福祉学は双頭の要請にどう応えるか』中央法規出版、2009年、199頁
5）武川正吾『福祉社会−包摂の社会政策 新版』有斐閣、2011年、85頁

参考文献

● 圷　洋一「自己責任の時代の社会福祉」『NHKテキスト 社会福祉セミナー』2020年4〜9月号、NHK出版
● 塩野谷祐一・鈴村興太郎・後藤玲子 編『福祉の公共哲学』東京大学出版会、2004年
● Pierson, C. (2006) 'Beyond the Welfare State?', *the new political economy of welfare,* third edition, Cambridge, Polity Press.

第**3**章

福祉政策の構成要素と過程

学習のねらい

　社会福祉の発展過程では、国民の福祉サービスへの需要を背景に政策が生まれ、政策を実現するために法律がつくられて、関連制度と基盤が整備される。本章では、この政策が実現される全体像を理解するために、福祉政策とは何かを手始めに、福祉サービス、政府と市場（しじょう）の関連などに焦点を当てて、政策立案から評価までの手順を明らかにする。

　第１節では、福祉政策の構成要素として、福祉サービスの給付の方法を取り上げ、福祉サービスの利用方法が行政による一方的な措置から利用者の自己決定を尊重した利用契約へと展開していった背景や、供給主体の多様化、市場化の問題点等を見る。第２節は、福祉政策の流れを政策課題の設定、立案・策定、実施、評価という段階からとらえ、それぞれで行われるポイントを理解する。

第1節　福祉政策の構成要素

　福祉政策は、人々の福祉達成を目的として政府が実施する一連の公共政策である。一般的には、さまざまな困難に直面して福祉が損なわれている個人や家族を対象に、現金や福祉サービスを提供するための仕組みづくりが福祉政策そのものであると思われがちである。しかし、実際に人々の福祉を支える構成要素は多様であり、政府による現金や福祉サービスの提供方法を確認しただけでは、福祉政策の全体像を理解することはできない。

　かつてイギリスの社会政策学者**ティトマス**（Titmuss, R. M.）は、「福祉の社会的分業」という考え方を提起し、政府による所得保障や福祉サービスの提供（社会福祉）と同様に、所得控除や減免等を通じた税制上の再分配（財政福祉）や、企業が従業員に対して提供する家族手当や家賃補助といった福利厚生（職域福祉または企業福祉）も、人々の福祉を向上させる機能をもつと指摘した。また、1990年代から「福祉多元主義」の考え方が登場し、定着してきたように、今日において人々の福祉達成にかかわる財やサービスは、政府（公的部門）だけでなく、営利企業や非営利組織によっても供給されるようになっている。現代の福祉政策は、こうした供給主体のコントロールにかかわることを通じて、一部の不遇な状態にある人々だけでなく、多くの人々の生活を日常的に支える役割をもつようになっているのである。こうした点をふまえ、本節では今日の福祉政策の実施にかかわる構成要素を確認する。

1 福祉政策における給付

　福祉政策の最も中心的な構成要素は、さまざまな事情で生活上の困難を抱えた人々に対し、政府が責任の主体となって特定の資源を人為的に割り当てることである。この「資源を人為的に割り当てる」プロセスまたはその客体を一般に「給付」という。誰に給付を行うのか、何をどの程度給付するのか、どのような手続きを設定するのか、給付に必要な財源をどうやって確保するのかなどを検討し、必要な給付を実施していくことが福祉政策の中心的な課題となる。

　福祉政策における「給付」の方法は、大きく分けて現金給付と現物給付の2種類に分けることができる。両者の中間的な形態として、特定の

用途に使用が限定される「利用券」（バウチャーやクーポンとよばれる）の配布や、家賃や教育費などの助成という方法も存在する。

（1）現金給付

　現代の日本における**現金給付**の代表的な例として、年金制度や生活保護、雇用保険の求職者給付、児童手当や児童扶養手当等があげられる。[*1]これらの制度は、生活に必要なあらゆる財やサービスが商品化されている現代社会のありようを前提として、それぞれの制度が定める適用条件を満たした人々に一定額の金銭を提供し、生活を維持する上で必要な財やサービスに関する「購買力」を保障することを目的として実施される。また、対象者の可処分所得を増やすために税や社会保険料を減免する仕組みも、現金給付の一形態として理解することができる。

　現金給付のメリットは、金銭という極めて汎用性の高い財を供給することによって、個々人の必要に関する自己決定や選択の自由を尊重しながら、その対象となる人々の生活を直接的に支えることができる点である。また、給付の前提として一定の物的あるいは人的資源があらかじめ整備されていなければならない現物給付と比べて、給付の実施が容易であるというメリットもある。

　逆に、現金給付のデメリットとして、まさにその金銭という汎用性が高過ぎる財を供給しているがゆえに、（児童手当が親の飲酒や賭博に使われてしまうケースのように）受給者による「目的外」の使用を完全には排除できず、給付の目的を十分に達成できないケースが発生する可能性がある点を指摘することができる。

　実際に現金給付を行う方法は、大きく分けて「貢献」に基づく給付と、「必要」に基づく給付の2種類に分類することができる。「貢献」に基づく給付とは、金銭の受給に先立って事前の拠出を要件とする仕組みであり、年金や雇用保険の求職者給付等が含まれる。「必要」に基づく給付は、金銭の受給に先立って事前の拠出を要件とせず、当事者が置かれた状況から客観的に判断される必要の程度に応じて給付が行われるものである。児童手当、児童扶養手当、そして生活保護がその代表的な仕組みである。

（2）現物給付

　福祉政策における**現物給付**とは、福祉達成を目的として、特定の条件に当てはまる人々に金銭以外の財・サービスを割り当てることをいう。

＊1
正確にいえば、生活保護の給付のうち、生活扶助・住宅扶助・教育扶助・生業扶助・出産扶助・葬祭扶助は現金給付を原則としているが、医療扶助と介護扶助は現物給付を原則としている。また、生活扶助等に関しても、現金給付が不可能あるいは適当でない場合には現物給付を行うことができるとされている。生活保護法第38条に規定する「保護施設」は、生活保護における代表的な現物給付である。

具体的には、食物や衣類といった物品の供与だけでなく、医療や介護、保育といった対人サービス、特定の施設・設備を活用した生活支援や技能訓練、さらには職業紹介や日常生活に役立つ有益な情報の提供に至るまで、有形無形の幅広い財やサービスが現物給付の対象となる。

　現物給付は、人々の個別的で具体的な必要と直接的に対応する財やサービスを、人為的に割り当てる仕組みである。したがって、現金給付と違い、利用者による「目的外」の利用が生じにくいというメリットがある。例えば、健康な人を治療することはできないし、歩ける人に車いすを供与しても効果がないという事例を考えればわかりやすい。現金給付よりも利用者に対する給付の効果が見えやすいことが、現物給付の特徴であるといえる。

　しかしその一方で、現金給付と比べて使途が明確な現物給付には、その利用者の自由に一定の制約が課されるという側面がある。また、現物給付においては、給付の客体となる財やサービスはあらかじめ特定の形態を取って用意されていなければならないため、想定を超えた福祉ニーズの増減に応じて臨機応変に対処することがむずかしいという限界もある。[*2]

　現金給付と同様に、現物給付の方法においても、「貢献」に基づく給付と「必要」に基づく給付の2種類がある。現代の日本においては、医療サービスや高齢者に対する介護サービスは原則として「貢献」に基づく給付であり、児童福祉や障害者福祉等の各種福祉サービスは当事者の「必要」に基づく給付である。

*2
本書第2部第4章第1節参照。

2 福祉政策における規制と便益の供与

　福祉政策の構成要素は、政府による現金や福祉サービスの供給に限定されるものではない。利用者に提供される福祉サービスの量や質を担保するために、政府がその権限を用いることによって福祉サービスの提供にかかわる組織・団体・専門家に対してさまざまな規制をかけたり（または緩めたり）、便益の供与を図ったりすることも福祉政策の重要な構成要素である。この場合、個々の利用者は、政府が事業者に対して行使した影響力から、"間接的"にその恩恵を受けることになる。

　例えば社会福祉法では、国及び地方公共団体以外には原則として社会福祉法人だけに第一種社会福祉事業の実施を認めている。そして、政府は社会福祉法人に対し、認可にあたって十分な資産の保有と厳格な審査

を受ける義務を課し、事業内容や経営体制のあり方にさまざまな規制を
かける一方で、税制上の優遇措置やさまざまな補助を行っている。政府
がこうした規制や便益供与を行う理由は、その利用者が長期にわたって
安定した経営状況のもとでサービスを受けられる環境を維持するためで
ある。

　また、昭和62（1987）年には「社会福祉士」と「介護福祉士」、平成
9（1997）年には「精神保健福祉士」の国家資格が相次いで導入され
た。その目的は、直接的には福祉の現場で働く人々が専門教育機関にお
いて高度な専門知識を獲得することに関する便益を高めることにある
が、それが最終的にめざしているのは福祉サービスの利用者に対し、よ
り質の高いサービスを保証することである。

　このように、政府が福祉サービスの提供にかかわるさまざまな主体や
事業者を対象に、規制や便益の供与によって一定の影響力を行使すると
いう方法も、福祉政策の重要な構成要素となっている。特に近年では、
後述のように福祉政策の「市場化」が進み、多様な事業者が福祉サービ
スの供給にかかわるようになっている。規制や便益の供与という方法に
よって福祉サービスの質を担保し、利用者の安全や権利を保障する福祉
政策の重要性は、ますます高まっているといえる。

3 福祉政策の「市場化」

　福祉政策の「市場化」は、近年の福祉政策における基本的な特徴と
なっている。そこには、関連する二つのプロセスが含まれており、一つ
は福祉サービスの「市場開放」による供給主体の多元化、もう一つは福
祉サービスの提供における「市場メカニズムの活用」である。

（1）福祉サービスの市場開放

　福祉サービスの「市場開放」とは、福祉サービスの実施にかかわる旧
来の規制を緩和することによって、地方公共団体や社会福祉法人といっ
た特定の主体が独占的に提供してきた福祉サービスを、民間企業を含め
た多様な事業者に開放していくプロセスのことである。1990年代以降
に定着してきた「福祉多元主義」論や「福祉ミックス」論は、福祉サー
ビスの市場開放プロセスを理論的に正当化する役割を果たしてきた。

　もともと福祉政策は、市場経済の「外部」にあって貧困問題や生活問
題に直面した人々を対象とし、市場が提供できない・市場原理になじま

＊3
本書第2部第2章第2
節2参照。

第2部
第3章

ないサービスを公的責任に基づいて人為的に割り当てることを目的としてきた。社会的に弱い立場に置かれた人々の人権や生存を、「市場の圧力」から保護することが福祉政策の主眼であったことから、福祉サービスの提供にかかわる主体を厳しく規制し、営利を目的とした事業者が福祉サービスにかかわることを防ぐ工夫が講じられてきたのである。

　しかし、高齢社会の到来とともに人々の福祉ニーズが普遍化すると、従来のように限られた主体だけで福祉サービスを提供することは困難になる。そこで、**社会福祉基礎構造改革**[*4]や介護保険制度の導入を一つの契機として、営利を追求する民間企業を含めて多様な事業者が福祉サービスの提供にかかわることができるように、福祉サービスの供給システムが大きく改革されたのである。今日では多様な事業者が福祉サービスの提供にかかわるようになっており、人々の生活を支える重要な役割を果たしている。

（2）準市場

　福祉政策の市場化に関するもう一つの側面は、福祉サービスの提供における「市場メカニズムの活用」である。これは、市場開放された福祉サービスが自由競争に委ねられるようになったことを意味するわけではない。福祉サービスの特性をふまえて事業者には必要な規制を加え、利用者の権利を保障するさまざまな工夫を重ねながら、「競争による質の向上」や「資源の効率的な分配」といった市場メカニズムがもつ積極的な特性を福祉サービスの供給システムの中に取り入れようとする政策的努力をさしている。

　福祉サービスの供給を「市場に近い」環境において実施しようとするコンセプトは、「**準市場**」または「疑似市場」（quasi-market）とよばれている。準市場の基本的なイメージは、福祉や教育といった公共サービスを必要とする者に、政府からサービスを"購入"する権限が付与され、多元化した供給主体によって用意された多様なメニューの中から、権限を付与された者が必要なサービスを選択して利用できるというものである[*5]。

　このような準市場の発想は、利用者の自己決定を尊重し、利用可能なサービスの選択性が高まることで事業者間の競争が促され、それがサービスの効率化と質の向上につながるという想定に支えられたものである。「準市場」をめぐる議論の第一人者であるイギリスの社会政策学者**ルグラン**（Le Grand, J.）は、適切に構築された準市場は「通常の市場

*4
本書第３部第１章第５節２及び、本双書第２巻第２章第１節２参照。

*5
本書第２部第５章第２節１参照。

において人々の購買力の差から生まれる不平等のほとんどを避けるような仕方で公共サービスが提供されることを可能にする平等主義的な」仕組みであると主張し[1]、利用者の選択と供給者間の競争によって質が高く効率的なサービスをもたらすことを強調している。

　日本の文脈でいえば、自由開業医制度を前提とした医療保険が、すでに準市場的な枠組みのもとで医療サービスを提供する枠組みを確立してきた。そして、すでにふれた一連の「基礎構造改革」によって、高齢者介護サービスや保育サービス、障害者福祉サービスも準市場的な枠組みによって実施されるようになってきている。

（3）福祉政策の市場化をめぐる評価

　この20年の間に福祉政策の市場化が一貫して進められてきた日本の状況を見ると、多くのサービス提供主体が参入したことで、福祉サービスの分野で事業者間の競争的な環境が定着してきたことは確かである。しかしその一方で、利用者が選択できる施設やサービスの絶対量が不足していることによって生じた保育所の待機児童問題や特別養護老人ホームの「入所待機者」問題がたびたび話題になり、保育難民や介護難民といった言葉が生まれている。

　また、競争的な環境の中で一定の収益を上げなければならないことから、現場で働く職員の待遇を改善することがむずかしい事業者も数多く存在している。そして、こうした福祉サービスの提供にかかわる職員の待遇問題が、現場の深刻な人手不足を招いているという現状も指摘されている。福祉政策の市場化が本当に利用者の選択性を高め、提供されるサービスの効率化と質的向上を促しているのか、慎重な検証が必要であろう。

第2節　福祉政策の過程

福祉政策を含む公共政策の実施に至る過程は、「政策課題の設定」「政策の立案・策定」「政策の実施」「政策の評価」という一連の段階から成り立っている。

1　福祉政策における政策課題の設定

福祉政策における「政策課題の設定」とは、現代社会の中で人々の生活にネガティブな影響を与えているさまざまな種類の問題の中から、政府がその解決に向けて取り組むべき課題を焦点化することをいう。ただし、最初から首尾一貫した形で福祉政策の課題設定が進められることはまれであり、社会的にインパクトのある出来事の発生、その問題に関する統計データや研究成果の蓄積・公表、社会運動やマスメディア等を介した世論形成のあり方等に影響を受けながら、次第にその枠組みが形づくられていくというケースが多い。

一例として、近年の福祉政策における重要な課題となった「貧困問題」に即して解説すると、貧困に関する状況自体はすでに1990年代の後半から深刻化し始めていたが、2000年代前半までは真剣に取り組むべき社会的問題としては認識されていなかった。貧困に関する研究に大きな注目が集まることもなく、利用可能な統計も限定されていた。しかし、2000年代の後半に入ると、「ネットカフェ難民」や「ワーキングプア」といった刺激的な言葉とともに、新聞やテレビ等のメディアにおいても格差や貧困が公然と語られるようになり、その問題を告発するさまざまな言説や運動が活発化した。さらに、平成20（2008）年に生じたリーマンショックや、それに伴う大量の「派遣切り」、そしてその深刻さを社会に知らしめた「年越し派遣村」とそれに続く反貧困運動の盛り上がりをきっかけに、社会の最底辺層の人々が置かれた深刻な状況が表面化した。

こうした背景の中から、「貧困」を解決すべき社会問題としてとらえる雰囲気が醸成され、さまざまな研究成果が注目を集めるようになった。そして平成21（2009）年の「政権交代」を決定的な契機に、貧困問題の克服を重要な政策課題として位置付ける方向性が明確となり、政府による相対的貧困率の推計等も公表されるようになったのである。近

年では、幅広い広がりをもつ貧困問題の中から、特に「子どもの貧困」に注目が集まり、平成25（2013）年には日本の法律で初めて「貧困」という文言が含まれた「子どもの貧困対策の推進に関する法律」が制定された。

＊7
本双書第5巻第2部第4章第1節2参照。

2 福祉政策の立案・策定

（1）福祉政策の立案・策定の方法と主体

　福祉政策の「立案・策定」過程においては、設定された政策課題を解決するために用いることができる方法を検討しなければならない。福祉政策の立案・策定にかかわる主体としての政府は、設定された政策課題の解決に向けてさまざまな方策のあり方を比較・検討し、その実現可能性や従来の政策との整合性、財源的な裏付けの有無、提出される政策案に対する政治的な支持の獲得可能性等を探りながら、具体的な政策の内容を固めていかなければならない。

　引き続き貧困問題を例に取ると、貧困に対する社会的関心が高まり、その克服が重要な政策課題であるという理解が定着したとしても、そこから直ちに、望ましい解決策のあり方についての合意形成へと結び付くわけではない。貧困問題の解決に向けた福祉政策を検討しようとする場合、その政策を策定する過程において、具体的にどのような状態にある人を「貧困者」とみなすのか、さまざまな境遇にある貧困者の中から誰を優先的に対象とするのか、その解決にはどのような方法が有効なのか、必要となる財源をどのように調達するのかといったさまざまな争点が浮上する。これらの争点をめぐり、国会での審議や行政機関での検討等を通じて、多くの人々の間で生じている見解の相違や利害の対立を調整しながら、実現可能な政策の枠組みをつくり上げていかなければならないのである。このような一連のプロセスを、福祉政策の「立案・策定」過程として理解することができる。

　福祉政策の立案・策定の過程において、実際にその検討にかかわる組織や主体は、政治家や官僚、政党、各種利益団体等さまざまである。しかし、近年における福祉政策の立案・策定過程においては、厚生労働省内に設置される社会保障審議会や、その下に置かれる各種の「分科会」「専門委員会」「研究会」など、各分野の専門家や有識者によって構成される、いわゆる「諮問機関」の重要性が増してきている。

　福祉政策の立案・策定に深いかかわりをもつ諮問機関は、厚生労働省

以外にも設置されている。例えば、内閣府に設置された「経済財政諮問会議」は、いわゆる「骨太の方針」を示すことによって社会保障全体の制度設計をめぐる政策立案・策定過程に大きな影響を及ぼしてきた。

また、地方政府においても同様の役割を果たす諮問機関は設置されている。これらの諮問機関の中で行われた議論をふまえて作成された「まとめ」や報告書の内容が、具体化される政策のひな型となり、議会での承認を経て実施に移されることになる。福祉政策の動向や今後の展望を理解するためには、各種の諮問機関の中で行われている議論や報告書の内容を確認することが必要不可欠なものとなっている。

（2）福祉政策と福祉計画

現代の福祉政策は多くの人々の生活に広くかかわっており、その実施にあたって多大な財源と人員の配備が必要になる。新たな福祉ニーズに対応するサービスを実施するためには、必要な量の施設や人材をあらためて確保しなければならないが、それは一朝一夕に実現可能なものではない。こうした事情から、福祉政策の立案過程において、政策の到達目標に向けた段階的な達成過程を見通す「**福祉計画**[*8]」の策定が重要な構成要素になっている。

福祉計画に基づく福祉政策が本格的に実施されるようになったのは、平成元（1989）年に示された「高齢者保健福祉推進十か年戦略」[*9]（通称ゴールドプラン）以降のことである。現在では、福祉サービスの実施にかかわる各種の法律において、国、都道府県、市町村それぞれの領分に見合った福祉計画を策定することが求められ、さらに複数の福祉計画が連携して実施されることが重視されている。

例えば、介護保険法[*10]では、介護保険事業を円滑に実施するために厚生労働大臣（国）は「基本指針」、都道府県は「都道府県介護保険事業支援計画」[*11]、市町村は「市町村介護保険事業計画」[*11]を定めることとされている。そして、「都道府県介護保険事業支援計画」及び「市町村介護保険事業計画」は、3年を1期として、それぞれ老人福祉法に定められた「都道府県老人福祉計画」[*12]及び「市町村老人福祉計画」[*12]と一体のものとして作成しなければならない。

このように、国が示した包括的な計画や基本指針に従い、地方自治体が実際に提供するサービスの種類や量についての数値目標を定め、その達成に向けて必要な財源や人員体制を計画的に整備していくプロセスが、福祉政策を前に進めていく一般的なやり方となっている。

＊8
本双書第8巻第1部第6章参照。

＊9
本双書第3巻第2章第4節1参照。

＊10
本双書第3巻第3章参照。

＊11
本双書第3巻第3章第2節9参照。

＊12
本双書第3巻第2章第4節2参照。

（3）福祉政策と福祉計画の策定における「参加」

　福祉政策の立案や福祉計画の策定過程において、当事者及び地域住民の直接参加や意見表明の機会を設定することは重要である。例えば社会福祉法では、「地域福祉計画」[*13]の策定において「地域住民等の意見を反映させるよう努める」（第107条）とされている。また、「障害者の日常生活及び社会生活を総合的に支援するための法律」（障害者総合支援法）[*14]では、市町村障害福祉計画の策定及び変更にあたって、「住民の意見を反映させるために必要な措置を講ずるよう努める」（第88条第8項）こととあわせて、障害の当事者や家族、関係団体から構成される協議会を設置した市町村は、その「協議会の意見を聴くよう努めなければならない」（第88条第9項）とされている。

　実際に当事者や地域住民の参加を促し、その意見を反映させるためにとられる方法としては、政策の立案・策定過程にかかわる情報公開、政策課題に深く関係する当事者や組織・団体へのヒアリング、政策の内容について多くの人々から意見を公募するパブリックコメント、地域住民との双方向的な意見交換を行うタウンミーティングやワークショップ、そして当事者を代弁・代表する者の諮問機関への参加といった多様なやり方がある。これらの機会が実際にどれだけ実効性のあるものとなっているのかについては慎重な検討が必要であるが、当事者や地域住民の声を聴くことが、社会福祉政策の策定における重要な条件の一つに数えられるようになっていることは、近年における大きな変化である。

3 福祉政策の実施

（1）法律・条例の制定

　福祉政策を具体的に実施するためには、法的根拠が必要である。法律や条例による裏付けがなければ金銭やサービスは給付できず、特定の主体に規制をかけることも便益の供与を図ることもできない。従来の法体系のもとでは対応し切れない問題の解決を図るためには、新たな法律や条令を制定するか、既存の法律や条令を改正しなければならない。立案された福祉政策の実現を可能にするための新しい法律や条令の制定、あるいは既存の法律や条令を改正することは、福祉政策の「実施」に関する過程として、最も明確に理解しやすい部分であるといえる。

＊13
本双書第8巻第1部第6章第2節参照。

＊14
本双書第4巻第2部第2章第1節参照。

第2部
第3章

（2）行政規則による福祉政策の実施

　しかし、新たな法律・条令の制定あるいは改正だけが福祉政策の実施を意味するわけではない。法律の制定や改正を必要とせずに行政機関が定めることができる各種の「行政規則」によって、福祉に関する給付の内容や手続きをコントロールすることも、福祉政策の実施にかかわる重要な構成要素である。

　行政規則とは、行政機関の運営方法を定めた行政立法である。一般国民の権利や義務に直接的な影響を及ぼすことを目的としたものではないため、議会の審議や承認を受ける必要がなく、行政府の裁量で作成したり変更したりすることができる。その主なものとして、国から地方公共団体等の各種団体に法令の運営指針を伝える「通知・通達」、関係者や関係機関に行政の運営方針を知らせる「告示」、行政運営の組織や基準を定める「要綱・要領」などがある。[2]

　例えば、生活保護の受給にあたって具体的に保有が認められる資産は、生活保護法ではなく、「厚生労働省社会・援護局長通知」によって示されている。また、生活保護費の支給に直接かかわる（あわせて低所得者向けの福祉サービスの条件設定にもかかわる）「生活保護基準額」も、生活保護法ではなく「厚生労働省告示」として示されている。これらの行政規則は、福祉行政機関において現業員がかかわるサービスの手続きや内容を「縛る」ことを通じて、結局は多くの利用者に影響を与えることになる。むしろ法律の制定や改正よりも、制度運用の細部を特徴付ける行政規則の作成や変更こそが、問題の当事者やサービスの利用者に大きな影響を及ぼす重要な福祉政策としての側面をもつこともある。

4 福祉政策における評価

（1）政策評価のプロセス

　福祉政策の実施過程における「最後」の局面は、具体的に実施された政策が、その目的にそった効果を上げているのか、掲げられた目標がどれだけ達成できたのかを評価することである。相対的に限られた資源を有効に活用するためには、実施された政策の有効性や効率性を常に点検し、継続的な見直しや改善を加えていかなければならない。また、実施された政策の成果にかかわる説明責任を求める社会的圧力も高まってきている。

　このような共通認識のもとに、政策評価の実効性を高めるための基本

事項を定めた「行政機関が行う政策の評価に関する法律」が平成13
（2001）年に制定された。この法律に基づき、福祉政策の策定・実施に
中心的な役割を担う厚生労働省においても、厚生労働行政全般を対象と
した政策評価を計画的に実施している。これとあわせて、厚生労働省に
おける政策評価制度や評価方法についての改善・向上を図るため、第三
者から成る「政策評価に関する有識者会議」を設置し、政策評価にかか
わる基本計画や基本的事項の変更等について意見を聴く体制が整えられ
ている。

　また、福祉政策の個別領域においても、各種の福祉計画の実施に関す
る調査・分析・評価を法的に義務付ける仕組みが導入されつつある。例
えば、「次世代育成支援対策推進法」においては、「市町村は、定期的
に、市町村行動計画に基づく措置の実施の状況に関する評価を行い、市
町村行動計画に検討を加え、必要があると認めるときは、これを変更す
ることその他の必要な措置を講ずるよう努めなければならない」（第8
条第7項）と規定されている。平成24（2012）年に障害者自立支援法
から改正された障害者総合支援法では、市町村障害福祉計画及び都道府
県障害福祉計画について、「市町村（都道府県）は、定期的に（略）調
査、分析及び評価を行い、必要があると認めるときは、当該市町村（都
道府県）障害福祉計画を変更することその他の必要な措置を講ずるもの
とする」（第88条の2、第89条の2）という条文が新たに付け加えられ、
定期的な政策評価の実施に取り組む姿勢が明確に示されるようになって
いる。

　以上のような政策評価の枠組みは、政策の実施に関する一連の過程
を、「PDCAサイクル」の観点からとらえようとする見方に基づいてい
る。PDCAサイクルとは、もともとは民間の事業活動における生産・品
質管理を効率的に行う手法として理論化された、継続的な業務改善のた
めのアプローチである。

　近年のわが国でも行政の管理運営に民間の経営的手法を活用する新公
共経営（New Public Management：NPM）が本格的に導入される中で、
PDCAサイクルの発想が採り入れられ、Plan（政策立案・計画）、Do
（実施）、Check（評価）、Act（政策の見直し・改善）という一連のサイ
クルが重視されるようになった。このようなサイクルの観点からいえ
ば、政策評価は、政策の実施過程における「最後」の局面であると同時
に、政策を次の実施段階に発展させる「出発点」として位置付けること
も可能となる。

*15
本双書第5巻第2部第
2章第1節3（1）参照。

*16
本双書第2巻第5章第
1節2参照。

*17
本書第2部第2章第3
節2＊10参照。

（2）政策評価の課題

　政策評価のあり方には課題もある。「行政機関が行う政策の評価に関する法律」においては、必要性、効率性、有効性の観点から政策評価を行い、できるだけ定量的に政策効果の把握を行うこととされているが、それらの尺度に基づく評価の間に矛盾が生じる場合がある。例えば、実施された政策はある程度有益な効果をもたらしているが、当初の想定を超えて大幅に費用がかかってしまった場合、有効性の尺度による評価と効率性の尺度のどちらを重視するべきかという問題が生じるかもしれない。

　また、とりわけ福祉政策の領域においては、生活保護世帯の子どもたちへの学習支援や、地域における見守りネットワークの構築など、定量的な評価にはなじみにくい政策効果も数多くある。政策評価のあり方それ自体も継続的に評価し改善していくことが重要であり、福祉サービスの利用者や当事者による評価を政策評価に反映させる方法についても検討が必要である。

引用文献
1）J. ルグラン、後　房雄 訳『準市場 もう一つの見えざる手－選択と競争による公共サービス』法律文化社、2010年、38頁
2）畑本裕介『社会福祉行政－行財政と福祉計画』法律文化社、2012年、4頁

参考文献
● C. E. リンドブロム・E. J. ウッドハウス、藪野祐三・案浦明子 訳『政策形成の過程－民主主義と公共性』東京大学出版会、2004年
● 坪　洋一・堅田香緒里・金子　充・西村貴直・畑本裕介『社会政策の視点－現代社会と福祉を考える』法律文化社、2011年
● 坂田周一『社会福祉政策－原理と展開 第4版』有斐閣、2020年

第4章

福祉政策のニーズと資源

学習のねらい

　ニーズ（needs）は、一般的には「必要」「欲求」「欠乏」と理解される。人が生きていくにはさまざまなもの（これが「資源」と位置付けられる）が必要であり、それらが欠乏すれば生活がたちゆかなくなるため、人はその充足を欲求することとなる。このようにニーズそのものは広義な概念であり、さまざまな分野で用いられている。

　本章では、福祉政策におけるニーズとは何か、そして福祉政策においてニーズに着目することの意義は何かを学ぶ。

第 1 節　福祉政策におけるニーズ

1　福祉ニーズ概念の変遷

　ニーズといってもその形態や意味するものはさまざまであり、またその充足方法もさまざまである。

　それでは社会福祉におけるニーズ[＊1]とは何かを考えると、いわゆる経済市場（し じょう）やインフォーマル領域で充足されるものではなく、社会的に充足されることが期待されるソーシャルニーズ（social needs：社会的ニーズ）の中に包含されるものとして考えられている（**図２－４－１**）。

　これをふまえて社会福祉におけるニーズについて主な研究者に着目して述べたい。まず福祉ニーズに着目したのは**岡村重夫**（おかむらしげ お）であった。

　岡村は、人間が社会で暮らしてゆくには「人間の基本的欲求」と「社会生活の基本的欲求」があり、この「社会生活の基本的欲求」が社会的原因（社会関係の不調和、社会関係の欠損、社会制度の欠陥）により充足されないことによる生活困難を福祉ニーズとして提唱した（**図２－４－２**）。

　岡村のニーズ論は、福祉ニーズを社会的背景からとらえた点で、社会福祉の公的意義を明らかにした。このことから、生活困難を生じる社会的原因の解消・緩和を社会福祉の機能と位置付ける点で先駆性はあった

＊1
ニーズ（needs）はニード（need）の複数形である。多くの場合、ニーズはさまざまなニードが交錯し、相互に関係していることから、一般的には複数形のニーズで表記される（データ〔data〕もデータム〔datum〕の複数形であるが、一般にはデータが用いられることと意味合いとして共通している）。

〈図２－４－１〉ソーシャルニーズと福祉ニーズ

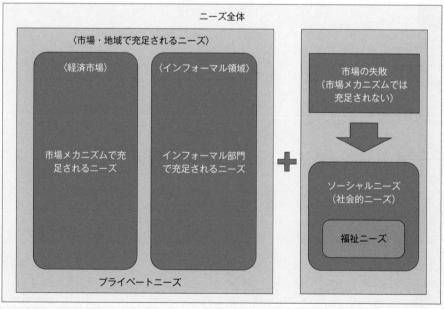

（筆者作成）

〈図２－４－２〉岡村重夫の福祉ニーズ

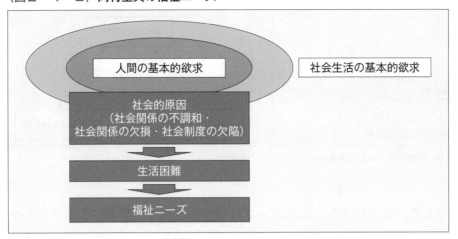

（筆者作成）

ものの、福祉政策としてのニーズを鮮明化するには限界があった。

　福祉政策におけるニーズについて、政策科学的見地から言及したのは
三浦文夫であった。三浦は「ある種の状態が、一定の目標なり、基準から
みて乖離の状態にあり、そしてその状態の回復・改善等を行う必要がある
と社会的に認められたもの[1]」を社会的ニーズとした上で、「このある種の
状態が、一定の目標なり、基準から見て乖離の状態にある」＝依存的状態
が広義の福祉ニーズであり、この依存的状態の「回復・改善等を行う必要
があると社会的に認められたもの」＝要救護性（要援護性）を狭義の福祉
ニーズとした。この福祉ニーズ論をベースに三浦は、その社会がどのよう
な目標や基準を設定するのか、また要救護性をどう把握・決定するのかが
福祉政策の課題であると提起した。これは政策科学として、政策主体が
福祉ニーズを把握・設定する上では有効であったが、政策主体の主観的
要素が影響することから、実際の福祉ニーズと乖離を生じることとなる。

　このことから新たな福祉ニーズ論が提起されることとなった。

　京極髙宣は、ニーズの位相に着目し、福祉ニーズのうち、福祉政策
は社会的に認識された「福祉需要」（デマンド）に対応してきたが、こ
れでは福祉ニーズの多くは潜在化してしまうとし、この「潜在化ニー
ズ」もニーズとしてとらえ、福祉需要には個別的支援を行うとともに、
潜在的ニーズをふまえた福祉計画の策定・実施による予防的な福祉施策
の推進を提唱した（**図２－４－３**）。

　一方、社会的意識に着目したのは**真田　是**である。真田は「社会福祉
の三元構造」を打ち出し、ここから福祉政策は政策主体だけで決定され
るものではなく、権利主体（国民）や対象者との相互関係に規定される

〈図2-4-3〉ニーズとデマンドの関係に関する概念図

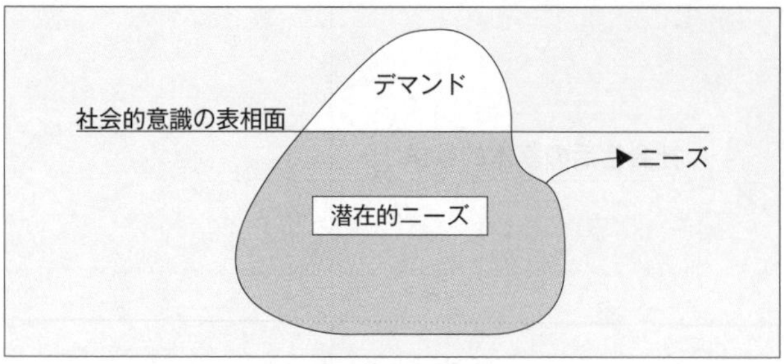

〈図2-4-4〉社会福祉の三元構造概念図

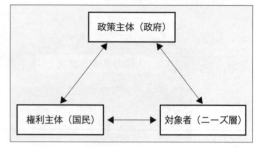

（出典）京極髙宣『市民参加の福祉計画－高齢化社会における在宅福祉サービスのあり方』中央法規出版、1984年、99頁

（筆者作成）

とした。これにより、福祉ニーズは国民の意識や当事者によるソーシャルアクションなどによっても規定されるものとされた（**図2-4-4**）。

こうした議論をふまえて、古川孝順（ふるかわこうじゅん）は、福祉ニーズを生活支援ニーズと位置付け、さらに、①インフォーマル部門や市場により充足されない（欠落している）、②サービスの提供について社会的な合意が成立し、認知されているものを「社会的生活支援ニーズ」であるとし、この社会的生活支援ニーズの階層性に着目し、これを構成するものとして福祉ニーズを位置付け、これに対する社会的生活支援サービスに福祉サービスを位置付けている。そして、この福祉ニーズを規定するものとして、「認定の基準」や「利用資格の認定」などの政策主体の権限が大きいとしており、その対象化の過程によりニーズが拡大・縮小することも指摘している（**図2-4-5**）。

〈図2-4-5〉福祉ニーズと福祉サービスの対応関係

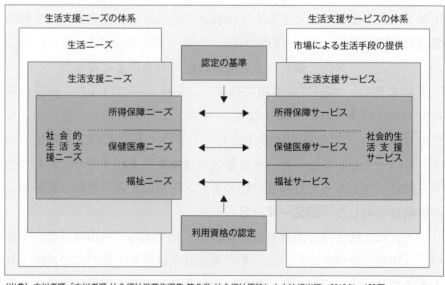

（出典）古川孝順『古川孝順 社会福祉学著作選集 第5巻 社会福祉原論』中央法規出版、2019年、156頁

2 社会福祉法における福祉ニーズ

　ここでわが国における社会福祉制度の根幹となる社会福祉法に着目して福祉ニーズについて検討する。

　平成12（2000）年の社会福祉法成立に代表される社会福祉基礎構造改革により、社会福祉の基調は利用者本位・住民主体に軸足が移った。

　さらに地域共生社会の構築が喫緊の福祉政策課題となる中で、福祉政策の課題は大きく変化している。社会福祉法第3条では福祉サービスについて、生活に困難を抱えた者に「福祉サービスの利用者が心身ともに健やかに育成され、又はその有する能力に応じ自立した日常生活を営むことができるように支援」するものと規定しているが、平成29（2017）年改正により、新たに「福祉サービスを必要とする地域住民及びその世帯が抱える福祉、介護、介護予防（要介護状態若しくは要支援状態となることの予防又は要介護状態若しくは要支援状態の軽減若しくは悪化の防止をいう。）、保健医療、住まい、就労及び教育に関する課題、福祉サービスを必要とする地域住民の地域社会からの孤立その他の福祉サービスを必要とする地域住民が日常生活を営み、あらゆる分野の活動に参加する機会が確保される上での各般の課題（以下「**地域生活課題**」という。）」（第4条第2項）が地域福祉の政策課題として追加して規定されるなど、その概念や対象は広がりつつある。こうした福祉ニーズの変化を受けての政策課題の設定により、福祉政策のあり方、具体的には公的責任のあり方は、従来からの実施責任から、次のとおりにより広がりをもったものとして規定されている。

* 2
令和2（2020）年の社会福祉法改正により第4条第3項に繰り下げ。

社会福祉法（抄）
（福祉サービスの提供体制の確保等に関する国及び地方公共団体の責務）
第6条　国及び地方公共団体は、社会福祉を目的とする事業を経営する者と協力して、社会福祉を目的とする事業の広範かつ計画的な実施が図られるよう、福祉サービスを提供する体制の確保に関する施策、福祉サービスの適切な利用の推進に関する施策その他の必要な各般の措置を講じなければならない。
2　国及び地方公共団体は、地域生活課題の解決に資する支援が包括的に提供される体制の整備その他地域福祉の推進のために必要な各般の措置を講ずるよう努めるとともに、当該措置の推進に当たっては、保健医療、労働、教育、住まい及び地域再生に関する施策その他の関連施策との連携に配慮するよう努めなければならない。
3　（重層的支援体制の整備）（略）

かつての公的責任の考え方では、福祉サービス利用者は、日本国憲法第25条第2項に規定された「生存権保障の公的義務」により、行政として取り組むべき対象であった。したがって、福祉支援の対象に該当するかの基準となる「要救護性」（要介護性）は行政の判断であり、提供されるサービスの質・量は行政目標の達成という基準での行政の裁量であった。

この枠組みにおいては、福祉ニーズとは、行政が認識し、サービス供給が可能な「公認された」範囲でのものであった。

しかし、利用者や住民からすれば、福祉ニーズとは行政の対象か否かにかかわらず現に存在するものであり、利用者・住民はそれを自ら把握し、対象化する主体として期待されている。つまり、この改正により福祉ニーズの視点が行政主体から住民主体へと転換したといえる。

これまでの福祉制度は、要援護性に着目したことから、対象を「要援護者」（needy）としてきた。そのため福祉サービスが必要であっても生活困窮でなければ「対象外」となった。しかし、介護や保育などに代表されるように、生活困窮の度合いとサービスの必要性は必ずしも一致しない。そこで要援護者であることだけではなく、福祉サービスを必要とすること（need）に着目することで、福祉サービス提供を選別的なものから普遍的なものへと転換させることが意図されている。

制度的には「措置から契約へ」といわれるが、ここには福祉ニーズの大きな転換があることを理解しておく必要がある。

3 福祉ニーズの分類

福祉ニーズが福祉政策で議論されるとき、福祉ニーズはさまざまに分類される。これは政策策定に対応するために、概念操作的に用いられるためである。そこで、ここでは福祉ニーズに関する主な分類を紹介する。
①形態別・構造的福祉ニーズ
　〇潜在的ニーズ、顕在的ニーズ
　　福祉ニーズが社会認識的・制度的な存在であるかに着目した。
　〇規範的ニード（normative need）、感じられたニード（欲求：felt need）、表明されたニード（需要：expressed need）、比較によるニード（comparative need）
　　上記の4つは**ブラッドショー**（Bradshaw, J.）が提唱した「ニードの次元」で、誰が認識したのか、どこで発生するのか、何を求めるのかなどに着目して、提唱された。

〈図２−４−６〉貨幣的ニーズと非貨幣的ニーズ

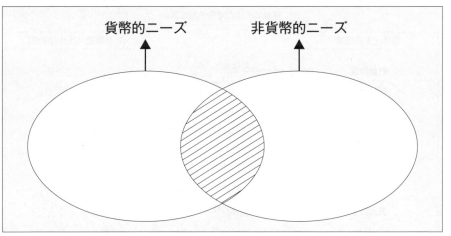

（出典）京極髙宣『現代福祉学の構図』中央法規出版、1990年、53頁

②方法論的福祉ニーズ

　○**貨幣的ニーズ、非貨幣的ニーズ**

　　三浦が提唱したもので、生活保護などの金銭給付（現金給付）で充
　足されるものと保育や介護などのサービス給付（現物給付）で充足
　されるものというようにニーズ充足の方法に着目した（なお、両者
　は排外的関係ではなく重複して存在する。**図２−４−６**）。

　○予防的ニーズ、対応ニーズ

　　ニーズが援護対象となる前に予防的に行うものか援護対象となって
　サービス提供するものかに着目する。「防貧」（貧困に陥らないよう
　にする）と「救貧」（貧困者を救済する）の関係も同様である。

③対象別・サービス別福祉ニーズ

　　そのニーズを充足する方法や対象に着目する。

　　例：介護ニーズ、保育ニーズ、地域ニーズ、子育てニーズ

4 福祉ニーズの把握方法

　福祉ニーズをどう把握するかは、福祉政策の策定や評価において重要
である。それは福祉政策の実効性や福祉計画の妥当性を担保するものだ
からである。

　福祉ニーズに着目した三浦は、福祉ニーズの測定方式として次の７点
をあげている。[2]

　①「理論的」基準（尺度）、②政策目標とのかかわりで外在的に設定
される基準、③専門家による判定、④横断的比較法（cross-comparative

〈図２－４－７〉福祉ニーズの発生とソーシャルワーク実践の関係

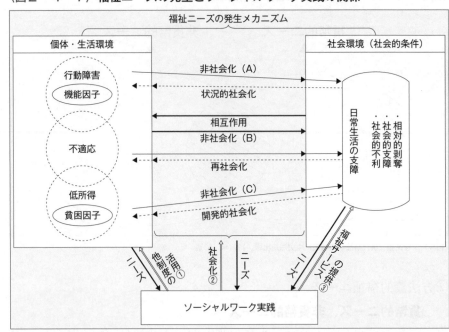

（出典）京極髙宣『改訂 社会福祉学とは何か』全国社会福祉協議会、1998年、74頁

method)、⑤時系列比較法（time series comparative method)、⑥統計
的比較法、⑦ナショナル・ミニマム。

　実際には、多くの市町村が福祉計画策定において「福祉ニーズ調査」
として住民や制度対象者からアンケート等で調査を行っているが、これ
らはマクロ的把握方法といえる。

　一方で福祉ニーズは、このサービス利用者の援助場面に存在してお
り、そこで把握されるものでもある。京極は、障害福祉領域をモデル
に、個体・生活環境と社会環境との関係不良だけで福祉ニーズが形成さ
れるのではなく、その狭間でのソーシャルワーク実践でも福祉ニーズは
発生し、把握されるとしている（**図２－４－７**)。

　福祉ニーズは、社会全体あるいは地域全体を対象としてとらえること
で把握できるマクロ的に存在するものであるが、個々の福祉援助におい
ても存在するという極めて個別性をもったミクロ的性格を有するという
両面性があることに注意が必要である。

5 社会福祉のサービス提供と福祉資源

（1）行政主体の社会福祉

　かつて行政とは、市場メカニズムだけでは理想的な資源配分は困難で

あり、最適な状態を阻害するという「市場の失敗」に由来するものと考えられてきた。このように社会福祉が対応する福祉ニーズは、この「市場の失敗」によるものと考えられたことから、ソーシャルニーズとして、市場では充足できないものであり、市場の外部で提供されるべきであるとして、行政による充足が図られるものとされた。

　また、社会福祉の前身である慈善事業から、その基本的性格は非営利・公共という位置付けがされたことからも公的部門（政府セクター）が必要なサービスや金品を提供するべきであると考えられてきた。

　このため、福祉サービス等の提供主体は、行政による措置（行政決定）により行われ、サービス提供は行政機関や公立社会福祉施設、公的に管理されたサービス事業者（社会福祉法人など）の公的部門に限定され、その経費も公的に負担するべきものとされた。そしてこのため、福祉サービスの利用者は、自らそのコストを負担することのできない要援護者に限定されることになり、このことは、福祉サービス利用者＝要援護者というスティグマを増長させるという副作用もあった。[*3]

＊3
本書第2部第5章第3
節1（1）参照。

（2）「福祉の多元化」と「普遍主義的福祉への転換」

　平成2（1990）年以降、わが国では急速に少子高齢化が進行し、介護や保育などの福祉ニーズはさまざまな階層に広がった。またノーマライゼーション理念の浸透などにより、福祉サービス対象者を地域から切り離して、選別的・隔離的に処遇するのではなく、地域を構成する住民として地域社会で住み続ける支援のあり方が希求されることとなった。

　これに伴い、福祉サービス利用者は、従来の「要援護者」から、さまざまなニーズを有する者に広がり、サービスの目的や内容も多様化することとなった。このサービスの多様化に対応するには、生活困窮者の救済を目的とする従来の選別的措置では理念的にもシステム的にも困難であった。そこで打ち出されたのが「福祉の多元化」（福祉多元主義）である。これは、福祉サービスの提供主体を、公的部門（政府セクター）だけでなく、民間営利部門（市場セクター）や、家族・地域のインフォーマル部門を含む民間非営利部門（民間セクター）など多様な主体が参入し、さまざまなサービスを提供することで、利用者がそれぞれのニーズに合致したサービスを利用することができ、その人らしい生活の実現を図ろうというものである（**図2-4-8**）。

　この福祉の多元化の背景には、要援護性を要件とした選別主義的福祉から普遍主義的福祉への転換も意図されている。

〈図2-4-8〉福祉資源の配分セクター

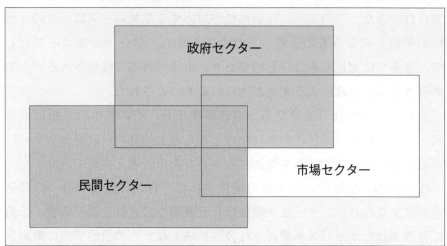

(出典) 古川孝順『古川孝順 社会福祉学著作選集 第5巻 社会福祉原論』中央法規出版、2019年、162頁

　また、社会福祉の基調が、「施設から地域」に移行し、「福祉サービス
を必要とする地域住民が地域社会を構成する一員として日常生活を営
み、社会、経済、文化その他あらゆる分野の活動に参加する」(社会福
祉法第4条) ことの実現をめざすとなれば、福祉サービス利用者が"特
別なサービスを必要とする特別な人"とされ地域住民と分断されてし
まってはならない。そのためにも福祉サービスは住民誰もにかかわる普
遍的サービスであることが求められる。

　こうした福祉の多元化や普遍主義的福祉への転換は、市場セクターや
民間セクターの参入という福祉サービス提供での構造改革だけでなく、
行政による措置方式での福祉サービス提供から、利用者の選択・決定を
尊重した利用契約方式への転換といった、サービスそのものの提供方
法・システムを転換することとなった。

6 地域共生社会における福祉資源とその開発

　社会福祉における**社会資源**とは「社会福祉を支える財政 (資金)、施
設・機関、設備、人材、法律等、社会福祉を成立させるために必要な物
資および労働をまとめて」よび、「一般的には『利用者のニーズを充足
するために動員されるあらゆる物的・人的資源を総称したもの』とされ
る[3]」。したがって公的な制度や施設・機関だけでなく、民間事業者から
家族や地域の支援まで含めて考えられている。これが一般に考えられる

〈図２−４−９〉多機関の協働による包括的支援体制構築事業（イメージ図）

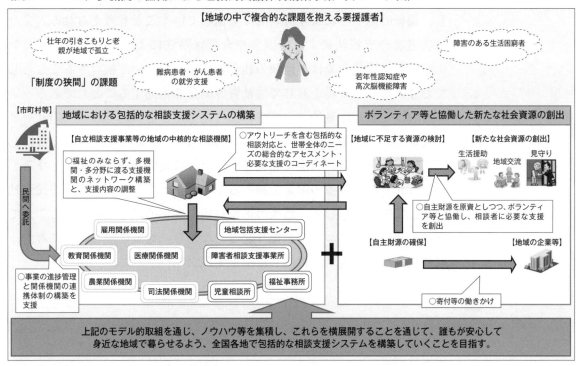

（出典）厚生労働省資料

「福祉資源」となる。

　平成28（2016）年６月の「ニッポン一億総活躍プラン」以降、施策として推進されることとなった「**地域共生社会**」は、社会的支援を必要とする地域住民が、地域の社会資源を活用しながら、住み慣れた地域で暮らし続ける地域社会の実現をめざしている。

　この地域共生社会における福祉資源は、公的責任による公助だけではなく、インフォーマルな互助、システム化された助け合いである共助、市場メカニズムによる自助が、有機的に組み合わされた支援を提供するものとして想定されている。このように多様な社会資源の確保や開発が地域共生社会の実現に不可欠なことがわかる（**図２−４−９**）。

　この地域における連携において重要なことは、それぞれの部門（セクター）が異なる理念を背景にしており、それぞれの目的・役割をもっていることである。このことをふまえて、地域で連携して支援することで、福祉サービス利用者を地域で支え得る福祉資源が充実することが期待される。

　このように、地域共生社会の実現には、地域における福祉資源をどのように開発するかも重要な課題となる。

　このためマクロ的には、福祉ニーズ調査等で福祉ニーズを明らかにし、福祉計画などにより計画的に整備していくことも考えられる。また障害者総合支援法による協議会や介護保険法による地域包括支援センターの運営協議会では、地域の社会資源開発について検討することとしており、こうした場を通じて福祉資源開発を推進することもできる。

　なお、こうした量的・システム的な開発とともに、それぞれのサービス提供主体が、提供するサービスの質を向上させたり、連携を密にして、情報を共有し、支援を充実させるなどの質的な開発も必要となる。

　こうした福祉資源の開発を進める上で重要となるのが、地域住民が社会福祉に関心をもって、地域の福祉課題に主体的になってくれることである。地域の福祉ニードを掘り起こしながら、地域住民と一緒に考え、取り組んでいく地域に依拠した福祉実践が期待される。

引用文献
1）三浦文夫『社会福祉政策研究－社会福祉経営論ノート　増補版』全国社会福祉協議会、1987年、59頁
2）三浦文夫、前掲書、67〜71頁
3）社会福祉辞典編集委員会 編『社会福祉辞典』大月書店、2002年、232頁

参考文献
● 日本社会福祉学会事典編集委員会 編『社会福祉学事典』丸善出版、2014年
● 岡村重夫『全訂社会福祉学（総論）全訂5版』柴田書店、1971年
● 真田　是『真田是著作集 第3巻 社会福祉論』福祉のひろば、2012年
● 京極髙宣『京極髙宣著作集 第1巻 社会福祉学』中央法規出版、2002年
● 京極髙宣『京極髙宣著作集 第3巻 福祉計画』中央法規出版、2002年
● 古川孝順『古川孝順社会福祉学著作選集 第5巻 社会福祉原論』中央法規出版、2019年
● 岩田正美・武川正吾・永岡正己・平岡公一 編『社会福祉基礎シリーズ① 社会福祉の原理と思想』有斐閣、2003年
● H. ディーン、福士正博 訳『ニーズとは何か』日本経済評論社、2012年

第5章

福祉サービスの供給と利用の過程

学習のねらい

　社会福祉の特性の一つとして「サービス給付」があげられる。これは、社会福祉の実践として、その実践対象である福祉ニーズの充足や支援を必要とする人々への援助において、金銭や物品を給付するだけではなく、人が人にかかわる「対人援助サービス」（福祉サービス・福祉実践）をあわせて提供するサービス給付システムとしての機能を有するからである。

　福祉サービスは、生存権保障のナショナルミニマムを保障するハード面ともいえる物質的・環境的生活資源を提供するとともに、その対象とする一人ひとりの「自立した生活」を実現するため、精神面や生活面での支援、いわばソフト面の支援を行うことが求められている。

　この福祉サービスの特性をふまえて、本章では、福祉サービスの供給と利用の両側面から福祉サービスの姿を学ぶ。

第1節　福祉サービスの供給体制

1　実態としての社会福祉の全体像

　社会福祉は、一般的には「貧困者や保護を必要とする児童・母子家庭・高齢者・身体障害者など社会的障害を持つ人々の援護・育成・更生を図ろうとする公私の社会的努力を組織的に行うこと」(『広辞苑 第7版』岩波書店)と解されている。このように、生活に困窮した人々、何らかの支援を必要とする人々を援助することが社会福祉であるとすれば、私たちを取り巻く現実の社会にはさまざまな「社会福祉」が存在している。これをその実態から整理したものが、**図2-5-1**である。

❶行為（behavior）としての社会福祉

　社会的通念や伝統的関係などで提供されるもので、家族・親族などの縁戚者、地域コミュニティ、宗教組織、慈善団体などの伝統的部門によって担われる（ここでの福祉サービスは非営利が基本とされる）。

❷事業（business）としての社会福祉

　社会的目的の達成や事業経営として提供されるもので、公私の社会組織体によって提供される。構成としては公的部門・準公的部門・民間部門によって担われ、また各部門内でも非営利・営利と、その運営形態は

*1
本双書第8巻第1部第2章第3節10（1）参照。

〈図2-5-1〉実態としての社会福祉の全体像

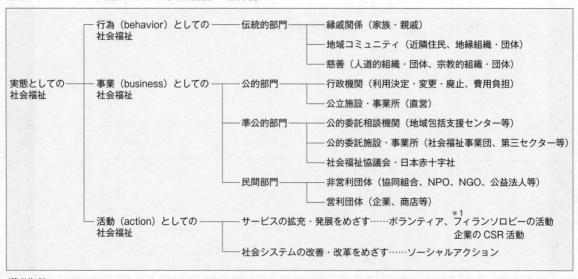

（筆者作成）

多様化している（福祉サービスは賃労働が基本とされる）。

❸活動（action）としての社会福祉

社会連帯の理念等で自発的に提供されるもので、サービスの拡充・発展をめざすボランティア活動などや社会や福祉のシステムの改善・改革をめざすソーシャルアクションなどがある（基本は無償となる）。

このように今日の社会福祉は、さまざまな部門によって構成されており、その役割や機能も多様化している。そして多様化とあわせて、営利企業が福祉サービス（社会福祉事業）を行ったり、準公的部門の市町村社会福祉協議会が地域の高齢者や障害者の働く場としてレストラン（コミュニティビジネス）を経営するなど、役割分担や機能分化は入り交じっている。

本章では、この多様化・輻輳化する社会福祉において、社会システムとして基幹的役割を果たす「事業としての社会福祉」に着目することとする。

この「事業としての社会福祉」がわが国の社会福祉の基幹的実体であり、社会福祉専門職をはじめとする従事者の実践の場である。そこで、まずその基本構造となる「社会福祉の実施体制」を検討し、それをふまえて、「事業としての社会福祉」のあり方を考えることとする。

② 基本構造としての社会福祉の実施体制

第二次大戦後に整備され、わが国の社会福祉の基幹的システムとなった「福祉6法体制」は、日本国憲法第25条の「国民が生存権を有し、その実現に国や地方自治体が義務を負う」という構図を前提として、それを社会福祉関係法により実体的なものとするシステムとされた。**図2−5−2**は厚生労働白書に図示されている「社会福祉の実施体制」である。

ここで、実施体制の根幹は、国（厚生労働省）−都道府県−市町村を軸とする行政体制とされている。基本的には、国が制度・政策（法や基準）を定め、財政措置を講じ、都道府県が①福祉サービスの提供基盤の整備・確保、②市町村への専門的支援を担い、市町村（福祉の実施機関である都道府県福祉事務所を含む）が直接住民に社会福祉諸法の実施を行うという3層構造となっている。大きなくくりでは、国は「基盤的政策主体」で、都道府県は「サービス供給整備主体・広域的実施主体」、市町村は「基礎的実施主体」という3層構造でもある。この区分では

*2
本書第3部第1章第4節6参照。

111

〈図2-5-2〉社会福祉の実施体制

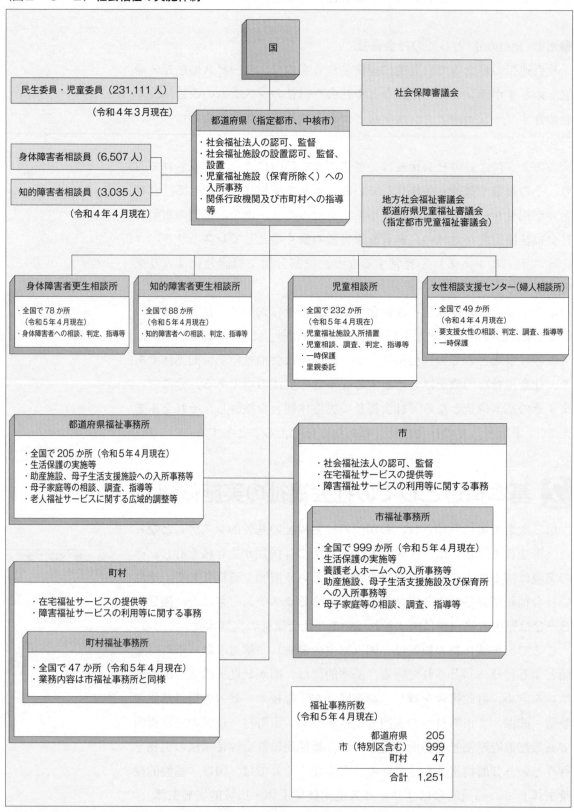

（出典）厚生労働省『令和5年版 厚生労働白書』2023年、資料編194頁をもとに一部改変

国＝政策主体、都道府県・市町村＝実施主体という位置付けであった。

　なお、こうした行政組織の垂直的な役割分担では、市町村は、福祉サービスの決定や公的負担などのシステム運用を主に担い、福祉サービスそのものを提供するのは、その多くが施設・事業所などのサービス提供組織であり、ここには行政である市町村と施設・事業者との水平的役割分担もある。では、なぜ垂直的役割分担に着目して「実施体制」としているのだろうか。それは、社会福祉諸法の実施＝社会福祉とし、行政機関に現実的な支援の責任を課しているからである。

　しかし、行政機関が対象となる人々に実際に福祉サービスを提供することはむずかしい。そこで、この社会福祉諸法の実施の具体的形態として生み出されたのが「措置制度」である。**措置制度**は、行政機関が、その公的責任を根拠として、福祉サービスの利用の可否、利用するサービスの種類・量を決定し、福祉サービス提供の実際を公私のサービス提供組織に委託し、その経費を負担する（これに伴い利用者に行政が負担を求める）システムである（**図２−５−３**）。

　このシステムでは、実際に福祉サービスを提供するサービス提供組織は、行政機関の公的責任を「委任」されて代行するという位置付けであった。そのため、現実に福祉サービス供給を担うサービス提供組織は、行政体制に組み込まれ、これにより行政組織主体の「実施体制」が形成された。

〈図２−５−３〉**措置制度**

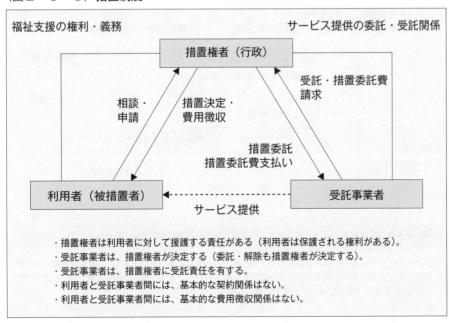

・措置権者は利用者に対して援護する責任がある（利用者は保護される権利がある）。
・受託事業者は、措置権者が決定する（委託・解除も措置権者が決定する）。
・受託事業者は、措置権者に受託責任を有する。
・利用者と受託事業者間には、基本的な契約関係はない。
・利用者と受託事業者間には、基本的な費用徴収関係はない。

（出典）厚生労働省資料をもとに筆者作成

3 多様化・輻輳化での社会福祉の構成

　1990年代から少子高齢社会への移行が進み、介護や保育などの福祉ニーズは国民にとって普遍的なものになり、誰もが地域で当たり前に生活できることが社会福祉の理念とされることに伴い、利用者主体・地域ベースの社会福祉が求められ、福祉サービスの利用は措置制度主体から利用契約制度主体へと移行した。そして平成12（2000）年の**社会福祉基礎構造改革**により、利用契約制度が福祉サービス利用の基本と規定されて現在に至る（**図２－５－４**）。

　この利用方法の変化は、サービス提供組織の変化ももたらした。

　措置制度では、公的責任が前提であったことから、福祉サービス提供組織は、公立施設（公務員）と社会福祉法人などの準公的組織が原則とされたが、利用契約制度では、利用者の多様なニーズに応えるため、さまざまな福祉サービス提供組織が参入することが期待され、今日では民間営利事業者（営利企業）や、民間非営利団体（NPO法人など）などのさまざまな福祉サービスの担い手が活躍している。

*3
平成2（1990）年の福祉関係8法改正により、在宅福祉サービスが積極的に推進され、平成9（1997）年成立の介護保険法による介護保険制度や同年の児童福祉法一部改正に伴う保育所利用方法の変更（措置制度から公的契約制度へ）で措置制度から利用契約制度への制度移行が進められ、平成12（2000）年には障害領域で支援費制度が導入されることとなった（実施は平成15〔2003〕年）。

〈図２－５－４〉利用契約制度（例：障害者総合支援法：介護給付）

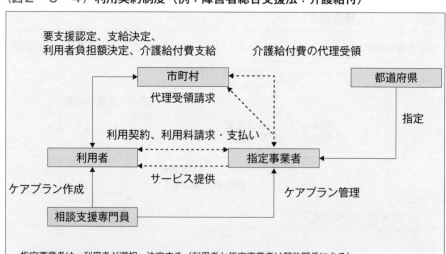

・指定事業者は、利用者が選択・決定する（利用者と指定事業者は契約関係にある）。
・市町村と指定事業者間には契約関係はない。
・基本的なサービス利用の費用負担関係は、利用者・指定事業者間にあり、本来市町村は利用者に費用補助することとなるが、利用者の便宜を図るため、費用補助（介護給付費）を指定事業者に「代理受領」（利用者に代わって受領）させ、利用者の負担を軽減させている。

（出典）厚生労働省資料をもとに筆者作成

　こうして今日の福祉サービス利用は、①公的責任を重視する措置制度（乳児院、児童養護施設、児童自立支援施設、養護老人ホーム、保護施設）、②利用者の主体性を尊重しつつ公的責任を果たす利用契約制度（介護保険法・障害者総合支援法〔障害者の日常生活及び社会生活を総合的に支援するための法律〕のサービス、障害児福祉施設、保育所）、③利用者の自己決定を基本とする民間契約制度（有料老人ホーム）など多様化してきている。

　さらに、2010年代後半から推進されている地域包括ケアシステムや、平成28（2016）年以降施策として推進されている「地域共生社会」では、地域での生活を支える仕組みを従来の「公助・共助・自助」という3元論から、これまでの「共助」を、制度化された助け合いである「共助」と、より地域化したインフォーマルな「互助」に分立させ、それを組み込んだ「公助・共助・互助・自助」の4元論（**図2−5−5**）とした。

　これに呼応して、社会福祉の構成も、現在では、インフォーマル部門を担い手とするものとなっている（**図2−5−6**）。

　ここで重要なことは、今日の社会福祉には、それぞれの部門の役割や機能の違いをふまえた取り組みや連携が求められることから、その推進には各部門の意義や根拠となる理念の違いもしっかりとふまえる必要があることである。単に他の部門に「業務を丸投げしたり」「責任を転嫁

〈図2−5−5〉　自助・互助・共助・公助のバランス

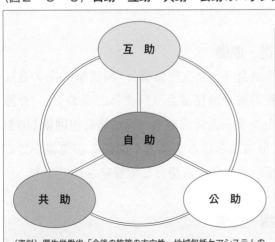

（参考）地域包括ケア研究会報告書における定義。

「自助」→自ら働いて、または自らの年金収入等により、自らの生活を支え、自らの健康は自ら維持すること。

「互助」→インフォーマルな相互扶助。例えば、近隣の助け合いやボランティア等。

「共助」→社会保険のような制度化された相互扶助。

「公助」→自助・互助・共助では対応できない困窮等の状況に対し、所得や生活水準・家庭状況等の受給要件を定めた上で必要な生活保障を行う社会福祉等。

（資料）厚生労働省「今後の施策の方向性〜地域包括ケアシステムの構築」を一部改変
（注）社会保険制度を「共助」ととらえるか「公助」ととらえるかなど、さまざまな論があるため、それぞれの定義は確立したものではない

（出典）『新・介護福祉士養成講座2 社会と制度の理解』中央法規出版、2017年、64頁をもとに一部改変

〈図2-5-6〉社会福祉の構成（社会福祉の4元構成）

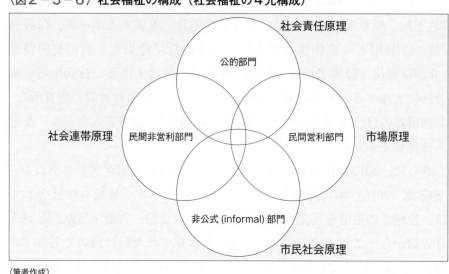

（筆者作成）

する」のではなく、それぞれの部門が、その強みをいかし、その理念を
実現できるような地域での連携・協力が期待される。

4 部門間の調整・連携・協働

　先に述べたとおり、地域での生活を支援するには多様な部門がかか
わってきており、その調整・連携・協働は不可欠となっている。
　このため、今日の社会福祉システムには次のような調整・連携・協働
のメカニズムが組み込まれている。

（1）組織による調整・連携・協働

　障害者総合支援法による協議会（自立支援協議会：同法第89条の3）、[4]
児童福祉法による要保護児童対策地域協議会（同法第25条の2）、介護[5]
保険法による地域包括支援センター運営協議会（同法施行規則第140条[6]
の66第2項）は、いずれも地域における事業者や関係者が情報を共有
し、そこから調整・連携を図って協働する場として設定されている。

（2）計画による調整・連携・協働

　地域福祉計画をはじめとする行政に策定が義務付けられている福祉計
画には、関連する福祉計画との一体性や整合性が求められている。これ
により自治体としての一体性を確保するとともに、自治体内での調整・
連携・協働を図ることとされている。

＊4
本双書第4巻第3部第
2章第2節4参照。

＊5
本双書第5巻第2部第
6章第4節参照。

＊6
本双書第3巻第4章第
4節1（4）参照。

（3）専門職による実践としての調整・連携・協働

　調整・連携・協働は、システムや計画だけでなく、日々の福祉実践に
も求められることから、平成19（2007）年の社会福祉士及び介護福祉
士法改正により、**社会福祉士**の定義に「福祉サービスを提供する者又は
医師その他の保健医療サービスを提供する者その他の関係者（福祉サー
ビス関係者等）との連絡及び調整その他の援助を行うことを業とする
者」（第2条）とされ、「関係者との連絡及び調整」がその役割に加えら
れた。そして同法第47条に、社会福祉士には「その業務を行うに当たっ
ては、その担当する者に、福祉サービス及びこれに関連する保健医療
サービスその他のサービスが総合的かつ適切に提供されるよう、地域に
即した創意と工夫を行いつつ、福祉サービス関係者等との連携を保たな
ければならない」と、**介護福祉士**には「その業務を行うに当たっては、
その担当する者に、認知症であること等の心身の状況その他の状況に応
じて、福祉サービス等が総合的かつ適切に提供されるよう、福祉サービ
ス関係者等との連携を保たなければならない」と、それぞれの義務とし
て新たに規定され、調整・連携・協働の役割を積極的に担うことが求め
られている。

*7
本書第1部第3章第2
節1（1）参照。

*8
本書第1部第3章第2
節1（2）参照。

第2部

第5章

第2節 福祉サービスの供給過程

1 福祉サービス供給における公的責任の推移

　1940年代後半に形成された福祉３法と昭和26（1951）年成立の社会福祉事業法（平成12〔2000〕年改正により社会福祉法）で構築された社会福祉の基礎構造は、社会福祉における公的責任を「実施責任」としていた。

（1）実施責任とは

　この実施責任とは、「ある制度について、その事務・事業が適切かつ円滑に実施されるようにすべき責任。一般的には当該事業目的達成のために、どのような方法が可能かという選択可能性を前提に、手段としての適切性、合理性、実施可能性等を勘案して実施方法が決定されるが、社会福祉行政の場合には、当該事務・事業は国・地方公共団体以外の者には行わせてはならないという『公的実施責任』が当然の前提とされ[1]」てきた。それは措置制度としてシステム化され、福祉サービス提供は経済原則で動く経済市場によらず、社会的必要性により公的責任で動く社会市場で供給されるものとされた。

　これは、福祉サービスの対象者を選別し、限られた財源を投資するという点では効率的であり、最低生活保障という機能としては効果的であった。

　しかし、措置制度は、少子高齢化社会の進行とともに、国民の福祉に対する意識の変化や福祉ニーズの広まりと高まりに対して、①利用者の権利が明確でない（反射的利益に限定される）、②利用者の福祉ニーズの多様化に応えられない（需要ベースでなく供給ベースである）、③市場そのものが固定的である（サービスの質・量の成長が制限される）、という限界を露呈することとなる。

　このため、福祉サービス供給を、社会的責任を重視する社会市場に限定するのではなく、経済市場に開放して、多様な事業主体が参入することで福祉サービスの質・量を飛躍的に増加させ、活性化するための「福祉の市場化」が叫ばれた。だが、①市場メカニズムの根幹となる需要は福祉ニーズという社会ニーズである、②困難を抱えるマイノリティや低

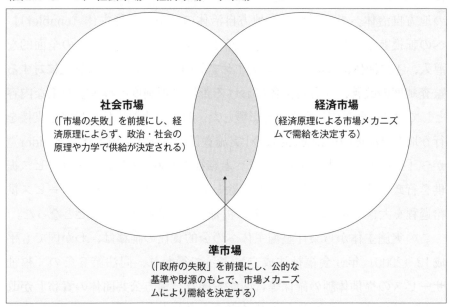

〈図2－5－7〉 社会市場・経済市場・準市場

社会市場
（「市場の失敗」を前提にし、経済原理によらず、政治・社会の原理や力学で供給が決定される）

経済市場
（経済原理による市場メカニズムで需給を決定する）

準市場
（「政府の失敗」を前提にし、公的な基準や財源のもとで、市場メカニズムにより需給を決定する）

（筆者作成）

所得者（福祉ニーズが高い）が不利になる、③福祉サービスの財源は公的財源であり、これを自由競争に委ねることは望ましくない、という「経済市場」への問題点が指摘された。

　そこで、公的財源と公的基準のもとで運用されるが、利用者の選択による事業者の競争や自主性を認めるという「準市場」[*9]の概念が打ち出されることとなる（**図2－5－7**）。

　この準市場の形成は、福祉サービス供給の公的責任も変えることとなる。行政が直接福祉サービスを供給するだけではなく、準市場を通じても供給されることになるため、準市場を効率的・効果的に機能させることと、福祉サービスを必要とする「立場の弱い人々が不利にならないようにする」という、準市場の保持・適正管理や利用者支援が行政の新たな役割として求められることとなる。これが保証されることで、利用者は安心して福祉サービスを利用することができ、事業者も安定して自由な事業経営が可能となる。

（2）イギリスにおける福祉多元化

　イギリスでは、行政主体の福祉サービス供給では地域で支援するコミュニティケア実現はむずかしいと、公私の福祉サービス提供主体が混在する福祉多元化（福祉ミックス）が1980年代から急速に進められた。

　そして、1990年成立の「国民保健サービス及びコミュニティケア法」

*9
本書第2部第3章第1節3（2）参照。

による、コミュニティケア改革では「①施設ケア・在宅ケアの権限と財源の地方自治体への一元化、②地方自治体の『条件整備主体（enabler）』への転換とサービス提供主体の多元化、③ケアマネジメントの全面的な導入、④自治体によるコミュニティケア計画の策定、⑤入所施設に対する監査制度の改善、⑥各自治体における苦情処理制度の導入」を主な内容としており、わが国にも大きく影響した。特に、実際に住民に接し支援を行う地方自治体の役割を、従来の「実施責任の主体＝実施主体（provider）」から「条件整備主体（enabler）」へと転換させることは、福祉サービス提供を行政が決定し、市場機能を排除してきたそれまでの福祉サービス供給過程を大きく変えることとなり、福祉多元化を推進することとなった。

　この実施主体から条件整備主体への公的責任の推移は、わが国でも平成12（2000）年社会福祉法成立によって行われ、同法第6条の「福祉サービスの提供体制の確保等に関する国及び地方公共団体の責務」が改正され「福祉の条件整備」が公的責務とされた。

2 福祉サービスの普遍化と市場化

　社会福祉の政策目的を三浦文夫は、①要援護者の自立の確保、②社会的統合を高めること、としている。

　これは、ミクロ的には個別の自立支援が、マクロ的には社会全体としての社会的統合が政策目的であると言い換えることも可能である。

　措置制度は、社会的統合を図るために要援護者を選別して、自立支援を行うもので、ここでは自立支援と社会的統合は不可分であり、社会的統合の対象でなければ自立支援を受けることができない構造であった。

　しかし、今日の福祉ニーズを考えると、経済面では社会的統合の対象ではないが、介護や保育などニーズが未充足な状態にある国民は少なくない。こうした人々に対してこれまでの措置制度は、社会的対応を要しないということで、自己責任での対応を理由に福祉サービスの「対象外」としてきた。

　だが、こうした人々も「生命、自由及び幸福追求に対する国民の権利については、公共の福祉に反しない限り、立法その他の国政の上で、最大の尊重を必要とする」（憲法第13条）という幸福追求権を有することを考えるなら、「自立支援＋社会的統合」だけを福祉サービスの対象とするのではなく、「自立支援」の対象とすることで、社会福祉は広く国民全体のものとなり福祉の普遍化が図られる（**図2-5-8**）。

〈図２−５−８〉社会福祉基礎構造改革の構図

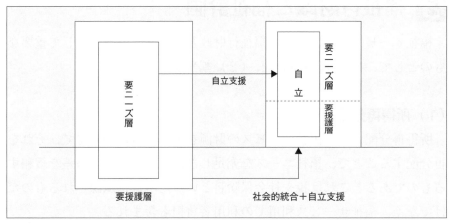

（筆者作成）

〈図２−５−９〉平等の保障から自由の保障へ

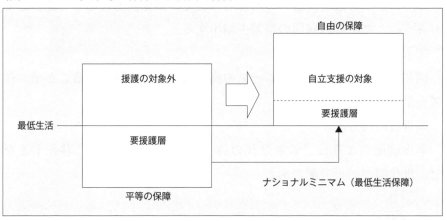

（筆者作成）

　社会的統合は公的責任で行われるものであることから、社会市場で供給することとなるが、自立支援のみであれば、これを社会市場に限定する必然性はなく、経済市場や準市場に委ねることも可能である。

　かつて社会福祉は、社会的統合を進め、「平等の実現」を図ってきたが、それは一方で、福祉ニーズがありながらも「対象外」となる人々を生じさせてきた。公的に要援護状態にある人々の社会的統合を進めることは今後も重要であるが、社会的統合の対象でなくても福祉ニーズがある人々を支援することで「自由の保障」を実現し、社会福祉は「特別な人への特別なサービス」というスティグマを解消し、普遍的な社会サービスとなることが期待できる（**図２−５−９**）。

3 福祉行財政と福祉計画

　福祉サービス供給における福祉行財政と福祉計画の機能として重要なものとして、（1）所得再分配、（2）割当がある。

（1）所得再分配

　[*10]所得再分配とは、福祉サービスの財源を国民の所得から得て、それを再分配することで、福祉ニーズを充足しながら、国民間の格差を緩和するものである。これは税や社会保険料といった所得に賦課されるものだけでなく、福祉サービス利用での利用者負担も含まれる。

　この所得再分配の代表的なものとして次の3つがあげられる。

　①垂直的再分配

　高所得者から低所得者への所得の移転で、負担能力に応じて負担してもらうことで所得階層間の格差を縮小する。

　②水平的再分配

　同じ所得階層内で、福祉ニーズの高い人へ資源を移転することでニーズ充足の平等化を図る。

　③世代間再分配

　年金制度のように、若者世代の負担を老年世代の給付に移転するなど、世代間での再分配である。

（2）割当

　割当（ラショニング）機能とは、福祉ニーズが充足されない状況で、市場機能での資源配分が困難な状況で用いられる、行政による資源配分方法である。

　これには、資格要件の設定による対象者の限定、抽選や順番などによる対象限定、裁量的判断によるランク付けなどの手法がある。こうすることで、少ない福祉資源を的確・効果的に配分し、福祉ニーズの優先度の高いものから確実に配分することが可能となる。

　この点では、福祉計画も、不足する福祉資源を優先順位を付けて確保することで効率的・効果的な資源配分を可能にするという割当機能を有する。

4 福祉サービス供給と福祉開発

　福祉の理念が、利用者がその人らしく自立して生きることの実現とすれば、その多様な生き方に応じた多様な支援が求められる。そのため、福祉サービス供給側の画一的・固定的なサービス提供に利用者を合わせたりするのではなく、利用者のニーズに対応したサービス提供のために新たな福祉サービスの開発に取り組むことが求められる。

　福祉サービスの開発には、①新たなニーズに対する福祉資源や福祉サービスの創造・開拓、②さまざまな福祉サービス提供者等の連携や協力・協働によるサービスのシームレス化（切れめのない支援）、③事業者のサービスの質の向上や活性化など、さまざまな方法がある。

第3節 福祉サービスの利用過程

1 福祉サービスの利用者と供給側の関係性

　社会福祉の基調が措置制度から利用契約制度へ移行し、福祉の普遍化や市場化が進行したといっても、利用者側にとって福祉サービス利用のハードルは決して低くはない。

　その主な理由として次の３点があげられる。

（1）福祉サービス利用へのスティグマ

　スティグマ（stigma）とは「烙印」を語源として、福祉サービスを利用することへの恥辱観・屈辱感や、利用者への差別・偏見を意味する。これは、福祉サービス利用者は「自己責任を果たせず」「普通ではない」「生活に困窮している」と決め付け、差別・排除しようとする考え方である。

　これが利用者にサービス利用を躊躇させ、利用していることに罪悪感や自己否定感を与える。また、利用者の周囲の人々がスティグマをもつことで、利用者が差別・排除され、社会参加や自立が困難となる。

（2）福祉情報の非対称性

　利用者と供給者の側では、多くの場合、制度やサービスについての理解や情報量に著しい違いがある。利用者やその家族の多くは福祉制度や福祉サービスの「素人」であるのに対し、供給者側は専門知識をもち、多くの事例を経験するなど、福祉情報については明らかに非対称となっている。利用契約制度では、対等な立場で、主体的に利用できるよう契約することが前提とされているが、この**情報の非対称性**[11]が実効化の妨げとなっている。

（3）福祉サービスの利用と供給の立場の非対称性

　福祉人材不足が深刻化し、福祉資源の不足が叫ばれるなか、供給者側の有する体制ではその福祉ニーズを充足し切れない現状が生まれている。この供給不足の状況では、供給者側の「売り手市場」となり、買い手である利用者には、選択の余地は少なく、ニーズ充足や質の向上を求めることは困難となる。このような福祉サービスの不足状態では、利用者は、供給者側がサービス供給を停止すれば生活に支障が出るが、供給者側は新たな利用者と契約することで経営を維持することができる。このように、福祉

〈表2−5−1〉社会福祉法第8章第1節「情報の提供等」と第2節
「福祉サービスの利用の援助等」の条文の主な内容

	条文の主な内容
第75条	情報の提供
第76条	利用契約の申し込み時の説明
第77条	利用契約の成立時の書面の交付
第78条	福祉サービスの質の向上のための措置等
第79条	誇大広告の禁止
第82条	社会福祉事業の経営者による苦情の解決
第83条	運営適正化委員会
第85条	運営適正化委員会の行う苦情の解決のための相談等
第86条	運営適正化委員会から都道府県知事への通知

（筆者作成）

サービス利用における利用者と供給者側の立場の非対称性が、適切なサービス利用を妨げる温床となる。

　これらの利用過程における課題を解消するため、社会福祉法は、「第8章　福祉サービスの適切な利用」として、**表2−5−1**に整理した内容の規定を設けている。

2 意思決定やコミュニケーションが困難な人への支援

　知的障害、精神障害、認知症などにより、意思決定や利用手続きが困難な人への主な支援として、次の仕組みがある。

❶日常生活自立支援事業

　日常生活自立支援事業とは、知的障害、精神障害、認知症などで判断能力が不十分な利用者が、地域で自立した生活を送れるように、福祉サービスの利用援助や日常生活の管理などの支援を、生活支援員が行うものである。都道府県・指定都市社会福祉協議会が実施主体で、相談や支援は市町村社会福祉協議会等が行っている。

❷成年後見制度

　成年後見制度は、認知症や知的障害、精神障害により判断能力が不十分な人の生活と財産を保護する制度である。法定後見制度と任意後見制度があり、法定後見には補助・保佐・後見がある。判断能力が不十分な人には補助人、判断能力が著しく不十分な人には保佐人、判断能力を著

*12
本双書第13巻第2部第2章第1節参照。

*13
本双書第13巻第2部第1章参照。

しく欠く常況にある人には後見人を家庭裁判所が選任し、この後見人等が必要な保護を行うものである。

任意後見制度は将来判断能力が不十分になった場合を想定し、自ら選んだ任意後見人に保護を依頼するもので、本人が申し立てて家庭裁判所により任意後見監督人を選任してもらうこととなる。

❸意思決定支援・コミュニケーション支援

意思決定やコミュニケーションに支援が必要な障害者等に、意思決定[*14]支援やコミュニケーション支援を行うもので、障害者総合支援法による地域生活支援事業などで実施される。

3 福祉サービスの受給要件とシチズンシップ

福祉サービスの利用に際して受給要件（受給資格）が設定されていることが少なくない。これは、限られた福祉資源を効率的に配分する、福祉サービスと利用者のニードに離齬がないようにするために設定されるもので、公的制度としての妥当性を納税者・主権者である地域住民・国民に具体的に示すものでもある。

福祉サービスや福祉資源の拡充には財源が必要であり、その財源確保には、地域住民・国民の理解や支援は不可欠である。先に福祉サービス利用のバリアとなるものとしてスティグマをあげたが、これを解消するにも地域住民・国民の理解は重要である。

しかし、どのような利用者が、どのような福祉サービスを利用しているかは個人のプライバシーであり、それは守られるべきものである。そこで、地域住民・国民としては、受給要件（受給資格）から福祉サービスの利用状況を類推することとなる。それだけに受給要件は、福祉サービスや福祉資源の拡充、利用者の制度利用に大きく影響する。

受給要件を改善し、利用者の福祉ニードに合致するものにするには、地域住民・国民の福祉向上への市民社会としての風土（シチズンシップ）[*15]の醸成が求められる。

引用文献
1）江口隆裕『社会保障の基本原理を考える』有斐閣、1996年、29頁
2）阿部志郎・井岡　勉 編『社会福祉の国際比較－研究の視点・方法と検証』有斐閣、2000年、156頁
3）三浦文夫『社会福祉政策研究－社会福祉経営論ノート 増補版』全国社会福祉協議会、1987年、53頁

第6章

福祉政策と関連施策

学習のねらい

　現代社会にあって、人々の暮らしが多様化する中で、生活課題の解決にあたっては、自らの力だけでなく、社会的支援をよりどころとすることが少なくない。社会福祉実践は、人々の福祉ニーズに応えるために、社会福祉の各分野間での連携が求められるとともに、他制度との連携も求められている。人々の生活には、諸制度が大きな影響を与えているとともに、生活課題の解決にも、関連施策の活用が必要である。そのため、社会福祉に携わる者として、関連施策の理解は必須である。

　本章では、社会福祉政策と密接な関連をもつ保健医療政策、教育政策、住宅政策、労働政策、経済政策を取り上げた。これらの政策において社会福祉政策に密接に関連する施策について解説しており、学習者は地域住民の生活を取り巻く関連諸施策を理解し、社会福祉政策との関連や、社会福祉を含めた各施策の独自性についても理解を深めてほしい。

第1節　保健医療政策

本節は、福祉との関連を意識しつつ、主要な保健医療政策を学ぶ。保健医療政策とは保健医療サービスに関連した政策である。保健医療サービスは治療・看護などの医療サービスと移送や家事援助などの福祉サービスから構成される。したがって、保健医療政策は、病院や診療所で提供される狭義の意味での医療政策に限定されず、福祉サービスの一つである介護保険などの福祉政策との接点を強くもつ。

さらに、保健医療政策は、公衆衛生[*1]ともかかわりがあり、地域社会の人口集団（population）の健康を政策目的とする場合がある。この意味での保健医療政策は健康政策（health policy）と言い換えることもできるだろう。

本節では、健康政策と互換性がある保健医療政策を福祉とのかかわりを念頭に取り上げる。そして、地域社会において医療施設の配置を定める医療提供体制と医療計画に関連した政策にも焦点を当てる。

*1
公衆衛生とは、医学の一分野であり、健康な人を含めた集団を相手に、疾病の予防、健康の増進、そして生活の質の向上をめざす学問と実践である。本双書第14巻第1部第7章参照。

1 健康政策

（1）健康日本21（第三次）

これまでの日本において主要な健康政策は、健康日本21（第二次）に基づき推進されてきた。その当初の計画期間は平成25（2013）年度から令和4（2022）年度までであったが、関連する他の計画と計画期間を一致させるため、1年延長し、令和5（2023）年度末までに変更された。

健康日本21（第二次）最終評価の課題等をふまえた健康日本21（第三次）の計画期間は、令和6（2024）年度から令和17（2035）年度までの12年間である。そのビジョンは「すべての国民が健やかで心豊かに生活できる持続可能な社会の実現」であり、そのために、①誰一人取り残さない健康づくりの展開、②より実効性をもつ取り組みの推進を行う。ここでいう「持続可能な社会」と「誰一人取り残さない」という言葉は、2015年に国連総会で採択された持続可能な開発目標（SDGs：Sustainable Development Goals）とその基本理念に由来する。SDGsの目標3は「すべての人に健康と福祉を」と設定され、健康日本21（第三次）を含めた日本の健康政策もSDGsを考慮するようになっている。

健康日本21（第三次）のビジョンを実現させるための基本的な方向

〈図２−６−１〉「健康日本21（第三次）」の概念図

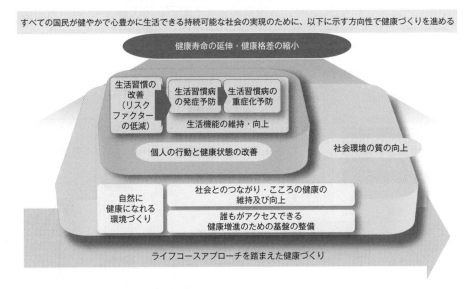

（出典）厚生労働省「健康日本21（第三次）推進のための説明資料」15頁

をまとめた概念図が**図２−６−1**である。健康日本21（第二次）の考え方を引き継いで、個人の生活習慣を改善するだけでなく、その背景にある健康の社会的決定要因*2（social determinants of health）を制御し、個人を取り巻く社会環境の向上をめざす。

　健康の社会的決定要因とは、健康管理を自己責任とみなすのではなく、健康が社会的要因にも強く影響されることを重視する発想である。それは、個人の育ち方、働き方、人間関係から社会制度まで幅広い分野に及び（**図２−６−2**）、自然に健康になれる環境づくりに貢献する。

　そして、生活習慣病の発症予防・重症化予防に努めるとともに社会生活機能（心身機能を含む）の維持・向上によって個人の行動と健康状況を改善させる。加えて、ある人の現在の健康状態はこれまでに過ごした人生の生活習慣やその時代の社会環境等の影響を受ける可能性や次世代の子どもの健康にも影響を及ぼす可能性があるため、胎児期から高齢期に至るまでの人間の生涯を経時的にとらえた発想であるライフコースアプローチをふまえた健康づくりも重要である。

　これらの結果として、健康寿命（日常生活に制限がない期間）の延伸、そして、健康格差（社会的決定要因による人々の間にある是正するべき健康状態の違い）の縮小をねらう。

　生活習慣の改善についての具体的な取り組みは、栄養・食生活、身体活動・運動、休養・睡眠、歯・口腔の健康に加えて、がん、脳血管疾患

*2
本双書第14巻第1部第7章第1節2参照。

第2部
第6章

〈図2－6－2〉健康の社会的決定要因の概念図

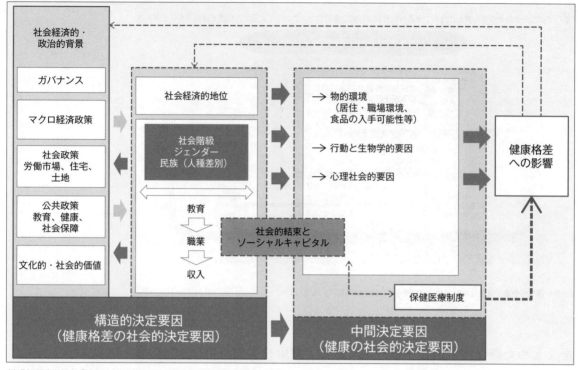

（出典）厚生労働省「健康日本21（第2次）の推進に関する参考資料」10頁

や虚血性心疾患などの循環器に関する疾患、糖尿病、慢性閉塞性肺疾患（Chronic Obstructive Pulmonary Disease：COPD）などを対象とする。

　社会環境の質の向上についての具体的な取り組みは、心の健康を守ること、そして、就労、ボランティア、サロン活動や通いの場などの居場所づくりや社会参加の支援といった社会とのつながりの維持・向上を対象とする。

　ここでいう社会とのつながりは、健康の社会的決定要因の一つであるソーシャルキャピタルを構築しようとするものである（**図2－6－2**）。ソーシャルキャピタルは多様な分野で研究・実践されている。健康の社会的決定要因を研究しているカワチ（Kawachi, I.）とバークマン（Berkman, L. F.）は、ソーシャルキャピタルを「ネットワークやグループの一員である結果として個人がアクセスできる資源」と定義している[1]。

＊3
本双書第12巻第1部第2章第4節1参照。

（2）地域保健

　日本における健康増進施策は、地域保健の領域を中核として実施され

〈図２－６－３〉地域保健に関連するさまざまな施策

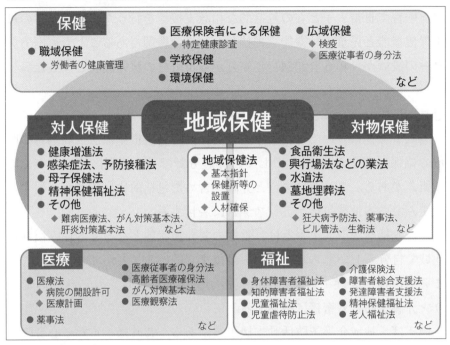

（出典）厚生労働省ホームページ「地域保健」

ている。地域保健はさまざまな領域と関連することが、地域保健関連の法律をマッピングした**図２－６－３**を見ると理解できるだろう。

　地域保健法では、健康政策・公衆衛生の拠点となる保健所を、都道府県、保健所政令市[*4]、特別区によって二次医療圏[*5]に原則１つ設置させ、所長を医師と規定している。

　地域保健に関する実際の活動では、環境衛生や食品衛生などの対物的な保健活動に加えて、難病、精神疾患、感染症などに関する広域的かつ専門的な対人保健活動が行われている。

　以下では、福祉の観点から関係が深い分野である母子保健と高齢者保健を取り上げる。

●母子保健

　母子保健[*6]は、母親の妊娠・出産から出生後の乳幼児の健康までを支援する。例えば、妊産婦健康診査、母子手帳交付、乳児家庭全戸訪問事業（こんにちは赤ちゃん事業）、乳幼児健康診査などがある。

　こうした母子保健を地域社会において幅広く展開するため子育て世代包括支援センターがあった。だが、これは、児童福祉法の改正によって、児童福祉分野で子どもと子育て世帯の支援・相談を行っている子ど

＊4
政令により保健所を設置できる市であり、具体的には、人口50万人以上の指定都市、人口20万人以上の中核市、地域保健法施行令で定める市（北海道小樽市や東京都町田市等）である。

＊5
特殊な医療を除く一般の医療需要に対応するために設定する区域である。これに対して、一次医療圏は、日常生活圏で保健医療を提供する区域で、おおむね市町村単位である。三次医療圏は、先進的な医療等を提供する区域で、原則、都道府県単位となっている。

＊6
本双書第5巻第2部第1章、及び第14巻第1部第7章第2節1参照。

第2部
第6章

も家庭総合支援拠点と合わせて見直された。その結果、すべての妊産婦・子育て世帯・子どもの包括的な相談支援等を行うために、両者の母子保健機能と児童福祉機能を維持しつつ統合機関であるこども家庭センターの設置が令和6（2024）年4月から市町村の努力義務となった。

❷高齢者保健と地域包括ケアシステム

高齢者保健については、医療分野では高齢者医療確保法（高齢者の医療の確保に関する法律）、そして、介護分野では介護保険法に基づく取り組みがある。ここでは医療と介護を含めた包括的に高齢者を支援する仕組みである地域包括ケアシステム[*7]に着目する。

地域包括ケアシステムとは、重度の要介護状態となっても住み慣れた地域で自分らしい暮らしを人生の最後まで続けることができるよう、住まい・医療・介護・予防・生活支援が一体的に提供される仕組みであり、介護予防とも密接に関連する。

例えば、地域介護予防活動支援事業がある。これは、年齢や心身の状況などで高齢者を分け隔てることなく、誰でも参加することのできる介護予防活動の地域展開をめざして、市町村が介護予防に資すると判断する住民の通いの場などを地域の実情に応じて効果的かつ効率的に支援することを目的としている。

（3）感染症対策

新型コロナウイルス感染症において注目を集めている感染症対策[*8]は、地域保健であると同時に国レベルの対策でもあり、健康政策や公衆衛生において重要な役割を果たす。ここでは感染症対策の基本についてふれる。

そもそも感染症とは、微生物（細菌・真菌等）やウイルスが宿主となる生物に侵入・定着・増殖する感染に由来して、宿主の生物に何らかの症状を呈する状態をさす。こうした感染は、3大因子、すなわち、①感染源・病原体、②感染経路、③宿主、から成り立ち、それぞれに応じた以下のような対策が必要である。

①感染源・病原体に対しては、病原体が定着・増殖している感染源を消毒することである。そして、感染源がヒトの場合は、症状がある発症者と無症状である保菌者に大別され、どちらも早期に発見して、隔離・入院させ、治療法があれば早期治療する。②病原体が新たな宿主にたどり着く経路である感染経路に対しては、接触感染・飛沫感染・空気感染

＊7
本双書第3巻第4章第1節参照。

＊8
本双書第14巻第1部第7章第2節5参照。

などを防止するため、消毒・検疫や臨時休校などの対策を打つ。③宿主に対しては、免疫を獲得させるために予防接種を行う。

② 医療提供体制と医療計画

日本の医療制度は、医療保険制度[*9]と医療提供体制[*10]から成り立つ。医療保険制度は財政的・経済的な仕組みであるのに対して、医療提供体制は医療サービスを提供する基盤である。ここでは、医療提供体制（医療提供施設と病床の種類）と、その整備に向けての医療計画について取り上げる。

（1）医療提供体制

❶医療提供施設

医療法[*11]では、病院、診療所、介護老人保健施設、介護医療院、調剤を実施する薬局、その他の医療を提供する施設を、医療提供施設と定義している。以下、主な医療提供施設の概要を説明しよう。

①病院

医師または歯科医師が、公衆または特定多数人のための医業または歯科医業を行う場所であって、20人以上の患者を入院させるための施設を有するものである。

病院を開設する場合には都道府県知事の許可が必要である。

②診療所

医師または歯科医師が、公衆または特定多数人のための医業または歯科医業を行う場所であって、患者を入院させるための施設を有しないもの、または19人以下の患者を入院させるための施設を有するものである。19床以下の病床を有する診療所は有床診療所とよび、手続によっては病院に準じる場合と診療所に準じる場合がある。

診療所を開設する場合には都道府県知事に届出を提出するだけであるが、有床診療所の場合は病院と同様に都道府県知事の許可が必要である。

③介護老人保健施設

介護を必要とする高齢者の自立を支援し、家庭への復帰をめざして、医師による医学的管理のもと、看護・介護といったケアに加えて、作業療法士（OT）[*12]や理学療法士（PT）[*13]等によるリハビリテーション、栄養管理、食事・入浴などの日常サービスまであわせて提供

*9
本双書第6巻第7章第2節、及び第14巻第2部第2章参照。

*10
本双書第6巻第7章第3節、及び第14巻第2部第4章参照。

*11
医療を受ける者の利益の保護及び良質かつ適切な医療を効果的に提供する体制の確保を図ることにより、国民の健康の保持に寄与することを目的として、昭和23（1948）年に制定された法律である。

*12
作業療法士（Occupational Therapist：OT）は、身体または精神に障害がある者に対して、主として、その応用的動作能力または社会的動作能力の回復を図るために、手芸、工作その他の作業を行う作業療法に関する専門職である。

*13
理学療法士（Physical Therapist：PT）は、身体に障害のある者に対し、主として、その基本的動作能力の回復を図るために、治療体操その他の運動を行わせ、また電気刺激、マッサージ、温熱その他の物理的手段を加える理学療法に関する専門職である。

第2部

第6章

する施設である。これは、医療法と介護保険法の２つの法律によって規定される。

④介護医療院

　要介護者で長期にわたり療養が必要である者に対し、施設サービス計画に基づいて、療養上の管理、看護、医学的管理下における介護及び機能訓練、その他必要な医療ならびに日常生活上の世話を行うことを目的とする施設である。

　平成30（2018）年４月から制度化されたものであり、令和６（2024）年３月に廃止予定の介護療養型医療施設の後継である。

❷病床の種類

①精神病床

　精神疾患を有する者を入院させるためのものである。

②感染症病床

　感染症の予防及び感染症の患者に対する医療に関する法律に規定される一類感染症、結核を除く二類感染症[*14]、新型インフルエンザ等感染症、指定感染症、及び新感染症の所見がある者を入院させるためのものである。なお、日本では感染症を５種類に分類し、一類感染症には感染力が強く危険性が極めて高いエボラ出血熱[*15]などが該当し、五類感染症にはインフルエンザなどが含まれる。

③結核病床

　結核の患者を入院させるためのものである。

④療養病床

　精神病床・感染症病床・結核病床以外の病床であって、主に長期にわたり療養を必要とする患者を入院させるためのものである。

⑤一般病床

　①～④以外の病床である。

（２）医療計画と地域医療構想

　昭和60（1985）年の第１次医療法改正では、医療機関の地域的な適正配置を進めるために、各都道府県で医療計画を立案することとなった[*16]。地域ごとに病床の種類ごとの必要病床数を定めて、病院等からこれを超える申請があった場合は知事が勧告し、もしこの勧告に従わない場合は医療保険の対象となる保険医療機関の指定を取り消しできることになっている。

*14
結核は、結核菌によって発生する感染症である。日本では、毎年新たに１万5,000人以上の患者が発生しているため、他の感染症と区別した病床になっている。BCG（Bacille Calmette-Guerin）ワクチンによってリスクを減らすことができる。Bacilleは菌の一種のフランス語を意味し、この菌を利用してワクチンを開発したのがフランスの研究者カルメット（Calmette, A.）とゲラン（Guerin, C.）である。これらの頭文字を取ってBCGワクチンとよばれる。

*15
エボラ出血熱は、コンゴ共和国のエボラ川から初めて発見されたエボラウイルスに感染して発症する。致死率はウイルスによって異なるが、高いものだと80～90％と報告されている。主として患者の体液等（血液、分泌物、吐物・排泄物）にふれることにより感染する。

*16
本双書第14巻第２部第３章第２節参照。

　日本において病院・病床の機能分化は徐々に進行したが、近年の大きな契機の一つが平成25（2013）年8月に公表された「社会保障制度改革国民会議報告書」である。同報告書では、急性期医療を中心に人的・物的資源を集中投入し、後を引き継ぐ亜急性期、回復期等の医療サービスと介護サービスとの連携を強化し、総体としての入院期間を短縮して早期の家庭復帰・社会復帰を実現し、同時に在宅医療・在宅介護を大幅に充実させて、地域包括ケアシステムを構築することが提言された。つまり、「病院完結型」医療から「地域完結型」医療への転換である。

　同報告書の内容をふまえて、平成26（2014）年6月に「地域における医療及び介護の総合的な確保を推進するための関係法律の整備等に関する法律」（医療介護総合確保推進法）が制定され、都道府県が地域医療構想を策定することになった。これによって、医療機能の分化・連携が各地域で推進されることをめざしている。

引用文献

1）L. F. バークマン・I. カワチ・M. M. グリモール 編、高尾総司・藤原武男・近藤尚己 監訳『社会疫学 上』大修館書店、2017年、340頁

参考文献

● 医療情報科学研究所 編『公衆衛生がみえる 2020-2021』メディックメディア、2020年
● 上地　賢・安藤絵美子・雑賀智也『図解入門 よくわかる公衆衛生学の基本としくみ』秀和システム、2018年
● 厚生労働省「保健事業と介護予防の一体的な実施に関する資料集」2018年
● 厚生労働省「健康日本21（第三次）推進のための説明資料」2023年
● 厚生労働省「令和5年版 厚生労働白書－つながり・支え合いのある地域共生社会」2023年
● 厚生労働統計協会 編『図説 国民衛生の動向 2019/2020』厚生労働統計協会、2019年
● 社会福祉士養成講座編集委員会 編『新・社会福祉士養成講座17 保健医療サービス 第5版』中央法規出版、2017年
● 社会保障制度改革国民会議「社会保障制度改革国民会議報告書－確かな社会保障を将来世代に伝えるための道筋」2013年
● 椋野美智子・田中耕太郎『はじめての社会保障－福祉を学ぶ人へ 第20版』有斐閣、2023年

第 2 節　教育政策

1 社会政策における教育政策

　私たちは、教育を通じて知識や技術を身に付けることで、さまざまな社会活動に参加できるようになる。例えば、読み書きを学ぶことで、手紙や文書によって他者と直接または間接にコミュニケーションを取ることが可能になる。あるいはまた、専門知識・技術を身に付けることで雇用を確保できる可能性を高めることができる。この意味で教育は、個人の必要（needs）を満たすにあたり重要な役割を果たす。

　他方で、教育は、社会的な必要（social needs）を満たすためにも重要な役割を果たす。例えば、教育を通じて、よりよく教育された市民（citizen）を養成すること、さらには、その社会における社会正義や社会統合を促進することが考えられる。あるいはまた、教育を通じて、人的資本（human capital）を増進することで、当該社会の経済的な競争力を高めることが期待できる。

　以上のような２つの側面を備えているからこそ、教育政策は、社会政策（social policy）において重要な位置を占めてきたと考えられる。[17]

＊17
戦後の社会保障制度体系を示した「ベヴァリッジ報告」では、戦後復興を妨げる「5つの巨悪（five giants）」として、窮乏・欠乏（want）、疾病（disease）、無知（ignorance）、不潔・陋隘（ろうあい・squalor）、無為（idleness）があげられている。
ベヴァリッジ報告については、本書第３部第２章第１節６参照。

2 「教育を受ける権利」

　ここで教育政策の主たる目的は、人々の「教育を受ける権利」を保障することであるといえよう。すべて人は、教育を受ける権利を有する。このことは、世界人権宣言第26条、ならびに、国際人権規約（A規約）第13条において明記されている。

　また、日本では、日本国憲法第26条において、教育を受ける権利と受けさせる義務が規定されている。

日本国憲法
第26条　すべて国民は、法律の定めるところにより、その能力に応じて、ひとしく教育を受ける権利を有する。
2　すべて国民は、法律の定めるところにより、その保護する子女に普通教育を受けさせる義務を負う。義務教育は、これを無償とする。

　以上に加えて、昭和22（1947）年度に施行された教育基本法では、「教育は、人格の完成を目指し、平和で民主的な国家及び社会の形成者として必要な資質を備えた心身ともに健康な国民の育成を期して行われなければならない」（第1条）と教育の目的を示した上で、以下のとおり「教育の機会均等」（第4条）を規定している。

教育基本法
第4条　すべて国民は、ひとしく、その能力に応じた教育を受ける機会を与えられなければならず、人種、信条、性別、社会的身分、経済的地位又は門地によって、教育上差別されない。
2　国及び地方公共団体は、障害のある者が、その障害の状態に応じ、十分な教育を受けられるよう、教育上必要な支援を講じなければならない。
3　国及び地方公共団体は、能力があるにもかかわらず、経済的理由によって修学が困難な者に対して、奨学の措置を講じなければならない。

　ここで留意すべきは、①「教育を受ける権利」を保障するためにはその前提として生活保障がなされる必要があり、②それと同時に、「人間らしく生きる」権利（生存権）を保障するためには「教育を受ける権利」をその基盤に据える必要があるということである。つまり、教育と社会福祉を不離一体として統合的にとらえる必要がある。[*18]

3　教育を受ける権利を保障する取り組み

　それでは、日本では「教育を受ける権利」を保障するためにどのような取り組みがなされているのか。以下では、教育の範囲を学校教育に限り、人々の「教育を受ける権利」を保障するための取り組みを検討していく。

（1）義務教育段階
❶授業料無償・教科書無償給与
　日本国憲法第26条第2項では、「義務教育は、これを無償とする」と規定されている。これに基づき、「国又は地方公共団体の設置する学校における義務教育については、授業料を徴収しない」（教育基本法第5条第4項）こととされ、また、教科書が無償で給与されている（義務教育諸学校の教科用図書の無償に関する法律）。しかしながら他方で、授業料及び教科書以外の諸経費（通学費、給食費、修学旅行費、クラブ活

*18
小川利夫「児童観と教育の再構成－『教育福祉』問題と教育法学」、小川利夫・永井憲一・平原春好 編『教育と福祉の権利』（勁草書房、1972年、2〜25頁）、ならびに、中村睦男・永井憲一「社会的生存権としての教育権の構造－その歴史的形成と問題解明への視点」、小川利夫・永井憲一・平原春好 編『教育と福祉の権利』（勁草書房、1972年、26〜57頁）を参照。

動費等）は、無償ではない。

❷就学援助

*19
学校教育法第19条「経済的理由によって、就学困難と認められる学齢児童又は学齢生徒の保護者に対しては、市町村は、必要な援助を与えなければならない」に基づく。

　就学援助は、経済的理由によって就学困難と認められる義務教育就学者（小学生及び中学生）を対象に学用品費、体育実技用具費、通学用品費、通学費、修学旅行費、校外活動費等を支給する制度である。

　就学援助の対象は、①生活保護法第6条第2項に規定する要保護者、ならびに、②市町村教育委員会が要保護者に準ずる程度に困窮していると認める準要保護者である。なお、準要保護者の認定基準は、市町村ごとに異なっているものの、主として「生活保護法に基づく保護の停止または廃止」「生活保護の基準額に一定の係数をかけたもの」「児童扶養手当の支給」などが用いられている（**表2－6－1**）。

　就学援助の対象者数、ならびに就学援助率は、**図2－6－4**のとおりである。平成7（1995）年以降、いずれの数値も一貫して増加・上昇傾向で推移してきたが、近年、わずかに減少・低下傾向にある。なお、令和3（2021）年度の就学援助対象者数は、約130万人（要保護児童生徒数＝約9万人、準要保護児童生徒数＝約121万人）で、就学援助率は14.22％となっている。

　要保護者を対象とした就学援助にかかる経費は、2分の1が国庫から予算の範囲内で補助されている（就学困難な児童及び生徒に係る就学奨励についての国の援助に関する法律）。他方で、準要保護者を対象とした就学援助にかかる経費は、平成17（2005）年度より国庫補助の対象から除外された。そのため、市町村ごとの財政状況、就学援助事業の位

〈表2－6－1〉就学援助における準要保護者認定基準の概要

認定基準の主なもの	2022年度自治体数 （複数回答）
生活保護法に基づく保護の停止または廃止	1,318（74.7％）
生活保護の基準額に一定の計数を掛けたもの	1,360（77.1％）
児童扶養手当の支給	1,315（74.5％）
市町村民税の非課税	1,298（73.5％）
市町村民税の減免	1,092（61.9％）
国民健康保険法の保険料の減免または徴収の猶予	1,084（61.4％）
国民年金保険料の免除	1,084（61.4％）

（注）回答市町村数：2022年度＝1,765
（出典）文部科学省「令和4年 就学援助実施状況等調査結果」をもとに一部改変

〈図２−６−４〉要保護及び準要保護児童生徒数の推移（1995〜2021年度）

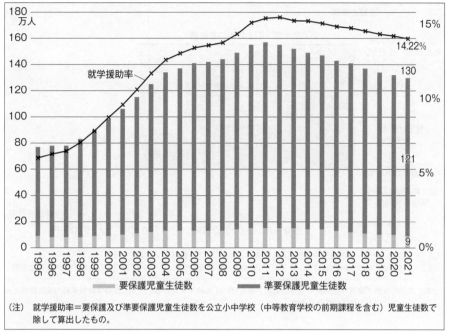

（注）　就学援助率＝要保護及び準要保護児童生徒数を公立小中学校（中等教育学校の前期課程を含む）児童生徒数で除して算出したもの。

（出典）文部科学省「令和4年 就学援助実施状況等調査結果」をもとに一部改変

置付けにより、就学援助の認定基準、支給費目などに地域間格差の生じることが課題となっている。

（2）高等学校等段階

　従来、高等学校等段階における支援は、就学資金の貸与（生活福祉資金・教育支援資金、母子父子寡婦福祉資金・修学資金等）に限られており未整備であった。しかしながら、平成22（2010）年度には、民主党政権下において、高校授業料無償化（所得制限なし）が実現された。

　その後、平成26（2014）年度には、自民党政権下において「公立高等学校に係る授業料の不徴収及び高等学校等就学支援金の支給に関する法律の一部を改正する法律」が施行された。これにより、高校授業料無償化に所得制限（年収約910万円以下）が導入されるとともに、私立高校等の授業料軽減（高等学校等就学支援金）が創設された。また、同年、生活保護世帯及び住民税非課税世帯を対象とした高校生等奨学給付金（学用品費、教材費、通学用品費等）が創設された。

　高等学校等就学支援金は、高等学校等（高等専門学校、高等専修学校等含む）に在学する日本国内に住所を有する者を対象としている。公立学校就学者に対しては年額11万8,800円が支給され、授業料負担額が実

＊20
本双書第7巻第5章参照。

第2部

第6章

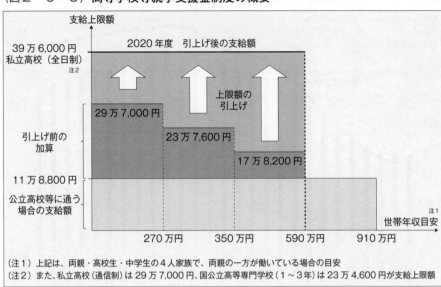

〈図2-6-5〉高等学校等就学支援金制度の概要

（注1）上記は、両親・高校生・中学生の4人家族で、両親の一方が働いている場合の目安
（注2）また、私立高校（通信制）は29万7,000円、国公立高等専門学校（1～3年）は23万4,600円が支給上限額

（出典）文部科学省「高等学校等就学支援金制度」ならびに「2020年4月からの『私立高等学校授業料の実質無償化』リーフレット」に基づき筆者作成

質無償化される。他方で、私立学校就学者に対しては所得に応じた額の支給がなされる。なお、令和2（2020）年度から、高等学校等就学支援金の制度改正により私立高校等就学者への支援額が引き上げられている（図2-6-5）。

（3）高等教育（大学等）段階

❶貸与型奨学金

日本における高等教育段階における就学支援としては、国公立・私立大学等における授業料等の減免、地方自治体・企業・大学等独自の奨学金、ならびに貧困・低所得世帯を対象とした各種貸付金（生活福祉資金・教育支援資金、母子父子寡婦福祉資金・修学資金）があげられる一方で、長らく独立行政法人日本学生支援機構[*21]（前身は日本育英会等）による貸与型奨学金が中心を占めてきた。

日本学生支援機構の貸与型奨学金には、①一定の学力基準（高校等における申込時までの全履修科目の評定平均が5段階評価で3.5以上と認められる等）及び家計基準（4人世帯の場合、給与所得747万円以下）を満たした場合に利用できる第一種奨学金（無利子）、②同様に一定の学力基準（高校等における申込時までの全履修科目の学習成績が平均水準以上である等）及び家計基準（4人世帯の場合、給与所得1,100万円以下）を満たした場合に利用できる第二種奨学金（有利子）[*22]がある。

*21
奨学金事業、留学生支援事業、学生生活支援事業を実施することで、大学等で学ぶ学生の修学環境を整備し、「もって次代の社会を担う豊かな人間性を備えた創造的な人材の育成に資するとともに、国際相互理解の増進に寄与すること」（独立行政法人日本学生支援機構法第3条）を目的とした独立行政法人。

*22
「給付・貸与奨学金早わかりガイド（予約採用）」（独立行政法人日本学生支援機構）による。

　この点、奨学金の返済が困難な者（延滞者）が増加しつつあることを
ふまえ、平成24（2012）年度には、第一種奨学金に所得連動返還型が
導入され、前年の所得に応じてその年の返還月額が決定されることと
なった。また、平成29（2017）年度からは、第一種奨学金に猶予年限
特例が導入され、一定額以上の所得収入を得られるようになるまでの期
間、年限の制限なく返還が猶予できることとなった。しかし、いずれも
第一種奨学金の利用者にのみ適用されるものであり、その対象は限られ
ている。

❷給付型奨学金及び大学等修学支援新制度

　平成29（2017）年度には、日本学生支援機構の奨学金に給付型が創
設され、平成30（2018）年度より本格実施されることとなった。給付
型奨学金の給付対象は、①生活保護世帯、②住民税非課税世帯、③社会
的養護を必要とする者（児童養護施設入所者等）であり、なおかつ、一
定の人物像にかない学力及び資質を有する者とされている。

　令和2（2020）年度からは、高等教育の修学支援新制度が創設され、経
済的に困窮する世帯を対象に、大学等の授業料等（入学金・授業料）が減
免されることとなった。対象者の詳細は、給付型奨学金の給付がなされる
住民税非課税世帯、ならびに、住民税非課税に準ずる世帯であり、なおか
つ、学業成績等の基準（入学試験の成績が上位2分の1以内、または、レ
ポートや面談で学ぶ意欲の高さを確認できること等）を満たす者としている。

　各大学等が実施する授業料等の減免に関しては、世帯の経済状況に応
じて3分の3（上限額）減免（第Ⅰ区分）、3分の2減免（第Ⅱ区分）、
3分の1減免（第Ⅲ区分）が適用される（**表2－6－2**）。また、日本
学生支援機構による給付型奨学金の支給額に関しては、大学の設置主体
（国公私立）、通学条件（自宅／自宅外）、世帯の経済状況に応じて変動
する（**表2－6－3**）。

　なお、進学後に、①修業年限内で卒業または修了できない場合、②修
得単位の合計数が標準単位数の5割以下である場合、③授業への出席率
が5割以下である、または、その他学修意欲が著しく低いと認められる
場合、④「警告」区分（修得単位の合計数が標準単位数の6割以下であ
ること、成績評価値〔Grade Point Average：GPA〕等が学部等におけ
る下位4分の1に属すること、出席率が8割以下であることその他学修
意欲が著しく低いと認められること）に連続して該当した場合、支援が
打ち切られる。

〈表2-6-2〉授業料等減免の上限額（年額）

	国公立		私立	
	入学金	授業料	入学金	授業料
大学	約28万円	約54万円	約26万円	約70万円
短期大学	約17万円	約39万円	約25万円	約62万円
高等専門学校	約8万円	約23万円	約13万円	約70万円
専門学校	約7万円	約17万円	約16万円	約59万円

（注）以上、すべて住民税非課税世帯（第Ⅰ区分）の場合。
（注）住民税非課税世帯に準ずる世帯の場合：第Ⅱ区分＝2/3減免、第Ⅲ区分＝1/3免除。
（出典）文部科学省「高等教育の修学支援新制度について」に基づき筆者作成

〈表2-6-3〉給付型奨学金（2020年度以降）の概要（月額）

設置者	区分	2020年度以降			
		自宅通学		自宅外通学	
		大学・短期大学専修学校（専門）	高等専門学校	大学・短期大学専修学校（専門）	高等専門学校
国公立	第Ⅰ	29,200円 (33,300円) ＊	17,500円 (25,800円)	66,700円	34,200円
	第Ⅱ	19,500円 (22,200円)	11,700円 (17,200円)	44,500円	22,800円
	第Ⅲ	9,800円 (11,100円)	5,900円 (8,600円)	22,300円	11,400円
私立	第Ⅰ	38,300円 (42,500円)	26,700円 (35,000円)	75,800円	43,300円
	第Ⅱ	25,600円 (28,400円)	17,800円 (23,400円)	50,600円	28,900円
	第Ⅲ	12,800円 (14,200円)	8,900円 (11,700円)	25,300円	14,500円

＊生活保護世帯で自宅から通学する人、児童養護施設等から通学する人等は、カッコ内の金額。
（出典）日本学生支援機構ホームページ「給付奨学金の支給額」に基づき筆者作成

（4）障害者に対する学校教育

　昭和22（1947）年に施行された学校教育法により、義務教育段階での特殊教育（盲学校、ろう学校、養護学校）が制度化され、翌年には盲・ろう学校への就学が義務付けられた。しかしながら他方で、養護学校への就学は義務付けられていなかった。そのため、昭和54（1979）年に養護学校就学が義務化されるまで、重度障害または重複障害のある者は、就学猶予・免除により就学できない状況が続いた。

　その後、平成19（2007）年には「学校教育法等の一部を改正する法律」が施行され、障害の種別による特殊教育から、個々の教育的ニーズに応じた教育・援助を行う特別支援教育[23]が行われることとなった。

　特別支援教育を行う特別支援学校には、原則小学部及び中学部を設置しなければならず、このほかに幼稚部、高等部、高等部専攻科を設置することが可能とされている。また、幼稚園、小学校、中学校、義務教育

＊23
学校教育法第72条では「特別支援学校は、視覚障害者、聴覚障害者、知的障害者、肢体不自由者又は病弱者（身体虚弱者を含む。以下同じ。）に対して、幼稚園、小学校、中学校又は高等学校に準ずる教育を施すとともに、障害による学習上又は生活上の困難を克服し自立を図るために必要な知識技能を授けることを目的とする」と規定されている。

学校、高等学校及び中等教育学校に障害のある児童・生徒がいる場合には、特別支援学級を置き特別教育を行うものとされている。

　以上に加えて、日本が平成26（2014）年に批准した「障害者の権利に関する条約」（平成20〔2008〕年発効）では、「教育についての障害者の権利を認める。締約国は、この権利を差別なしに、かつ、機会の均等を基礎として実現するため、障害者を包容するあらゆる段階の教育制度及び生涯学習を確保する」こと（第24条）が明記されている。そして、上記の「教育制度」の目的の一つとして「個人に必要とされる合理的配慮が提供されること」が示されている。

　この点について、中央教育審議会初等中等教育分科会（第80回、平成24〔2012〕年）では、「合理的配慮」を「障害のある子どもが、他の子どもと平等に『教育を受ける権利』を享有・行使することを確保するために、学校の設置者及び学校が必要かつ適当な変更・調整を行うことであり、障害のある子どもに対し、その状況に応じて、学校教育を受ける場合に個別に必要とされるもの」であり、「学校の設置者及び学校に対して、体制面、財政面において、均衡を失した又は過度の負担を課さないもの」と定義している。

4 スクールソーシャルワーク

　近年、日本では、学校という場において子ども・家庭に関連する社会問題（貧困、児童虐待等）を早期に発見・把握し、関係機関等に結び付けるべく、**スクールソーシャルワーカー**（以下、SSW）の導入が進められている。

（1）スクールソーシャルワーカー活用事業

　SSWが全国規模で導入されたのは、平成20（2008）年度の「スクールソーシャルワーカー活用事業」（文部科学省）による。ここでのSSWとは、「教育と福祉の両面に関して、専門的な知識・技術を有するとともに、過去に教育や福祉の分野において、活動経験の実績等がある者」をさす。

　具体的には、①問題を抱える児童生徒が置かれた環境へのはたらきかけ、②関係機関等とのネットワークの構築・連携・調整、③学校内におけるチーム体制の構築・支援、④保護者、教職員等に対する支援・相談・情報提供、⑤教職員等への研修活動等を遂行できる者とされている。

＊24
本双書第5巻第2部第3章第2節参照。

（2）いじめ防止対策推進法

　平成25（2013）年6月には、いじめの定義、いじめ防止等の対策の基本理念、いじめの禁止、関係者の責務等を規定する「いじめ防止対策推進法」が成立した。この法律の第22条では、「当該学校の複数の教職員、心理、福祉等に関する専門的な知識を有する者その他の関係者により構成されるいじめの防止等の対策のための組織を置くものとする」と規定されている。以上をふまえ、同年度には、文部科学省の「いじめ対策等総合推進事業」が施行され、スクールカウンセラーとあわせてSSWの配置が拡充されることとなった。

（3）子どもの貧困対策

　また、子どもの貧困に対する社会的関心の高まりを受けて、平成26（2014）年1月に「子どもの貧困対策の推進に関する法律」が施行され、同年8月には「子供の貧困対策に関する大綱」が閣議決定された。「子供の貧困対策に関する大綱」においては、教育の支援、生活の支援、保護者に対する就労支援、経済的支援等の推進が示された。[25]

　このうち教育の支援では、「学校」を福祉関連機関や地域と連携するプラットフォームとすることが掲げられている（学校プラットフォーム）。具体的には、SSWの配置を拡充することで、福祉部門（児童相談所、要保護児童対策地域協議会等）と教育委員会・学校等との連携強化を行い、貧困世帯の子ども等への早期の支援を行うことが示されている。この点に関連して、SSW配置数は、大綱掲載時（平成25〔2013〕年度実績）に1,008人であったものが、平成29（2017）年度実績で2,041人まで増加している。[26]

5　地域における学校

　他方、時代の変化に伴い地域と学校のあり方が変化してきた中で、平成27（2015）年12月、地域と学校の連携・協働のめざすべき姿が中央教育審議会から答申された。[27]その中で、コミュニティ・スクールの設置推進、地域学校協働活動の推進、地域学校協働本部の整備が提言されている。以下、その概要を順に説明する。

（1）コミュニティ・スクール

　コミュニティ・スクールとは、学校運営協議会を設置する学校のこと

*25
本双書第5巻第2部第3章第1節2参照。

*26
内閣府「平成30年度子供の貧困の状況及び子供の貧困対策の実施状況」。

*27
文部科学省中央教育審議会「新しい時代の教育や地方創生の実現に向けた学校と地域の連携・協働の在り方と今後の推進方策について（答申）」（中教審186号）。

〈図２−６−６〉 コミュニティ・スクールと地域学校協働本部の概要

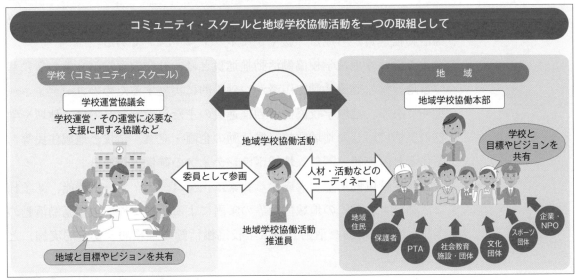

（出典）文部科学省「これからの学校と地域：コミュニティ・スクールと地域学校協働活動」2頁

をさす。ここで学校運営協議会とは、学校と地域住民等が連携・協働して公立学校の運営管理を行うことを目的として、平成16（2004）年の「地方教育行政の組織及び運営に関する法律」の一部改正により設置可能となった仕組みである。

　学校運営協議会は、教育委員会が任命する①対象学校の所在する地域住民、②保護者、③地域学校協働活動推進員等から構成され、その主たる機能として、①校長が作成する学校運営の基本方針を承認すること、②学校運営に関する意見を教育委員会または校長に述べることができること、③教職員の任用に関して、教育委員会規則に定める事項について、教育委員会に意見を述べることがあげられる。

　平成29（2017）年の「地方教育行政の組織及び運営に関する法律」の一部改正により、学校運営協議会の設置は努力義務化され、令和4（2022）年5月1日現在で1万5,221校（全国の公立学校のうち、42.9%）に設置されている。[*28]

（2）地域学校協働活動と地域学校協働本部

　地域学校協働活動は、社会教育法（第5条第2項）の規定により地域と学校が協働して子どもの成長を支えていく活動のことである。例えば、学校や社会教育施設等で行われる学習その他の活動、ボランティア活動、社会奉仕体験活動、自然体験活動等があげられる。

　以上の地域学校協働活動を推進する体制として**地域学校協働本部**があ

*28
文部科学省「令和4年度コミュニティ・スクール及び地域学校協働活動実施状況について」。

る。地域学校協働本部は、地域住民、保護者、PTA、社会教育施設・団体、文化団体、スポーツ団体、企業、NPO等の構成員と地域学校協働活動推進員から成る「緩やかなネットワーク」である。

ここでいう地域学校協働活動推進員とは、社会教育法第9条の7に基づき地域学校協働活動を円滑かつ効果的に実施するためのコーディネーターである。地域学校協働活動推進員の主たる役割としては、地域や学校の実情に応じた地域学校協働活動の企画・立案、学校と地域住民等、関係者との連絡・調整、地域ボランティアの確保等がある。

地域学校協働本部を構成する要素は、①コーディネート機能、②多様な活動（より多くの地域住民等の参画による多様な地域学校協働活動の実施）、③継続的な活動（地域学校協働活動の継続的・安定的実施）とされている。

以上と関連して、令和4（2022）年5月1日現在、地域学校協働本部を整備しているのは全国で2万568校（実施率平均57.9％）となっている。[29]

＊29
＊28に同じ。

> ## 📖 BOOK 学びの参考図書
>
> ●小川正人『日本社会の変動と教育政策−新学力・子どもの貧困・働き方改革』左右社、2019年。
>   日本の社会経済状況と学力、子どもの貧困問題と教育支援制度、教員の働き方などに関する教育政策の全体像を示した入門書。

第3節　住宅政策

1　住宅と社会福祉

（1）住宅の役割

　住宅は、我われの生活の基盤である。単に雨露を防ぐ機能が備わっていればいいというものではなく、住宅には生活に必要な多くの機能や役割が求められる。試しに、住宅の中で繰り広げられるいくつかのシーンを思い浮かべてみよう。食事、入浴、睡眠、団らん、娯楽、学習、育児、介護など、さまざまなシーンが思い浮かぶことだろう。

　現在ではホテルや専用の施設を使用することが多くなってきた結婚や葬儀、病院を使用することが一般的になった出産も、昔は住宅で行われてきたものである。

　近年は、介護や育児、食事なども外部のサービスを利用できるようになった。一方で、家電製品の開発やインターネットをはじめ通信機能の発達などにより、住宅で行われる活動の幅は広がりを見せている部分もある。他方、布団からベッドへという就寝スタイルの変化や、床座からいす座へという食事・団らんスタイルの変化など、時代とともに生活様式にも変化が見られる。

　このような社会やライフスタイルの変化とともに、住宅に求められる機能や役割もまた変化している。いずれにしろ我われの日々の生活は、住宅という空間と設備の中で営まれているのである。

　住宅はまた、社会とのつながりを形成する拠点でもある。我われの多くは、住宅の中で家族とともに生活をしながら、社会に出て仕事や学業に従事し、再び住宅に戻る生活を繰り返している。親族や友人あるいは近隣との交流や、社会との情報の交換などの舞台としても、住宅の果たす役割は大きい。

（2）住宅の社会的側面

　一般に住宅は、特定の個人や世帯によって所有・占有され、住宅市場を通して分譲・賃貸されることから、「商品」や私有財として位置付けられる。それと同時に、住宅はその耐用年数が長期にわたり、非常に高価であるという特殊性がある。いったん所有・占有されると、その後長期にわたって所有・占有されることが多い。さらに、住宅は土地に固

着したものであり、地域の環境や景観を構成する要素となるものであることから、住宅が立地する周辺環境への影響は無視できない。したがって、住宅は単なる「商品」や私有財ではなく、公共財的な性格をもあわせもっているということができる。

住宅はまた、そこに住む個人の労働や健康に大きな影響を及ぼすだけでなく、社会全体にもさまざまな影響をもたらす。

ヨーロッパの国々では、住宅を社会的な存在としてとらえ、景観に配慮して色や素材やデザインを統一したり、植栽を整えたりしている例が多く見られる。良質な住宅を整備し維持することは、社会的財産を守り価値を高めることにつながる。また、良質な住宅地は治安や防災面でも優れており、住宅の資産価値を高めるだけでなく、治安や防災にかかる社会的コストの削減にもなる。逆に、スラム地域では、悪質な住環境による健康被害や、治安の悪化、災害の被害の拡大などが見られる。悪質な住環境は社会不安を招く元凶となる。

（3）住宅と社会保障・社会福祉

もし、住宅がなかったらどうなるだろう。食事をする場所や入浴をする場所、眠る場所がないことは、まず我われを不安にさせることだろう。住宅を失わないまでも、失業により家賃やローンが支払えなくなったり、疾病や障害、高齢のために住宅の構造や設備の使用が困難となり、不自由な生活を強いられたりするようでは、安心して生活を送ることができない。このような不安を解消し、安全で安定した尊厳のある生活を送るために、住宅の保障は欠かせない要件である。

平時はもちろん、緊急時にもまた、住宅は生活再建のために重要である。地震や台風などの天災に見舞われることが多い日本では、これまでに数多くの人々が災害によって住宅を失ってきた。避難者は、阪神・淡路大震災で30万人以上、新潟県中越地震で10万人以上、東日本大震災で約47万人、熊本地震で約18万人と報告されている。

避難所では多くの人々が限られた空間の中での生活を余儀なくされる。このため、プライバシーの確保は困難となり、食事や入浴をはじめ、さまざまな生活活動が制限される。風呂やトイレなどの衛生設備が十分でないことや、多数の人との共同生活によるストレスなどが、健康面に及ぼす影響も少なくない。東日本大震災や熊本地震では、避難生活の長期化による「生活不活発病」の発症や要介護認定者の増加が指摘されている。

災害復興の過程でも、仮設住宅や災害公営住宅の供給においても、雇用や人間関係などへの影響、孤独死などの問題が指摘されている。災害時の安全性の確保と同時に、被災後は早急に安定した生活を取り戻し維持し続けていけるような住宅の整備が求められる。

住宅の機能や役割の一部は、例えばレストランや銭湯やホテルなどで代替することができる。また実際、病院や高齢者施設など住宅以外の場で中長期にわたって生活をしている人も少なくない。しかし、これらの場所では、個人や家族のプライバシーを確保しながら、自由にかつ安定して継続的に生活を行うことはできない。このため、家族の形成は生まれず、明日や将来の生活が見えてこない。この点において、住宅は施設とは異なる性質をもっており、施設が住宅を完全に代替することは不可能であるといえる。

また、日本社会では、住宅に住まうことと住民登録を行うことは一元的に扱われている。住宅に住み住所を特定することが、身分証明につながる。仕事に就く上でも住所があることは重要な要件であり、また住民登録によって社会保障や社会福祉のサービスを受けることが可能となる。

つまり住宅の保障は、それ自体が社会保障や社会福祉の構成要素であり、ほかの社会保障や社会福祉につながる原点であるといえる。公園や路上での生活を余儀なくされているホームレス状態にある人々の生活再建がむずかしいのは、家族を形成し社会とつながる生活の場がないことと同時に、住所認定されにくく住民と認められにくいため必要な社会保障などのサービスにアクセスできないという、2つの意味での住宅喪失の影響を被っているからだといえよう。

（4）居住権と「適切な居住（adequate housing）」

1996年にトルコのイスタンブールで開かれた第2回国連人間居住会議（HABITAT II：ハビタットII）で、「適切な居住」の権利（居住権）[*30]が宣言された。国連人間居住委員会では、「適切な居住」が意味するものとして、「適切なプライバシー、適切な空間、適切な安全性、適切な照明と換気、適切な基本的インフラの整備、仕事や生活を行う上での適切な立地、そしてこれらが適切な費用で得られること」と説明している。

また、昭和41（1966）年に採択された国際人権規約では、**表2-6-4**のような条件を備えた住宅を「適切な居住」とし、条約締約国に対

*30
世界の人間の居住環境の改善のために開かれた国際会議。第1回会議は1976年にカナダのバンクーバーで開催され、「国連人間居住宣言」が採択された。第2回会議は1996年にトルコのイスタンブールで開催され、人間居住問題の基本的な指針を示す「ハビタット・アジェンダ（世界行動計画）」と「イスタンブール宣言」が採択された。第3回会議は2016年にエクアドルのキトで開催され、「ニュー・アーバン・アジェンダ」が採択された。

〈表2－6－4〉国際人権規約における「適切な居住」の内容

① 住宅の所有形態にかかわらず、強制退去や嫌がらせなどに対して法的に守られ、またその住宅や土地に住むことが法的に認められていること。
② 健康、安全、快適さなどに必要な設備が整っており、水やエネルギー、衛生設備やゴミ処理、排水設備、緊急サービスなど生活に必要なさまざまなサービスや社会資源が使えること。
③ 住居費が家計に占める割合が、他の生活に必要なものを圧迫しない程度に抑えられており、適切であること。
④ 適切な広さがあり、健康を脅かすさまざまな気象条件や構造的危険、災害の脅威などから人を守る、適切な居住性を備えていること。居住者の身体的安全が保障されていること。
⑤ 高齢者や子ども、障害者、病人、被災者など社会的弱者に対して、優先的配慮がなされ、これらの人々がいつでも適切な住宅を確保できる状態にあること。
⑥ 仕事や医療、学校、育児などの施設を利用するのに便利な立地であること。
⑦ 住宅の建築方法や建材及び住宅建築にかかわる施策が、地域の文化や多様性を反映していること。

（出典）国際人権規約「General Comment No. 4」を筆者が意訳

しその権利の保障を勧奨している。

　さらに、世界保健機関（WHO）は、健康な居住環境の基本条件として、①安全性（safety）、②保健性（health）、③効率性（efficiency）、④快適性（comfort）をあげている。

　わが国では、憲法第25条に生存権として「健康で文化的な最低限度の生活」を送る権利が認められているが、ハビタットやWHOが掲げる住宅の条件は、ナショナルミニマムとしてすべての人が享受すべき内容である。

2 住宅セーフティネット

（1）住宅セーフティネットとは

　社会には、自力では住宅を確保することが困難な「社会的弱者」とよばれる人々が存在する。

　住宅の確保を困難にする主な要因には、低所得や収入の不安定、あるいは敷金や礼金などに必要な資金の不足などの経済的要因がある。住宅政策では、従来、経済的な事情で住宅の確保が困難な低額所得者を施策対象とした公営住宅制度などを実施してきた。

　しかし、住宅の確保を困難にしている要因は経済的事情にとどまらない。保証人が確保できない、高齢や障害などを理由に孤独死や近隣とのトラブルなどを懸念し入居を敬遠される、広さやバリアフリーなどニーズに合った住宅が見つからないなど、非経済的要因もある。また、さまざまな個人的事情を抱えているがゆえに、生活サポートをセットにしなければ在宅生活の継続が困難な人もいる。

　高齢化の進展や、未婚者の増加、少子化などによる家族構成の変化（単身世帯の増加）、雇用の非正規化などは、前記のようなこれまで施策の対象とされてこなかった「社会的弱者」の急増に拍車をかけている。

　さらに、近年の医療や介護・福祉施策の変化は、これらの人々の住宅需要を押し上げている。例えば、療養病床の解体や、精神障害者の社会的入院の解消などの施策が取られ、病院や介護・福祉施設ではなく、可能な限り在宅で生活することが推進されている。

　住宅セーフティネットとは、このような、住宅市場の中で住宅を確保することが困難な人々に対し、所得や身体の状況などに適した住宅を確保できるような仕組みづくりをいう。

（2）住生活基本法と住宅セーフティネット法

　平成18（2006）年に制定された「住生活基本法」では、4つの基本理念の一つに、市場を補完する住宅セーフティネットの構築が掲げられている。第6条「居住の安定の確保」には、「住生活の安定の確保及び向上の促進に関する施策の推進は、住宅が国民の健康で文化的な生活にとって不可欠な基盤であることにかんがみ、低額所得者、被災者、高齢者、子どもを育成する家庭その他住宅の確保に特に配慮を要する者の居住の安定の確保が図られることを旨として、行われなければならない」と定められている。この住生活基本法に基づき、国及び地方公共団体は住生活基本計画を策定し、住宅に関する施策を実施している。住生活基本計画はおおむね5年ごとに内容が見直されている。

　平成19（2007）年には、住生活基本法の基本理念に則り、「住宅確保要配慮者に対する賃貸住宅の供給の促進に関する法律」（住宅セーフティネット法）が制定された。これは、低額所得者、被災者、高齢者、障害者、子どもを養育している者、その他住宅の確保に特に配慮を要する者（以下、住宅確保要配慮者）に対する賃貸住宅の供給の促進を図ることを目的としている。

（3）公営住宅制度

　昭和26（1951）年に公営住宅法が制定されて以来、公営住宅は戦後の住宅政策の一翼を担ってきた。公営住宅は、国の補助金によって地方公共団体が建設し、住宅に困窮する低額所得者に対して低家賃で供給する住宅である。住生活基本法、住宅セーフティネット法の中にも位置付けられ、住宅セーフティネットの中核を成すものである。

第2部

第6章

入居においては収入基準が定められているほか、各自治体が地域の実情に応じて入居要件を課しており、公平性を期すため原則として公募制が取られている。しかし、高齢者や障害者がいる世帯については、自治体の裁量により収入基準の緩和や、選考において当選率の優遇や別枠選考等の措置を講じることができるようになっている。また、これらの優遇措置を、子育て世帯やDV（ドメスティック・バイオレンス）被害者等にも広げている自治体もある。

公営住宅の整備基準には、高齢者等の身体状況に配慮したバリアフリー対応が盛り込まれており、新築・改築時の標準仕様となっている。既存の公営住宅については、住宅内部の段差解消や手すりの設置、浴室・便所の改修、共用廊下・階段への手すりの設置、エレベーターの設置などの改善が進められている。

さらに、公営住宅制度を補完する公的賃貸住宅として、地域優良賃貸住宅制度がある。これは、民間事業者等に対し、住宅の整備のための費用や家賃減額のための助成を行うことによって、高齢者世帯や障害者世帯、子育て世帯等を対象とする良質な賃貸住宅の供給を促進するものである。

また、公的賃貸住宅を活用し、福祉施策との連携によってLSA[31]（ライフサポートアドバイザー〔生活援助員〕）による日常生活支援サービスとの提供を合わせた、「シルバーハウジング[32]」が昭和62（1987）年度から実施されている（図2-6-7）。

公的賃貸住宅の建設においては、社会福祉施設等の併設や合築が推進されており、高齢や障害のある人の生活に関連したサービスを備えた住宅の整備が行われている。さらに、障害のある人の共同生活を支援することを目的とするグループホーム事業が公営住宅制度に位置付けられており、一定の要件のもとで、社会福祉法人等が公営住宅を使用することができる。

（4）民間賃貸住宅への入居支援

住宅セーフティネットは、公営住宅をはじめとする公的賃貸住宅等と民間賃貸住宅から成る重層的な制度である。住宅困窮度が非常に高い人には公営住宅を、比較的高い人には民間賃貸住宅への入居支援を行うものである。賃貸住宅全体の約8割は民間賃貸住宅であり、その柔軟な活用が住宅セーフティネットの強化につながる。

平成13（2001）年に制定された「高齢者の居住の安定確保に関する

*31
市町村の委託により、シルバーハウジングや地域優良賃貸住宅（高齢者型）などに居住している高齢者に対して、必要に応じて、日常の生活指導、安否確認、緊急時における連絡等のサービスを行う者。おおむね30戸に1人が配置されている。LSAの派遣事業は、介護保険法に定められる地域支援事業のうち、市町村が地域の実情に応じて実施する任意事業の中に含まれており、人件費について支援が行われている。

*32
公営住宅などで、住宅部局と福祉部局が連携して、手すりや緊急通報装置を設置するなど高齢者に配慮した設備・仕様とし、デイサービスセンターなど福祉施設を併設したり、LSAを配置したりすることによって高齢者の生活を支援している。入居対象者は高齢者世帯であるが、事業主体の長が特に必要と認める場合に限り、障害者世帯も対象としている。

〈図２−６−７〉シルバーハウジングの概念図

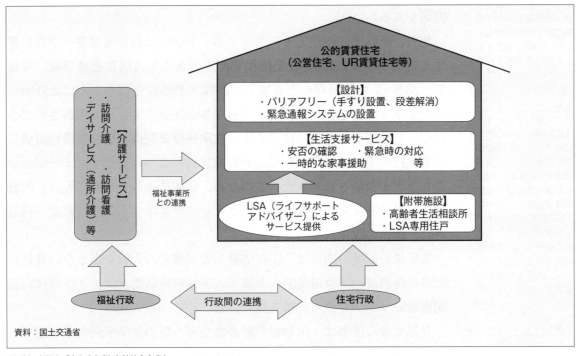

資料：国土交通省

(出典) 内閣府『令和３年版 高齢社会白書』

法律」（高齢者住まい法）は、高齢者が日常生活を営むために必要な福祉サービスの提供を受けることができる良好な居住環境を備えた高齢者向けの賃貸住宅等の登録制度を設け、その供給を促進するための措置を講じ、さらに、高齢者が終身にわたり安心して居住できる仕組みとして終身建物賃貸借制度を整備した。[33]

平成23（2011）年の改正により「サービス付き高齢者向け住宅」[34]の登録制度が創設され、令和５（2023）年７月末時点で28万3,000戸以上（約8,200棟）が登録されている。サービス付き高齢者向け住宅の登録基準は、バリアフリー構造を有するほか、少なくとも安否確認や生活相談サービスを提供することなどが含まれている。なお、サービス付き高齢者向け住宅のうち、食事の提供など有料老人ホームの定義に該当する事業を行うものについては、有料老人ホームとしての届出が必要となる。

（5）新たな住宅セーフティネット制度

平成29（2017）年に住宅セーフティネット法が改正され、住宅セーフティネット機能はさらに強化された。背景には、高齢者等の増加や若年・子育て世帯の貧困など住宅確保要配慮者の問題と、公営住宅が増え

*33
高齢者住まい法により制定された制度で、建物の賃貸借契約が死亡するまで存続し、死亡時に終了する相続のない一代限りの契約をいう。制度を活用するには、都道府県知事の認可が必要となる。入居者には、終身住み続けることや家賃の終身前払いが可能となること、更新料が不要となることなどのメリットがある。また、認可事業者には、借家権の相続がない、空き室発生リスクが減少するなどのメリットがある。

*34
高齢者住まい法の改正により、高齢者円滑入居賃貸住宅の登録制度及び高齢者向け優良賃貸住宅の供給計画の認定制度を廃止し、サービス付き高齢者向け住

宅事業の登録制度に一元化された。登録基準は、各都道府県の「高齢者居住安定確保計画」において強化・緩和するなど独自の基準が設けられている場合がある。

＊35
住宅セーフティネット法第51条に定められた組織で、地方公共団体や関係業者、居住支援団体等から構成される。住宅確保要配慮者の民間賃貸住宅への円滑な入居の促進を図るため、住宅情報の提供等の支援などを行う。全都道府県で設立されているほか、市区町村でも設立しているところがある。

＊36
住宅セーフティネット法第40条に定められた法人で、住宅確保要配慮者の民間賃貸住宅への円滑な入居の促進を図るため、家賃債務保証の提供、住宅情報の提供・相談、見守りなどの生活支援等を実施する法人として都道府県が指定するもの。

＊37
昭和25（1950）年に設置された住宅金融公庫が前身で、住宅の建設・購入希望者に低金利の融資を行い、持ち家の取得の支援を行っている。耐震性や耐火性、高齢者対応などに関する基準を融資の条件に課すことで、住宅の質的水準を引き上げることにも貢献してきた。平成19（2007）年に独立行政法人住宅金融支援機構となり、業務の中心は民間住宅ローンの証券化支援に移った。

＊38
本双書第7巻第4章第1節3（1）参照。

ない一方で民間の空き室・空き家が増加しているという住宅ストックの問題がある。

　他方、それまでの住宅セーフティネット法には具体的事業・予算に関する定めがなかった。「住宅確保要配慮者あんしん居住推進事業（平成27～28年）」など既存の空き家等に改修工事補助を行うことによりセーフティネット住宅の整備推進を図る事業が任意事業として実施されてきたが、要配慮者への供給は進まず、**住宅確保要配慮者居住支援協議会**[＊35]による支援の不十分さや、要配慮者の家賃負担等への支援メニューがないことなどが指摘されてきた。このため、法的枠組みも視野に入れ、改修支援以外の施策も含む総合的な住宅セーフティネット制度の創設が検討され、法律の改正に至っている。

　改正後の制度の内容は、①住宅確保要配慮者の入居を拒まない賃貸住宅の登録制度、②専用住宅の改修・入居への経済的支援、③住宅確保要配慮者のマッチング・入居支援である。

　登録できる住宅は、床面積や耐震性など一定の基準を満たす住宅で、共同居住型の住宅も基準を満たせば登録することができる。入居対象者を住宅確保要配慮者に限定した専用住宅として登録する場合は、改修費への補助や家賃及び家賃債務保証料を低く抑えるための補助を受けることができる。また、専用住宅でない場合も、登録住宅には改修費への融資や、住宅確保要配慮者に対する居住支援が用意されている。居住支援は、住宅確保要配慮者居住支援協議会や**住宅確保要配慮者居住支援法人**[＊36]が主体となり、要配慮者の入居を円滑にするための入居相談や各種居住支援サービス等の活動を行うもので、国の補助金が用意されている。

　さらに家賃債務に対する支援として、家賃債務保証業者の登録制度や、[＊37]独立行政法人住宅金融支援機構による家賃債務保証保険、生活保護の住宅扶助費の代理納付などが用意されている。また、広報パンフレットやハンドブックの作成、セーフティネット住宅情報提供システムの開発・提供などが行われている。

（6）社会福祉制度における住宅に対する支援

　福祉分野においても住宅に対して制度化されたものがある。

　生活保護制度の住宅扶助や生活困窮者自立支援制度の住居確保給付金[＊38]は、いずれも家賃相当分を給付する制度である。

　また、高齢者や障害者の身体機能に合わせた住宅環境を整備するための支援として、介護保険制度の福祉用具の貸与・購入や住宅改修サービ

スがある。福祉用具には、手すりやスロープ、腰掛便座、入浴補助用具などがあり、貸与になじまない福祉用具については、購入費として年間10万円を限度に給付がある。住宅改修の支給限度額は、1人当たり20万円である。いずれも本人が1〜3割を負担する。地方公共団体によっては、高齢者・障害者向けの住宅改造助成制度や、住宅改造に関する適切なアドバイスを行う住宅改良ヘルパー制度などを設けているところもある。

参考文献
- UN-HABITAT, (2009) *The Right to Adequate Housing,* Fact Sheet No. 21, Rev. 1
- 内閣府『令和3年版 高齢社会白書』2021年
- 内閣府『令和3年版 障害者白書』2021年
- 国土交通省『令和3年版 国土交通白書』2021年

第2部
第6章

第4節 労働政策

1 人口構成・経済構造の変化と労働政策

　人は、家族単位であれ個人単位であれ、生きていくのに必要な財やサービスを手に入れて消費して生活している。そして、多くの者が労働により所得を得て生計を維持している。こうした労働に関係する政策が労働政策である。

　労働政策の目標は、ミクロ的には、人々がディーセントな（適正な）、きちんとした生活を生涯にわたって送ることができる水準で働くことを保障することである。この目的の達成のために、労働政策は社会保障政策——これは人々の所得を時間的に再分配したり高所得者から低所得者に所得を垂直的に再分配したりしている——と密接に連携しながら、展開されることになる。そして労働政策のマクロ的な目標は、何よりも一国の社会経済に持続可能性をもたせることである。例えば、日本は今、少子高齢化が進行していて、労働力の絶対量も少なくなってきている。はたして、そうした社会が持続可能性をもつためには、どのような労働政策を考えるべきか。答えは極めてシンプルである。人口減少社会に入った日本が進むべき道は、高齢者、女性をはじめとしたみんなが働きやすい社会をつくり、積極的な社会参加を促すことである。

　本節では、日本で現在課題となっている、みんなが働きやすい社会に向けてどのような取り組みがなされているかを見ていく。以下では、女性や高齢者、若年者の働き方の現状と労働政策をそれぞれ概観した上で、雇用者の4割近くを占める非正規労働に関する政策について述べる。

2 女性の働き方と政策

＊39
本書第1部第2章第1
節4（1）参照。

　1979年に国連で採択された女性差別撤廃条約の批准に合わせて、日本では、昭和60（1985）年に「雇用の分野における男女の均等な機会及び待遇の確保等に関する法律」（男女雇用機会均等法）が成立し、翌昭和61（1986）年に施行された。同法は、制定当初は努力義務が多く実効性が弱いという批判もあったが、平成9（1997）年の法改正により、雇用管理の各ステージにおいて女性に対する差別を全面的に禁止するに至った。その後、平成18（2006）年改正では、男女双方に対する

差別の禁止や、妊娠・出産等を理由とした不利益取扱いの禁止、間接差別の禁止などが規定された。

女性の就労には、仕事と育児の両立可能性が大きく左右する。「労働基準法」には、現在、出産前6週間と出産後8週間の産前産後休業が定められている。[*40]

また、平成3（1991）年に制定された「育児休業、介護休業等育児又は家族介護を行う労働者の福祉に関する法律」（育児・介護休業法）[*41]により、労働者は、子どもが1歳に達するまで育児休業を請求できるようになった。その後の改正を経て、現在は、保育所を利用できないなどの事情がある場合は、最長2歳まで休業が可能となっている。

さらに、平成21（2009）年改正により、3歳までの短時間勤務制度（1日原則6時間）の設置等が事業主の義務とされるなど、育児・介護に関する休業・休暇などの措置が、次第に充実するようになった。

保育サービスについて見ると、保育所の定員は子どもの数の減少を受けて一時は減少していたが、平成10（1998）年以降、増加傾向にある。令和4（2022）年の保育所等の定員は304万人、利用児童数は273万人であった。保育所等利用率（＝利用児童の人口比）は、全年齢児計50.9%、3歳未満児43.4%である。[*42]

このような女性労働を取り巻く環境の整備と、これと並行して進んだ女性の高学歴化の中で、女性の労働市場への参加も拡大してきた。**図2－6－8**で、女性の就業率を年齢階層別に見ると、男女雇用機会均等法成立前の昭和55（1980）年には、女性の多くが学校卒業後に就職し、結婚・出産等で離職、やがて再就職するという、いわゆる「M字型」が顕著に見られていた。ところがその後、25〜34歳の就業率が上昇してM字型のくぼみが浅くなるとともに、35歳以降の就業率も高まっていき、次第に形状は、継続就業タイプの「逆U字型」に近づいてきている。

表2－6－5より、日本の女性労働の状況を、他国と比べてみよう。日本の15〜64歳の女性就業率は、7か国のうち中程度に位置している。ところが、男性の就業率と比べた女性の相対的就業率（＝女性就業率÷男性就業率）では、最も高いスウェーデンは男性とほぼ同水準（94.0%）に達し、他のヨーロッパ諸国でも90%を超えるようになったのに対して、日本は86.1%と韓国に次いで低くなっている。

また、女性管理職比率では、欧米諸国が3、4割程度であるのに対して日本と韓国は15%前後である。さらに、フルタイム労働者の中位所得における男女間賃金格差も、欧米諸国に比べると日本と韓国が大きい。

*40
労働基準法は、昭和22（1947）年に制定された労働条件に関する基本法規であり、労働者が人たるに値する生活を営めることを目的として必要な労働条件の最低基準を定めた法律である。「1日8時間労働」や「残業手当」「給与の支払い」「年次有給休暇」などについて規定している。

*41
本双書第5巻第2部第2章第1節3（3）参照。

*42
厚生労働省「保育所等関連状況取りまとめ（令和4年4月1日）」。

〈図２−６−８〉女性の年齢階層別就業率（1980〜2022年）

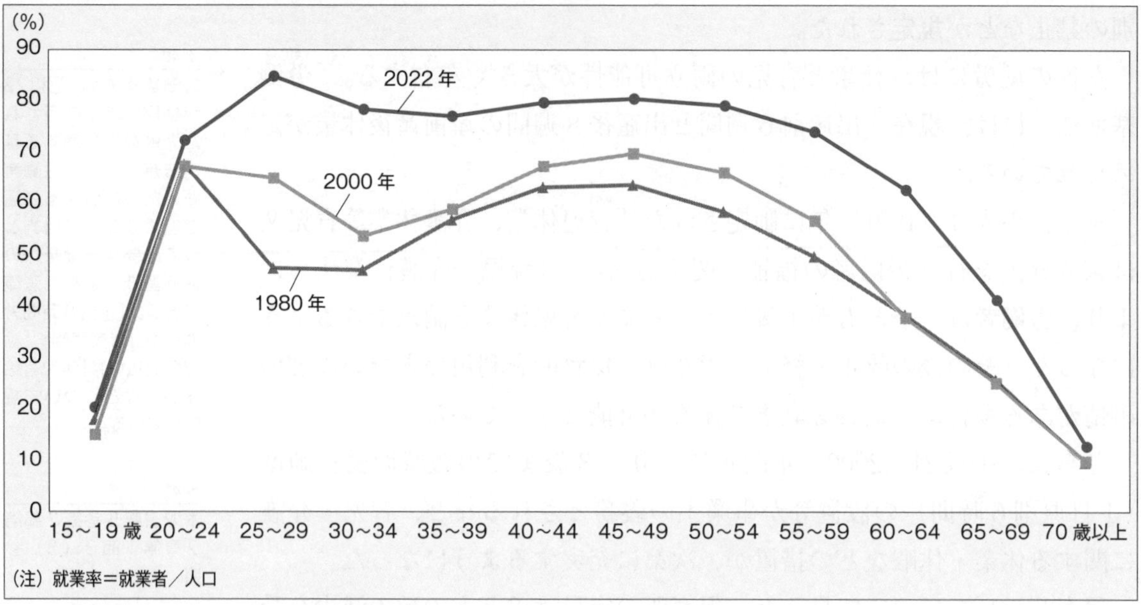

（注）就業率＝就業者／人口

（出典）総務省統計局「労働力調査」をもとに筆者作成

〈表２−６−５〉女性労働の国際比較

	①15〜64歳女性就業率（%）	②15〜64歳男性就業率（%）	③女性の相対的就業率（%）	④女性管理職比率（%）	⑤男女間賃金格差（%）
日本	72.4	84.2	86.1	13.2	22.1
韓国	60.0	76.9	78.0	16.3	31.1
アメリカ	66.5	76.1	87.3	41.4	16.9
ドイツ	73.1	80.6	90.8	29.2	14.2
イギリス	72.2	78.8	91.6	36.5	14.3
フランス	65.6	70.8	92.6	37.8	11.8
スウェーデン	74.7	79.4	94.0	43.0	7.4

（注）日本を除き③の昇順。①②は15〜64歳人口に占める就業者の割合。③は①÷②より算出。④は管理的職業に占める女性の割合。⑤は男女の中位所得の差を男性中位所得で除した数値。原則、フルタイム労働者の週当たり総収入が対象。

（出典）①〜③はOECD.Stat（2022年データ）、④⑤は（独）労働政策研究・研修機構「データブック国際労働比較2023」（2021年データ、⑤のフランスは2018年データ、⑤のドイツとスウェーデンは2020年データ）をもとに筆者作成

このように、日本では、以前に比べると女性の労働市場への参加は増加している一方、国際的に見ると雇用における男女間格差がまだかなり大きいといえる。

　こうした状況の中、平成27（2015）年には「女性の職業生活における活躍の推進に関する法律」（女性活躍推進法）が成立し、翌28（2016）年に全面施行された。同法により、国、地方公共団体、及び従業員301人以上の企業には、女性の活躍に関する状況把握と課題分析をふまえ、女性活躍推進のための行動計画の策定や、女性活躍に関する情報公表が

＊43
本書第1部第2章第1節4（3）参照。

義務付けられた。また、令和元（2019）年の同法改正により、令和4（2022）年から、行動計画策定等の義務が従業員301人以上から101人以上の企業に拡大されることになった。さらに、令和4（2022）年には、従業員301人以上の企業を対象に、男女の賃金の差異に関する情報の公表が義務付けられた。

女性労働に関する政策を展開する理由として、従来は、男女共同参画や女性の人権保障の観点からアプローチされることが多かったといえる。しかしながら、女性活躍推進法の制定にあたっては、女性労働力の活用による経済効果への大きな期待があった。とりわけ、女性管理職比率などの労働力の質的側面にも注目し、女性を労働力として本格的に活用する社会に向けて取り組みを進めようとしている。

上記のように、女性も働きやすい環境に向けて、仕事と育児の両立支援の制度は次第に整備されてきているが、課題もある。例えば、育児休業の制度が整備されても実際には利用しづらい職場もある。また、非正規労働者も一定の要件を満たせば制度を利用できるのにもかかわらず、実際の利用は少ない。非正規労働者が増加するなかで、非正規労働者も制度を利用しやすくなるよう、いっそうの環境整備が求められている。

さらに、保育サービスについては、保育所の定員が増加する一方で、利用希望者も増えたため、待機児童数は平成29（2017）年4月には2万6,081人に上っていた。その後、保育の受け皿拡大に加え新型コロナウイルス感染症の蔓延を背景とした利用控えにより、令和4（2022）年4月には待機児童数は2,944人に減少した。[44]

最近では、女性が継続して働きキャリアを積むには、両立支援制度の整備だけではなく、長時間労働の是正や男性の家事・育児参加など、男性も含めた働き方改革や男女の役割分担の見直しの重要性が指摘されている。平成19（2007）年12月には「仕事と生活の調和（ワーク・ライフ・バランス）憲章」が策定され、働き方改革などの取り組みが進められてきた。

その後、平成30（2018）年には、「働き方改革を推進するための関係法律の整備に関する法律」（働き方改革関連法）が成立し、同法により労働基準法が改正され、時間外労働の上限について、月45時間、年360時間を原則とし、臨時的な特別な事情がある場合でも年720時間、単月100時間未満（休日労働含む）、複数月平均80時間（休日労働含む）を限度に設定することなどが、罰則付きで定められた。

また、育児休業制度の取得状況については、女性の取得率が平成19

第2部
第6章

* 44
厚生労働省「保育所等関連状況取りまとめ（令和4年4月1日）」。

＊45
厚生労働省「令和4年度
雇用均等基本調査」。な
お、令和3年度調査によ
ると、男性の育児休業取
得者では、育休期間が2
週間未満の者が過半数
を占める。

＊46
令和2（2020）年5月
に閣議決定された「少
子化社会対策大綱」で
は、父親の育児休業取
得率を令和7（2025）
年に30%に引き上げる
という目標を掲げた。
法改正は、これを受け
たものである。

（2007）年以降8割を超えている一方、男性の育児休業取得率は次第に高まってきたものの、平成28（2016）年に3%を初めて超え、令和4（2022）年にようやく17.13%となった[45]ところであり、男女間の取得率の差は大きい。こうした中で、令和3（2021）年の育児・介護休業法の改正では、男性の育児休業取得促進のため、子どもの出生直後の時期における柔軟な育児休業の枠組みである出生時育児休業（産後パパ育休）が創設された[46]。この制度は、育児休業とは別に、父親が、子どもの出生後8週間以内に4週間まで取得でき、申し出期限が短いほか、2回に分割することも可能であるなど、取得しやすいような配慮がなされている。また、労働者と事業主が事前に調整した上で休業中に一定範囲内の労働も認められることとなった。

3 高年齢者の働き方と政策

少子高齢社会を迎えるなか、現在、先進諸国は高齢者の就業促進に取り組んでいる。**図2-6-9**より、60代前半の就業率（男女計）を見ると、日本では平成14（2002）年の50.4%を底に上昇に転じ、令和4（2022）年には73.2%となった。ヨーロッパの多くの国においては、1970年代から1980年代に若者の雇用創出を図るため早期引退を促進していたのであるが、それらの国も1990年代後半には高齢者の就業促進

〈図2-6-9〉60～64歳の就業率の国際比較（男女計、1970～2022年）

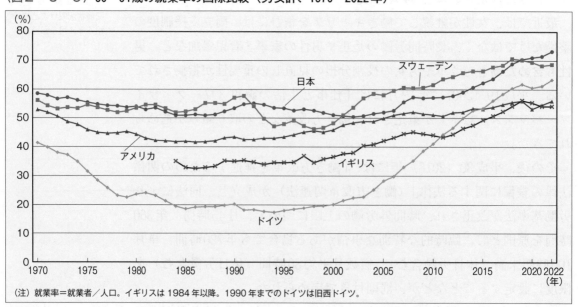

（注）就業率＝就業者／人口。イギリスは1984年以降。1990年までのドイツは旧西ドイツ。

（出典）OECD. Statをもとに筆者作成

へと政策を転換した。ドイツのように、2000年ごろから急速に就業率が上昇している国もある。

さらに、年齢差別禁止の取り組みもある。アメリカでは、1967年の「雇用における年齢差別禁止法」により、40歳以上の労働者に対する年齢差別を禁止し、その後の法改正により定年制も違法となっている。欧州連合（EU）では、2000年に「一般雇用機会均等指令」により、年齢・障害等にかかわる雇用・職業に関するいっさいの差別の原則禁止を定めている。なお、日本では、年齢を基礎とする雇用管理制度が普及していることから、年齢差別禁止に関して控えめな対応をとっており、平成19（2007）年の改正雇用対策法において、労働者の募集・採用について、事業主は年齢にかかわりなく均等な機会を与えることを義務付けられたにとどまっている。^{*47}

日本の民間企業における高年齢者雇用については、昭和61（1986）年の「高年齢者等の雇用の安定等に関する法律」（高年齢者雇用安定法）^{*48}により、60歳定年が事業主の努力義務となった。さらに、平成6（1994）年には60歳定年を義務化する法改正がなされた。法整備とともに、60歳定年制が定着してきたが、定年が60歳を超える企業はその後もあまり増えていない。

高年齢者雇用安定法は、当初より、高齢化社会に対応した老齢厚生年金の法定支給開始年齢の引き上げに合わせて高年齢者の安定した雇用の確保を図ろうとするものであった。^{*49}同法の平成16（2004）年改正では、平成13（2001）年度からの「老齢厚生年金の定額部分」の法定支給開始年齢の60歳から65歳への引き上げに合わせて、事業主に対して65歳までの次の3つの「雇用確保措置」のうちいずれかの措置を段階的に取ることを義務付けた。

①定年の引き上げ
②継続雇用制度の導入^{*50}（ただし、労使協定により対象者を限定できる仕組みを利用することにより、希望者全員を対象にしないことも可能）
③定年制の廃止

その後、平成24（2012）年の高年齢者雇用安定法改正では、平成25（2013）年度からの「老齢厚生年金の報酬比例部分」の引き上げに合わせて、継続雇用制度の対象者を限定できる仕組みを廃止することにより、原則として希望者全員に対する65歳までの雇用が事業主に義務付けられることとなった（経過措置あり）。

*47
雇用対策法は、平成30（2018）年に「労働施策の総合的な推進並びに労働者の雇用の安定及び職業生活の充実等に関する法律」（労働施策総合推進法）に改正された。

*48
本双書第3巻第5章第1節2（3）参照。

第2部
第6章

*49
老齢厚生年金の法定支給開始年齢は、制度発足当初の昭和19（1944）年には男女とも55歳であったが、累次の改正により65歳に向けて、徐々に引き上げられてきた。

*50
継続雇用制度とは、雇用している高年齢者を本人が希望すれば定年後も引き続いて雇用する、再雇用制度などの制度をいう。

　厚生労働省「高年齢者雇用状況等報告」によれば、令和4（2022）年に65歳までの高年齢者雇用確保措置を実施済みの企業は従業員21人以上の企業の99.9％であり、その内訳は、①定年年齢の引き上げ25.5％、②継続雇用制度の導入70.6％、③定年制の廃止3.9％となっている。しかし、継続雇用者の労働条件は、定年前に比べて仕事内容や労働時間があまり変わらないのに、賃金が大幅に低いという特徴がある。この点は、労働者側の不満要因となっているとともに、企業側にとっては労働者のモチベーションの低下が問題として認識されている。

　平成16（2004）年の法改正による高年齢者雇用確保措置の義務化等により、60代前半の就業率は上昇している（**図2-6-9**）。また、かつてはほかの年齢層よりも高かった完全失業率も全年齢の平均程度に落ち着いてきた。このように、65歳までの雇用確保という基本的な枠組みが整備されてきたとはいえる。しかしながら、現在はまだ、60歳以降は本格的な活用になっていない。今後、定年延長など制度の見直しを通じて60歳以降もその能力を存分に発揮できる環境を整備していくことが不可欠である。

　こうした中、平成29（2017）年1月に、日本老年学会・老年医学会が「身体的老化などの経時的データ」を分析し、日本の高齢者は、10〜20年前に比べて5〜10歳は若返っているエビデンスがあるから、高齢者を科学的に定義するとすれば、それは75歳からが妥当ではないかと論じた。平成30（2018）年に策定された「高齢社会対策大綱」では、両学会からの提言が紹介され、「65歳以上を一律に"高齢者"と見る一般的な傾向は、現状に照らせばもはや、現実的なものではなくなりつつある」として、「70歳やそれ以降でも、個々人の意欲・能力に応じた力を発揮できる時代が到来しており、"高齢者を支える"発想とともに、意欲ある高齢者の能力発揮を可能にする社会環境を整えることが必要である」と記されている。

　その後、高年齢者雇用安定法が改正され、令和3（2021）年4月より、新たに、70歳までの高年齢者就業確保措置として、①定年引き上げ、②継続雇用制度の導入、③定年廃止、④業務委託契約の締結制度、⑤社会貢献事業に従事できる制度のいずれかの措置を講ずることが、事業主の努力義務となった。

4 若年者の働き方と政策

　中高年の雇用対策が、早くから日本における深刻な政策課題であったのとは対照的に、若者の雇用問題が本格的な政策対象となったのは2000年代に入ってからである。背景には、日本的雇用慣行として知られるように、学校を卒業して会社に採用されると、会社が存続される限り定年退職まで雇用が保障され（終身雇用制度）、勤続年数（年齢）が長く（高く）なるに従って給与も上がる（年功賃金）という仕組みがあることが大きい。すなわち、日本では、経験や技能をもたない若者を、学校卒業と同時に採用し、企業内で教育訓練をしながら、よりむずかしい仕事ができるように育成し昇進させていく、長期雇用システムをとっているため、若者が雇用されやすい仕組みとなっているのである。

　対照的に、欧米諸国においては、仕事にふさわしい経験や技能（スキル）をもった人を採用するのが一般的であり、経験や技能の少ない若者が労働市場で不利になりやすい。このため、日本に比べて早い時期から若者の雇用対策が重要な課題となっていた。前に述べた高年齢者の早期引退を促し若者に雇用を確保しようという試み（成功はしなかったが）も、若者の雇用対策の一つであった。

　ところが、日本でも、1990年代のバブル経済崩壊後の不況の中で、正社員としての採用が絞り込まれるようになり、新卒時に就職できない学卒未就業者が増え、若者の非正規雇用の割合が大幅に増加して、若者の雇用問題が顕在化するようになった。若者の雇用問題に政府全体で対応するため、平成15（2003）年に文部科学省、厚生労働省、経済産業省及び内閣府の関係4大臣が、教育・雇用・産業政策の連携強化等による総合的な人材対策として「若者自立・挑戦プラン」をまとめた。平成24（2012）年にはリーマンショック後の対症療法から令和2（2020）年を見据えた中長期戦略への転換を図り、「フリーター半減」（217万人から124万人へ）の達成、キャリア教育を原則として高校・大学等の初年次から実施すること等を内容とする「若者雇用戦略」が策定された。

　さらに、「青少年の雇用の促進等に関する法律」（若者雇用促進法）が平成27（2015）年に改正され、新卒段階でのミスマッチによる早期離職を解消するため、職場情報の積極的な提供や、労働関係法令に違反した企業による新卒者の求人申し込みをハローワーク（公共職業安定所）において一定期間受け付けない仕組みなど、若者の円滑な就職実現等に向けた取り組みの促進が図られた。

第2部

第6章

こうした取り組みが進む中で、フリーター（15〜34歳のパート・アルバイトとその希望者）の数は、ピーク時の平成15（2003）年の217万人から減少に転じ令和2（2020）年には136万人となった。[51]しかし15〜24歳層に比べて25〜34歳層の減少幅が小さく、年長フリーターが滞留していることが課題となっている。また、若年無業者（15〜39歳の非労働力人口のうち、家事も通学もしていない者）は、平成20（2008）年ごろの80万人から令和3（2021）年には75万人とやや減少している。[52]

一方、正規雇用の場合も、雇用のミスマッチにより早期離職が課題となっている。そして、若者を大量に採用し、長時間労働等の厳しい職場環境の中で彼らを使い捨てにするいわゆる「ブラック企業」も問題になっている。平成30（2018）年3月に卒業し3年以内に離職した者は、中学校卒業者55.0％、高校卒業者36.9％、大学卒業者31.2％であり、平成12（2000）年3月卒業者がそれぞれ73.0％、50.3％、36.5％であったときに比べると減少しているものの、引き続き高水準である。[53]

5 非正規労働者の働き方と政策

日本では非正規労働者が増加傾向にある。総務省「労働力調査」によると、役員を除く雇用者に占める非正規労働者の割合は、令和4（2022）年には36.9％である。男性（22.2％）よりも女性（53.4％）が高く、非正規労働者全体の7割近くを女性が占めている。

図2-6-10より、非正規労働者の割合を年齢階層別に見ると、男性は若年層と高年齢層の割合が高く中年層が低い一方、女性は年齢に伴い上昇している。また、令和4（2022）年には、20年前の平成14（2002）年と比べると、この割合は男女ともに高年齢層では大きく上昇した。

人口構造の変化や経済のグローバル化の中で、日本と同様、欧米諸国でも1980年代以降、フルタイムの正規雇用以外の働き方（非典型雇用）[54]が増えている。EUでは低賃金労働の広がりを避けるため、1997年にパートタイム労働指令、1999年に有期労働指令、2008年に派遣労働指令を定め、典型雇用と非典型雇用の「均等待遇」の確保に向けて、各国が法整備を進めてきた。

日本では、平成20（2008）年秋の金融危機の後に、派遣労働者の雇い止めなどが社会問題となったこともあり、それ以降、「労働契約法」「短時間労働者の雇用管理の改善等に関する法律」（パートタイム労働法）、「労働者派遣事業の適正な運営の確保及び派遣労働者の保護等に関

*51
内閣府『令和2年版 子供・若者白書』、内閣府『仕事と生活の調和（ワーク・ライフ・バランス）総括文書2007〜2020』。

*52
内閣府『令和4年版 子供・若者白書』。

*53
厚生労働省「新規学卒就職者の離職状況（平成30年3月卒業者の状況）」。

*54
欧米では、一般にパートタイム労働者とは、通常の労働者よりも労働時間の短い者をさし、必ずしも非正規労働者をさすわけではない。ゆえに、「非正規」ではなく「非典型」という表現を用いることがある。

〈図２−６−10〉年齢階層別非正規労働者の割合（男女別、2000〜2022年）

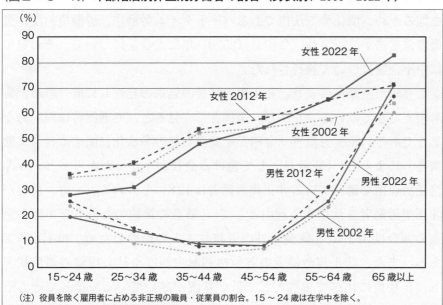

（注）役員を除く雇用者に占める非正規の職員・従業員の割合。15〜24歳は在学中を除く。

（出典）総務省統計局「労働力調査」をもとに筆者作成

する法律」（労働者派遣法）などの大きな改正が行われてきた。

　例えば、平成26（2014）年の改正パートタイム労働法では、パートタイム労働者の待遇改善のため、平成19（2007）年改正で導入されていた、通常の労働者（おおむねフルタイムの正社員をさす）とパートタイム労働者の間の「均等・均衡待遇」の確保をいっそう進めようとするものであった。すなわち、第1に、平成19（2007）年改正法は、パートタイム労働者が①職務、②配置、③労働契約という3点のすべてが通常の労働者と同じである場合について「均等待遇」を定めていたが、平成26（2014）年改正法では、「均等待遇」の範囲を拡大し、①と②の2点が同じである場合は、有期契約労働者でも差別的取り扱いが禁止されることになった。第2に、パートタイム労働者の待遇について、通常の労働者との相違は、職務の内容、人材活用の仕組み、その他の事情を考慮して、不合理と認められるものであってはならないとする、広くすべてのパートタイム労働者を対象とした待遇の原則が新たに規定された。

　平成24（2012）年の改正労働契約法では、有期労働契約を反復更新して通算5年を超えると、労働者の申し込みにより、無期労働契約へ転換できることや、有期契約労働者と無期契約労働者との間で、期間の定めの有無による不合理な労働条件の相違を設けることを禁止する規定が設けられた。

　平成30（2018）年に成立した**働き方改革関連法**では、同一企業内に

＊55
この改正でパートタイム労働法の名称は、「短時間労働者及び有期雇用労働者の雇用管理の改善等に関する法律」（パートタイム・有期雇用労働法）に変更された。この改正の結果、通常の労働者と短時間・有期雇用労働者との不合理な待遇差にかかわる規定は、パートタイム・有期雇用労働法に定められることになった。

おける正規労働者と非正規労働者の間の不合理な待遇差の実効ある是正を図るため、関係する法律であるパートタイム労働法、労働契約法、労働者派遣法[＊55]が改正され、令和2（2020）年に大企業について、その翌年に中小企業について施行された。

こうした法整備により、非正規労働者の処遇の見直しに取り組む企業も増えてきてはいる。しかし、全体として見ると、処遇改善は限定的なようである。厚生労働省「令和元年就業形態の多様化に関する総合実態調査」によると、「正社員として働ける会社がなかったから」という非自発的理由で働いている非正規労働者は12.8％を占める。一方、企業が非正規労働者を活用する理由として、「賃金の節約のため」をあげる企業の割合は31.1％、「賃金以外の労務コストの節約のため」は17.2％である。また、非正規労働者の各種福利厚生制度や社会保険の適用状況も、正社員に比べて依然として低い状況が続いている。そしてそもそも、日本の被用者保険制度（年金・医療）の短時間労働者に対する適用除外の仕組みは、企業側に（コストを削減するために）非正規雇用を活用するインセンティブ（誘因）をもたせている。

平成28（2016）年10月には、それまで週労働時間30時間以上とされていた被用者保険の適用範囲について、従業員501人以上の企業で、月収8万8,000円以上等の要件を満たす場合、週20時間以上の短時間労働者にも拡大された。さらに、平成29（2017）年4月からは、従業員500人以下の企業においても、労使の合意に基づき、企業単位で短時間労働者への適用拡大も可能とされ、国・地方公共団体については規模にかかわらず適用されることとなった。こうした適用拡大については、社会保険料の負担を避けようとして、パート主婦などが労働時間を短くするなどの就業調整が広がることを危惧する声もあったが、実際には、労働時間を延長するなどして保険に加入する者のほうが、就業調整する者よりも多かった。

令和2（2020）年の年金制度改革関連法により、令和4（2022）年10月には101人以上の企業に、令和6（2024）年10月には51人以上の企業についても、短時間労働者への適用拡大が行われることになった。

先に述べたように、女性や高年齢者では非正規労働者の割合が高いが、主たる生計維持者である若年・中年男性の非正規雇用に比べて問題視されることは少なかった。しかし、「女性活躍推進」や「生涯現役社会」が政策目標に掲げられていることを考えれば、この層こそが日本の労働力の活用面での鍵を握る。非正規雇用は、賃金やほかの労働条件が

低く、使用者側にとって便利な雇用形態という側面が強かったが、うまく活用できれば、使用者だけでなく、労働者にとってもライフステージの変化に合わせて働き方を変えながら能力を発揮できる魅力的な雇用形態になるはずである。

　そして、非正規労働者の待遇改善とともに、正社員の働き方の柔軟性を高めることも重要である。それらにより、柔軟かつ良質な働き方が増え、人々が人生の各段階において労働条件を切り下げることなく自ら希望する働き方を選択しやすくなる。そうなれば、ミクロ的には多くの人がその能力を存分に発揮し、より満足度の高い人生を送ることができるようになる。マクロ的には、少子高齢化・人口減少社会のもとで労働力の質の向上と量の拡大が期待でき、それが家族形成や消費の高まりなどにもつながり、社会経済の持続可能性を高めることになるであろう。

BOOK 学びの参考図書

●権丈英子『ちょっと気になる「働き方」の話』勁草書房、2019年。
　　人口構成・経済構造が変化するなかで、日本では働き方の改革が求められている。この本では、働き方と社会保障を一体のシステムとして、根本から考える。

参考文献
● 大沢真知子『女性はなぜ活躍できないのか』東洋経済新報社、2015年
● 権丈善一・権丈英子『もっと気になる社会保障』勁草書房、2022年
● 濱口桂一郎『若者と労働−「入社」の仕組みから解きほぐす』中央公論新社、2013年

第5節　経済政策

　経済政策は、人々の生活に対して大きな影響を及ぼし、幅広い内容をもっている。本節では、その中から、福祉に関連した項目に限定して主要な経済政策の概要を学ぶ。第一に、ミクロ経済政策における規制緩和・民営化と「市場の失敗」についてである。また、関連して準市場に基づく福祉政策にも言及する。第2に、マクロ経済政策における財政政策と金融政策についてである。第3に、所得再分配政策とそれに関連する税制についてである。

1　ミクロ経済政策

（1）経済学における市場の考え方

　ミクロ経済政策はミクロ経済学を応用した経済政策である。ミクロ経済学は、売り手（供給側の企業・生産者）や、買い手（需要側の家計・消費者）が行う個別な、言い換えると、ミクロな選択・行動に焦点を当てて研究する。その中心課題は市場メカニズムの分析である。

　この市場メカニズムに基づき、効率的な資源配分を意図することがミクロ経済政策のねらいである。これは、市場における競争の促進をめざすという意味で競争政策ともよばれる。市場における競争を規制する法律を撤廃・緩和することや、国営または公益法人の事業を民営化することは、市場メカニズムをよりいっそう効果的に作動させて、効率的に財やサービスを配分することをめざしたミクロ経済政策とみなすことができる。[*56]

　具体例として、昭和60（1985）年の法改正によって、日本電信電話公社がNTT（日本電信電話株式会社）になり電信・電話サービスが民営化され、同時に、電気通信事業への新規参入を可能にする規制緩和が実施され、民間企業が新規参入し、長距離電話サービスの分野でサービス・価格の競争が開始されたことがあげられる。この結果、東京―大阪間の通話料金は、昭和60（1985）年当時の3分400円から平成16（2004）年時点では3分20円となり、20年間で20分の1となる値下げが達成された。この大幅な価格低下は消費者に大きなメリットをもたらしたと考えられる。

　ただし、ミクロ経済政策が成功するためには、いくつかの条件を満た

*56
財とは、経済学において食べ物や服など生活上の必要性を満たすものである。サービス（用役）に対して、財は基本的に有形なものを意味するが、後述する公共財のようにサービスを含んで使用されることもある。

す必要がある。これらは「完全競争市場」に関する以下の３つの条件である。

第１に、価格受容者（プライステイカー、価格を与えられたものとして受け入れること）である。それは、各財やサービスについて多数の売り手と買い手が存在し、かつ、こうした売り手と買い手は、単独または少数では市場価格に影響を及ぼすことができないために、市場の価格設定ができないことにポイントがある。この点で後述する独占・寡占の企業と異なる。第２に、売り手と買い手は財やサービスの価格や品質についての完全な情報をもっている。第３に、取引に対して制度・慣習による制限は存在せず、また市場への参入・退出も自由である。

現実の財やサービスの市場において、これらの３つの条件のすべてが完璧な形で満たされることは非常に困難であり、「完全競争市場」は一つの理想状態として理解したほうが適切である。この理想状態から大きくかけ離れた市場は「不完全競争市場」とよばれ、完全競争が行われていないという意味で市場が正常に機能しておらず、「市場の失敗」とみなされる。

（２）「市場の失敗」の要因

前述した「完全競争市場」の３つの条件が満たされないことには、以下のような「市場の失敗」に関する要因があげられる。

第１に、外部性である。これは、ある活動・行動の影響が市場取引を通さずに人々に及ぶ社会現象である。その影響がマイナスの場合は負の外部性、反対にプラスの場合は正の外部性とよばれる。負の外部性の例として、喫煙というたばこの消費行動は、受動喫煙という形で周囲の人々に対して健康被害を与える可能性が高いことがあげられる。そのため、日本では、平成30（2018）年の「健康増進法の一部を改正する法律」により、受動喫煙対策が強化された。正の外部性については、インフルエンザなどの感染症に対する予防接種は、そのプラスの影響が大きい。

第２に、**情報の非対称性**である。情報の非対称性とは、取引や契約において、一方が他方と比較して相対的に量・質ともに情報をもっていることをさす。例えば、医療サービスでは高度に専門的な知識が要求されるため、患者・利用者が医療サービスの内容を正確に判断することは困難である。また、医療に関する保険契約を結ぶ場合に、個人の疾病リスクについて、保険会社は利用者に比べて限られた情報しかわからない。

　そのため、保険会社は、利用者に対して加入前に健康診断を受診させ、既往歴の告知義務を課す。だが、こうした措置によって、比較的健康な人々だけに保険が提供されるクリームスキミング（いいとこ取り）とよばれる社会現象が発生し、不健康な人々が民間部門の医療保険を利用できないことが懸念される。以上から、医療サービスは、基本的に公共部門（政府）において社会保険の一種である公的医療保険に基づいて提供する必要があると考えられる。

　第3に、独占・寡占の問題である。独占とは市場において売り手が一つのみの状態であり、寡占とは市場において売り手の数が買い手に比して非常に少ない状態をさす。独占企業・寡占企業は市場の価格設定に対して影響力を行使できるため、価格受容者ではなく、価格設定者となる。この場合、良質ではない財やサービスが市場価格よりも高い価格で設定されることが懸念される。このことを防ぐのが独占禁止法の根拠となる。だが、独占禁止法のように法的強制力を発動したとしても独占・寡占状態が容易に解消されないこともある。これは自然独占とよばれる社会現象であり、例えば、水道サービスのような初期投資が大きい市場で発生する。

（3）政府の介入─経済政策における規制

　以上のような「市場の失敗」がある場合、政府が重要な役割を果たす。まず、国営・公営で財やサービスを提供することがあげられる。また、規制という政策手段を用いる場合もある。経済政策における規制とは、市場で売買される財やサービスの取引量・価格・品質・安全性に対して、政府が法律・制度などを通して介入することである。経済政策における規制は、直接規制と価格規制に大別される。

　直接規制とは、特定の財やサービスに関する生産活動・消費活動、安全性基準、免許制度などについて政府が直接的に介入することである。例えば、前述した独占禁止法（独占・寡占への対応）は生産活動に、そして、受動喫煙対策（外部性への対応）は他者にたばこの煙が及ばないようにさせるという意味で消費活動に介入している。また、医薬品では、その安全性が規制対象（情報の非対称性への対応）となり、指定された安全性基準をクリアした医薬品のみが販売されることで、売り手と買い手との間にある情報のギャップを埋めることが期待される。

　価格規制とは、特定の財やサービスの価格に対して下限・上限を設定すること、または、価格自体を公的に決定することである。下限価格規

制の代表例は最低賃金である。企業は最低賃金以上の賃金を労働者に支払わなくてはならない。賃金を受け取ることができる労働者にとっては一定水準の賃金が保障される利点がある一方で、最低賃金以下の賃金でも働きたい労働者と雇用したい企業の労働機会が喪失する欠点がある。

　上限価格規制として、アメリカのいくつかの都市で実施されている賃貸住宅の家賃規制がある。例えば、市場価格では1か月当たり1,200ドルの家賃に対して、家賃の上限価格を750ドルと設定すれば、貧しい借り手は750ドル以下で住むことができる。だが、その反面で賃貸住宅の供給が不足し、質の悪い住宅でも借り手の需要があるため、家主は賃貸住宅のメンテナンスを怠る可能性がある。

　日本の医療サービスと介護サービスの価格は、市場ではなく、公的に決定される。それらは公定価格とよばれる。医療サービスの公定価格は診療報酬であり、中央社会保険医療協議会で具体的な内容が審議され、最終的に厚生労働大臣によって決定される。介護サービスの公定価格である介護報酬は、社会保障審議会介護給付費分科会の意見を聴取し、介護サービスの種類ごとにサービス提供に要する平均費用を勘案して厚生労働大臣によって決定される。

（4）「政府の失敗」のタイプ

　ここまで、「市場の失敗」に対する政府の政策的介入手段を学んだ。だが、政府が首尾よく「市場の失敗」を是正できない場合もある。このことを「政府の失敗」という。以下では、「政府の失敗」に関する3つのタイプを紹介する。

　第1に、内閣・行政府の失敗である。これは財政運営における規模・範囲を過度に拡大して財政赤字を招くことや、所管を異にする行政組織において類似の政策が重複して実施されることによる失敗である。第2に、議会・立法府の失敗である。これは特定の利益団体・圧力団体の利害に左右されることや、選挙向けの政策に迎合し財政を悪化させることによる失敗である。第3に、官僚制の失敗である。これは硬直的な形式主義による能率的ではない事務処理や、自分の所属する部署の利益をもっぱら追求するセクショナリズムによる失敗である。

（5）準市場の利点と問題点

　このように、市場と政府はどちらも万能ではなく、失敗する可能性を常に抱えている。そこで、市場と政府の間でバランスを取るミクロ経済

政策が模索されており、その一つとして準市場（quasi-market）がある。[*57]
準市場は、通常の市場メカニズムとは以下の2つの点で異なる。

まず、需要側である利用者・世帯に対して、サービスを購入する際に
専門知識がある代理人を指名するか、あるいは、さまざまな形で購買力
を与える点である。ここでいう代理人は、介護保険では介護支援専門員
（ケアマネジャー）に相当すると考えられ、前述した情報の非対称性の
解消に貢献すると想定される。また、市場において消費者・利用者は十
分なお金がなければ、適切な水準の財やサービスを購入できないという
決定的な弱点がある。これに対して準市場は、金銭補助やバウチャー、
クーポンとよばれる限定的な購買力を需要側に与えることで、購買力不
足をカバーすることをめざす。

次に、供給側である主体を、参入規制や経営やサービスの実態につい
ての情報公開義務化等によってコントロールする点である。これによっ
て、供給側については、政府が独占的に財やサービスを供給せず、劣悪
な経営を行う可能性がある事業体をあらかじめ排除するという条件のも
とで、多様な供給主体を市場に参加させて、安価で良質な財やサービス
に関する創意工夫の競争を促すことをねらっている。

しかし、準市場は利点だけでなく、以下のような問題が生じる可能性
がある。例えば、購買力を消費者・利用者に与える場合でも、十分な水
準を保障できるかという点がある。また、消費者・利用者は実際に適切
な選択ができるのか、もしできない場合に代理人等の機能は有効に作動
するのかという点がある。さらに、健全な競争を可能とする事業体が過
疎地域において介護サービスや保育サービスにおける市場にどのくらい
参入するのかという点もある。こうした問題点をふまえて、福祉に関す
る準市場を慎重に設計する必要がある。

2 マクロ経済政策

（1）福祉政策とマクロ経済政策

マクロ経済政策は、マクロ経済学を応用した経済政策である。マクロ
経済学とは、経済全体の活動、とりわけ国内全体の失業率、インフレー
ション率、経済成長率、また貿易収支のような集計された量の動きを研
究する。マクロ経済政策では、財政政策のように直接的な福祉政策とな
る政策もあれば、金融政策のように間接的に福祉政策や人々の福祉を支
える政策もある。ここでは、マクロ経済政策における2つの柱である金

融政策と財政政策の基本を解説する。

（2）金融政策

　金融とは、お金の余っている人々から足りない人々へお金を融通することである。金融制度の中心は中央銀行である。中央銀行は、金融機関を監督し、重要な金利を管理し、通貨量を調整する金融政策を実施している。日本の場合、日本銀行がこれに該当する。日本銀行は、金融政策によって物価を安定させ、経済の健全な発展をめざしている。

　金融政策は、通貨量を増やす金融緩和政策と、反対に通貨量を減らす金融引き締め政策に大別され、下記の3つの具体的な政策手段がある。

　第1に、公開市場操作である。これは、現在の中心的な金融政策の手法であり、日本銀行が民間金融機関と債権・国債などを売買することで通貨量を調整する。第2に、預金準備率操作である。これは、民間銀行は受け入れた預金の一部を準備金として日本銀行に預ける必要があるが、この割合（準備率）を変更することである。ただし、預金準備率操作は日本を含めた現在の先進国ではあまり用いられることがなくなっている。第3に、公定歩合操作である。これは、日本銀行が民間銀行に資金を貸し出す公定歩合とよばれる金利を変化させることである。なお、平成13（2001）年以降は公定歩合ではなく基準割引率及び基準貸付率と名称が変更され、その意義は薄れている。

　平成24（2012）年に発足した第二次安倍政権は、「アベノミクス」という経済政策を発表・実施した。その一つが「大胆な金融緩和」とよばれるものである。その特徴は、消費者物価指数の上昇率を＋2％にすることを目標として、より多くの通貨量を経済に供給することを意図したもので、従来の日本で実施された金融政策に比べてより積極的な金融緩和政策であった。

（3）財政政策

　財政とは、一般的に国や地方公共団体（地方自治体）が財やサービスを供給していく上で必要な財源を調達し、これを管理し、必要な費用を支出していく営みである。財政政策には、主要な目的として、以下の3つがある。

　第1に、公共サービスの資源配分である。これは、前述した市場の失敗が発生しがちな財やサービスにかかわる社会保障・教育・上下水道・道路・港湾・公園・警察・消防・防衛などの公共サービス、公共財[*58]を政

第2部
第6章

*58
公共財とは、税金を使って政府から供給され、不特定多数の人々が同時に利用できる財やサービスである。これは市場の民間企業から供給される私的財との対比で考えるとわかりやすいだろう。私的財には2つの特徴がある。第1に、排除性である。これは、お金を出した特定の人々しか利用できないことである。第2に、競合性である。これは、複数の人々が同時に利用できないことである。公共財は、これらが満たされない、つまり、非排除性と非競合性という2つの特徴をもっている。

〈図2−6−11〉一般会計歳出・歳入の構成　令和5（2023）年度一般会計予算

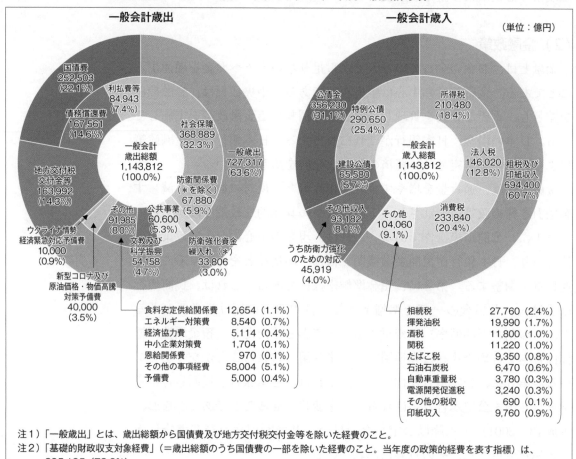

注1）「一般歳出」とは、歳出総額から国債費及び地方交付税交付金等を除いた経費のこと。
注2）「基礎的財政収支対象経費」（＝歳出総額のうち国債費の一部を除いた経費のこと。当年度の政策的経費を表す指標）は、895,195（78.3%）。
注3）数字は、四捨五入のために%の合計が100とならないこともある。

（出典）財務省ホームページ「財政に関する資料」をもとに一部改変

府を通じて供給することである。

　第2に、所得の再分配である。これは、次の「3 所得再分配政策」で詳しく学ぶが、所得税による徴収と福祉政策・社会保障の現金給付が中心となる。

　第3に、景気・経済の安定化である。これは、税収入と公共事業などの支出をコントロールすることである。具体的には、不景気になれば、減税や失業給付を通じて家計を支援しつつ、公共事業を通じて雇用を生み出し、総需要を拡大させて、景気の回復をめざす。反対に、景気が過熱していれば、増税と公共事業削減によって、景気を沈静化させる。

　現在の日本における財政政策の実態を理解するためには、国の中心的な政策を推進する経費に関する会計である一般会計予算が有益である。社会保障関係費とは、国の一般会計歳出において社会保障のために支出

される経費である。令和5（2023）年度の社会保障関係費は36兆8,889億円、一般会計歳出全体の32.3％であり、最大の割合を占めている（**図2－6－11**）。一般会計歳入においては、公債金とよばれる国と地方公共団体の借金、つまり、「公（おおやけ）」の債務が最大の割合（31.1％）を占めており、消費税、所得税と続く。なお、令和元（2019）年度の一般会計歳入では、所得税のほうが消費税よりも大きい割合を占めていた。だが、令和元（2019）年10月より、消費税の税率が10％に引き上げられたため、令和2（2020）年度の一般会計歳入から割合の順位が逆転し、令和5（2023）年度も消費税が所得税より主要な財源となっている。

3 所得再分配政策

（1）貢献原則と必要原則

　まず、所得再分配における再の意味を説明する。これは、市場の所得分配との対比で考えるとわかりやすいだろう。人々が市場において自身が供給する財やサービスの対価（見返り）として所得（お金）を得ていることを市場の所得分配という。例えば、会社員の場合、自分の労働サービスを会社に供給して（会社で働いて）、その対価として賃金や給料などの所得を稼得する。また、ビルを所有している人は、その空き店舗を他人に貸すこと（土地サービスと住宅サービスの供給）によって、対価である家賃を得る。さらに、株主（株式をもっている人）は、株式から配当という利益を得る。その株主が出資したお金を使って、株式会社は資本となる原材料や設備などを購入する。

　以上のような「労働」「土地」「資本」は生産要素とよばれる。人々が市場の所得分配の結果からどのくらいのお金を得るのかは、生産要素が生産に対してどのくらい貢献したのかに応じる。例えば、専門的なスキルをもっている労働者は企業における生産活動に大きく貢献するために高いお金が支払われる。このことを「貢献原則」とよぶ。

　仮に、「貢献原則」に基づく市場の所得分配だけしかない社会では、人々の間で大きな所得格差が生じ、全くお金を稼ぐことができない人の多くは餓死するだろう。だが、日本を含む多くの福祉国家は、市場の所得分配の結果を修正するため、人々に税金と社会保険料を課し、強制的にお金（所得）を集めて、必要に応じるべき世帯や個人に「再び」所得を分配している。このことを「必要原則」といい、所得再分配政策の給付面に関する基本的な理念である。

第2部

第6章

（2）垂直的所得再分配と水平的所得再分配

徴収と給付の両面から考えた場合、累進所得税を主要な財源とした「必要原則」に基づく福祉政策・社会保障の現金給付が所得再分配政策に該当する。例えば、生活保護の生活扶助が代表例である。この生活扶助のように、所得の高い人々から所得の低い人々への所得再分配を「垂直的所得再分配」という。

これに対して、同一の所得階層間での所得再分配を「水平的所得再分配」という。例えば、同じような所得階層に所属する人々で構成される医療保険において、健康な人が拠出した社会保険料を中心的な原資として病気の人への給付を行う再分配があげられる。

（3）消費税と所得再分配

徴収の観点からのみ所得再分配を考えた場合、一般的に消費税は逆進性があるため、低所得者に対して相対的に重い負担を課すとみなされる。これに対して、徴収と給付の両面を合わせて消費税と何らかの福祉政策・社会保障の組み合わせを考えると、低所得者は高所得者よりも福祉政策・社会保障の恩恵があるため、この場合も所得再分配がなされているという考え方もあるだろう。だが、現在の日本の福祉政策・社会保障において、特に生活保護は選別性が強く、また、生産年齢層向けの現金給付は充実しているとはいい難い。

令和元（2019）年の消費税引き上げと同時に軽減税率が導入された[59]が、その範囲設定の恣意性がおおいに批判された。さらに、その恩恵は軽減税率の対象となる購入品の絶対額が大きい高所得者のほうが高いため、軽減税率による所得再分配政策の効果も疑問視されている。そのため、消費税逆進性対策のための給付付き税額控除[60]を軽減税率の代わりに導入したほうが、所得再分配政策として望ましいという意見がある。

[59]
軽減税率とは、10％の消費税率を基本としながらも、アルコール・外食等を除く飲食料品や新聞などを8％とする、逆進性対策である。

[60]
給付付き税額控除とは、いくつかの条件を満たした上で、税金の軽減で対応できない低所得の人々に対して現金給付する仕組みである。

第
2
部

第
6
章

参考文献

- 岩田規久男・飯田泰之『ゼミナール 経済政策入門』日本経済新聞出版社、2006年
- 後　房雄「第15章 公共サービスと市民社会－準市場を中心に」坂本治也 編『市民社会論－理論と実証の最前線』法律文化社、2017年
- 河口洋行『医療の経済学 第3版』日本評論社、2015年
- 権丈善一『ちょっと気になる社会保障 V 3』勁草書房、2020年
- 駒村康平「第9章 疑似市場論－社会福祉基礎構造改革と介護保険に与えた影響」渋谷博史・平岡宏一 編『福祉の市場化をみる眼－資本主義メカニズムとの整合性』ミネルヴァ書房、2004年
- 坂井豊貴『ミクロ経済学入門の入門』岩波書店、2017年
- 塩澤修平・石橋孝次・玉田康成 編著『現代ミクロ経済学 中級コース』有斐閣、2006年
- 神野真敏・安岡匡也 編『歴史と理論で考える 日本の経済政策』中央経済社、2020年
- 椋野美智子・田中耕太郎『はじめての社会保障－福祉を学ぶ人へ 第20版』有斐閣、2023年
- 森信茂樹『日本の税制－何が問題か』岩波書店、2010年
- D. アセモグル・D. レイブソン・J. リスト、岩本康志 監訳、岩本千晴 訳『アセモグル／レイブソン／リスト マクロ経済学』東洋経済新報社、2019年
- D. アセモグル・D. レイブソン・J. リスト、岩本康志 監訳、岩本千晴 訳『アセモグル／レイブソン／リスト ミクロ経済学』東洋経済新報社、2020年
- J. E. スティグリッツ・C. E. ウォルシュ、藪下史郎・秋山太郎・蟻川靖浩・大阿久博・木立　力・宮田　亮・清野一治 訳『スティグリッツ 入門経済学 第4版』東洋経済新報社、2012年

第**7**章

福祉政策の国際比較

学習のねらい

　本章のねらいは、社会福祉の国際比較とはどのような営みなのかについて
理解を深めることにある。

　第1節では、「先進各国と比べて日本の社会福祉は進んでいるのか」といっ
た素朴な問いを解きほぐしながら、社会福祉の国際比較とはいかなる営みな
のかを概観する。第2節では、社会福祉の国際比較研究のお手本とされてき
たエスピン–アンデルセンの研究について解説する。第3節では、国際比較
から見た日本の社会福祉の特徴や課題を明らかにする。第4節では、国家間
における社会福祉の政策や制度に関する学び合い（政策学習と移転）とはい
かなる営みであり、どのようなむずかしさをはらんでいるのかを確認する。

第 1 節　社会福祉が進んでいるとは どういうことか

1　何を比較するのか

　海外の社会福祉制度や国際比較に関心をもつ学生は少なくない。しばしば投げかけられる質問としては、「先進各国と比べて日本の社会福祉は進んでいるのか遅れているのか」「海外、特に北欧諸国の社会福祉が進んでいるのはなぜなのか」「どうして日本は社会福祉が進んでいる国に学ばないのか」といったものがある。本章では、こうしたベーシックな問いを念頭に置きながら、社会福祉の国際比較にかかわる重要事項を整理していく。その準備として「社会福祉が進んでいる」とはどういうことかを考えてみたい。

　この問いに応じる上でまず問題となるのが、比較の対象となる「社会福祉」をどうとらえるかという、概念規定にかかわる問題である。社会福祉を「社会全体の幸福」という望ましい「状態」として広くとらえたとしよう。そのとき、社会福祉とは、経済的な豊かさ、民主主義の発展度、治安のよさ、男女の平等さ、平均寿命の長さといった事柄のいったいどれをさすのだろうか。これらを総合化させた生活水準の全体なのか。それとも、さまざまなことがうまく運んだ結果ともいえる経済的な豊かさ（GDP〔国内総生産〕やGNP〔国民総生産〕）を見れば十分なのだろうか。

　このような「状態」としてではなく、そうしたアウトプットに影響を及ぼす実在的な「制度」や「活動」として社会福祉をとらえたとしよう。そのとき、どのような範囲のいかなる制度や活動を取り上げれば、社会福祉を扱ったことになるのだろうか。わが国で「社会保障」としてくくられている社会保険制度、社会扶助制度、社会サービス制度のどれだろうか。それとも、そのすべてだろうか。住宅政策や教育政策は取り上げなくてもよいのだろうか。もっぱら福祉サービスだけを取り上げればよいのだろうか。また、社会福祉は国家（政府）だけが追求しているわけではないとすれば、家族、地域社会、ボランティア、非営利組織、営利企業などの活動を取り上げなくてよいのだろうか。さらに、税金の控除や減免といった財政上の取り組み（財政福祉）や、社員の福利厚生や待遇といった企業による取り組み（企業福祉）は無視してかまわないのか。

2 どのように比較するのか

　以上からは比較すべき「社会福祉」をどうとらえるかという問題のむずかしさの一端が確認できたはずである。次に問題となるのは、「進んでいる」ということの意味である。「進んでいる」とは、「充実している」「発展している」などと言い換え可能であろうが、社会福祉の充実や発展とは何をさしていて、それらをどうすれば明らかにできるのだろうか。活動・制度・体制の充実度や発展度を比較する場合、どういう基準やモノサシで測ればよいのだろうか。つまり、どのように比較するかが問われるのである。

　社会福祉の国際比較は、こうした「定義問題」や「測定問題」との格闘抜きにはなし得ない。しかし、今日の研究者はこれらの難問にゼロベースで挑んでいるわけではない。研究者は、それまで積み重ねられてきた研究とその動向を参照し、研究目的に合わせて調整しながら活用し、新たな知見をもたらそうとする。後になればなるほど、参照すべき研究が膨大になり、フォローが大変になるが、後発の研究はさまざまな利益を享受することもできる。例えば、誰もが認める有力な先発の研究があって、それをベースにした研究が大きな潮流を形成しているとき、その枠組みに依拠すれば、上述のような問いに煩わされずに研究を進めることができる。1990年代以降、社会福祉の国際比較研究においては、**エスピン-アンデルセン**（Esping-Andersen, G.）の議論が、そうした影響力のある研究として参照され続けてきた。

　古川孝順は、社会福祉の国際比較には、「(a) 国際的・国内的社会福祉の施策や援助方法の開発や評価など、実務的・実際的な目的をもって行われる国際比較」と「(b) 理論的な目的をもって行われる国際比較研究」とがあり得ると指摘している[1]。エスピン-アンデルセンの研究はもっぱら (b) を志向するものである。だが、後述するように、今日の国際比較研究は (a) のように、海外の動向をふまえて自国が直面する現代的な政策課題を解明し、政策的指針の提示に寄与しようとする段階にあるといえる。グローバル化した社会では、国家間の政策学習や政策移転という実際的課題への応答が、国際比較研究に期待されていくことになる。しかしながら政策の学習や移転には、さまざまな障壁が存在する。この点については本章第4節で解説する。

第2節 エスピン–アンデルセンの福祉レジーム論

1 3つの分類と、それぞれの特徴

　エスピン–アンデルセンの研究が影響力をもつようになったのは、その研究方法と研究結果の両方が広く受け入れられたからである。彼の研究方法の特色は、社会福祉の仕組みをもつ国（福祉国家）において、①給付のおかげで働けないときに暮らし続けられる度合い（労働力の脱商品化）、②給付の格差などと関連する社会のまとまりや分断の度合い（階層化）、③給付のおかげで女性が無償労働としての育児や介護などから解放される度合い（脱家族化）が、それぞれどうなっているかに着目することで、各国が社会の課題や変化（脱工業化やグローバル化など）にいかに対応してきたのかを明らかにし、その対応の仕方の違いによって各国をグルーピングしたことに見出せる。

　こうした研究方法を通じて、福祉国家が3つのタイプに分類されることが示された。それぞれは①「自由主義レジーム」、②「保守主義レジーム」、③「社会民主主義レジーム」と名付けられている。①は、国家は主に貧困者に対する制限的な福祉政策を実施する一方で、個々人が市場において福祉を追求することが徹底されている国々、②は、福祉の主たる担い手とされる家族と、職業上の地位とを維持するような福祉政策を実施している国々、そして③は、中間階級と労働者階級との連帯が進んでいて、国家は中間階級が満足できる高水準の福祉政策を実施している国々をさす[2]。

　こうした研究結果は広く参照され、エスピン–アンデルセンが扱わなかった国はどのタイプに分類されるかといったことや、ほかのタイプもあり得るのではないかといったことが研究上の論点とされてきた。3つのレジーム・タイプの概要を表2–7–1にまとめた。

　次に、エスピン–アンデルセンが、上述した社会福祉の定義問題と測定問題とをかかわらせた場合、いったいどのような「答え」を示したかを見ておきたい。

　第1に、社会福祉の定義問題については、国家による制度的福祉（社会的権利として承認された各種の社会福祉制度）だけではなく、市場による経済的福祉や家族による私的福祉を含んだ「全体」としてとらえ

BOOK 学びの参考図書

●厚生労働省『平成24年版 厚生労働白書－社会保障を考える』2012年、「第4章『福祉レジーム』から社会保障・福祉国家を考える」。

　エスピン–アンデルセンの3つのレジームの詳細が紹介されている。白書が特定の研究成果について、一つの章を割いて解説するのは異例のことであり、その重要性を示す一事例といえるだろう。厚生労働省ホームページからも閲覧できる。

〈表2-7-1〉　福祉レジーム論の概要

	福祉役割	3指標の程度	主な特徴	該当する国家
自由主義 レジーム	国家（周辺的） 市場（中心的） 家族（周辺的）	脱商品化（小） 階層化（大） 脱家族化（大）	残余的・選別的な国家福祉、市場・機会平等・個人責任の重視、二重構造的な階層化、育児の自己責任	アメリカ カナダ オーストラリア
保守主義 レジーム	国家（補完的） 市場（周辺的） 家族（中心的）	脱商品化（大） 階層化（大） 脱家族化（小）	職業的地位の格差を維持する国家福祉（稼得者のみ脱商品化が進展）、伝統的家族制度の維持、補完性原理	ドイツ フランス イタリア
社会民主主義 レジーム	国家（中心的） 市場（周辺的） 家族（周辺的）	脱商品化（大） 階層化（小） 脱家族化（大）	高水準の平等を志向する普遍主義的な国家福祉、市場と伝統的家族からの解放、個人の自律の最大化	スウェーデン デンマーク ノルウェー

（出典）Esping-Andersen, G.（1990）*The Three World of Welfare Capitalism*, Polity Press.（G. エスピン-アンデルセン、岡沢憲芙・宮本太郎 監訳『福祉資本主義の三つの世界―比較福祉国家の理論と動態』ミネルヴァ書房、2001年、29～31頁）、及びEsping-Andersen, G.（1999）*Social Foundations of Postindustrial Economies*, Oxford University Press.（G. エスピン-アンデルセン、渡辺雅男・渡辺景子 訳『ポスト工業経済の社会的基礎―市場・福祉国家・家族の政治経済学』桜井書店、2000年、64頁）をもとに筆者作成

る、という「答え」を示したといえる。福祉の生産と供給における国家（中央政府や地方政府）以外の領域や部門に注目し、それぞれの関係や役割を「全体」としてとらえようとする福祉ミックスの視点は、国家福祉中心の見方では社会福祉の現実を説明しにくくなったことを意味している。

　そうした「全体」を言い表す上で、エスピン-アンデルセンは「福祉レジーム」という概念を用いている。福祉レジームとは、「国家・市場・家族」の間で「福祉の生産と配分」が相互的になされる仕方であると定義されている[3]。福祉レジームは、各国において国家の制度的福祉がどのような形態をとるかは、市場の経済的福祉や家族の私的福祉がどのような形態をとるかと連動している、ということに目を向けさせる概念であるともいえる。

　第2に、社会福祉の測定問題については、上述の①「労働力の脱商品化」、②「階層化」、③「脱家族化」の程度を測定する、という「答え」を示したといえるだろう。『平成24年版厚生労働白書』は、それぞれを「①個人又は家族が（労働）市場参加の有無にかかわらず社会的に認められた一定水準の生活を維持することがどれだけできるか、②職種や社会的階層に応じて給付やサービスの差がどれだけあるか、③家族による福祉の負担がどれだけ軽減されているか（家族支援がどの程度充実しているか）」と平易にまとめている[4]。

　脱商品化の度合いが大きく、階層化の度合いが低く、脱家族化の度合いが大きいことをもって、その国の社会福祉は「進んでいる」とする向

きがある。だが、エスピン–アンデルセンの議論は、そうした特徴をもつ「社会民主主義レジーム」に分類される北欧諸国の社会福祉が「進んでいる」ことを示そうとしたのではなく、上記①②③の度合いから福祉国家の差異や多様性（脱工業化やグローバル化への対応の仕方の違い）を明らかにしようとしたのである。

　重要なことは、そうした度合いが、福祉国家の基本構造から導かれたモノサシ（指標）によって測られている、という点である。福祉国家の基本構造とは、社会的シチズンシップ（社会権）の理念に基づいて「不平等な構造に介入しこれを是正しうるメカニズム」であるとともに、「社会関係を形づくる能動的な力」を発揮して階層化をもたらす制度・体制でもある、という点に見出すことができる[5]。つまり福祉国家は、社会的シチズンシップの実現をめざしつつ、労働力の商品化のされ方、社会のまとまり方、家族の営まれ方について、その形態や程度に影響を及ぼすような構造を備えている、ということである。そうした基本構造を有しているという点で共通しているがゆえに各国は比較可能であり、差異と多様性を見出すことができるのである。

2 課題と有効性

　エスピン–アンデルセンの研究は有力な比較福祉国家論として一時代を築いたが、多くの問題点も指摘されてきた。埋橋孝文はそうした問題点として、①「男性稼得者モデル」を前提とした脱商品化指標にジェンダー・バイアスが見られること、②日本や南欧など3類型に「座りの悪い」国が存在すること、③類型論において時間軸が軽視されていること、④比較対象が所得保障制度に偏っていること、の4つをあげている[6]。

　エスピン–アンデルセン本人は、①の問題点を重く受け止め、男性稼得者への女性の依存を増減させる福祉国家の効果をとらえるために「家族主義」「脱家族化」という視点を導入した。さらにその後は、女性の地位や役割の「革命的」変化に関する研究を手がけた。また、エスピン–アンデルセンは、②の批判に応じる形で、3つのレジームにうまく当てはまらない日本や南欧諸国を、各レジームの中間形態（変種）として位置付けたが、そのことに関しても類型論として問題があるとの批判がなされた[7]。

　では、エスピン–アンデルセンの研究、特にその類型論は有効性を失ってしまったのだろうか。福祉レジーム論の批判・再検証・拡張を試

みた後続の研究について包括的レビューを行ったアーツ（Arts, A.）と
ゲリッセン（Gelissen, J.）は、エスピン-アンデルセンの類型論は、い
くつかの技術的な問題をはらむものの、福祉国家のモデルとして信頼に
足るものであると結論付けている[8]。また、福祉資本主義の比較研究にお
ける類型論の意義を再検討したケルスベルゲン（Kersbergen, V. K.）
は、「三つの世界」論を批判する者の多くが、現実の複雑さを縮減しよ
うとする類型論の役割をきちんと理解していないため、適切な批判に
なっていないと指摘している[9]。これらの分析は、エスピン-アンデルセ
ンの類型論が今日においても有効性を失ったわけではないことを示唆し
ている。

第2部
第7章

第3節 国際比較から見た日本の社会福祉

1 比較福祉国家研究と日本

　エスピン－アンデルセンの福祉レジーム論によって活発化した比較福祉国家研究は、日本の社会福祉をどのように描き出してきたのだろうか。この点について理解を深めるために、本節では比較福祉国家研究の第一人者である埋橋孝文の議論を紹介する。[*1]

　これまで日本の研究者や政策担当者は、「先発」の福祉国家であるイギリスやドイツ、そしてアメリカの経験と研究からさまざまなことを学習してきた。近年では、隣国の韓国や中国など自国と同様に「後発」の福祉国家と目される東アジア諸国の動向に関心が向けられている。こうした海外に目を向ける日本人研究者の議論は、各国事情の紹介であれ、精緻な分析軸に依拠した国家間（二国間や多国間）の比較研究であれ、自国における社会福祉のあり方に何らかの示唆を得ることを動機や目的としていることが一般的である。国際比較研究の意義は、そのような示唆が得られるかどうかに集約されるわけではないが、今日ではより積極的に国際比較研究を自国の政策論議にいかそうとする機運が高まっている。このことは上述の『厚生労働白書』にも見て取れる。埋橋は、日本の比較福祉国家研究について反省と展望を示す中で、そのような機運の高まりを受けた議論を展開している。

　埋橋は、比較福祉国家研究の変化を、次のような「段階」としてとらえている。それは、①特定先進国の制度・事例の移植・導入の段階、②多国間比較や類型論を鏡にして自国の特徴や位置付けを明らかにする自省の段階、③今後の進路に関する政策論の展開に寄与する段階、といったものである。埋橋は、現在の研究状況はこの「３段階め」にあるとして、「今後の国際比較研究は、豊富な海外の事例、動向やその長所、短所を認識しながら、また、国際比較という鏡に映る自国の姿を見ながら、今後の進路に関する政策論議に貢献するという役割をこれまで以上に期待されることであろう」との展望を示している。[10]ただし、この展望が意味しているのは、海外から政策を学習したり移転したりする試みが役割を終えたということではない。むしろ、より周到な形で政策学習や政策移転を行うために、国際比較の知見が欠かせなくなっている、とい

＊1
本節は、圷　洋一『福祉国家』（法律文化社、2012年）の第3章第3節に加筆し再構成したものである。

うことである。

　以上のような展望のもとで埋橋は、国際比較という「鏡」に照らして日本の「姿」を明らかにした上で、今後の政策的な選択としては、セーフティネットの再編という方向性が浮上すると結論付けている。以下、埋橋の議論のポイントを整理する。

　埋橋は、セーフティネットの国際比較を通して、「安全ストッパーのない滑り台社会」ともいうべき日本の姿を実証的に明らかにしている。具体的にいえば、それは「第2層の社会保険と第3層の社会扶助の間にあって生活保障機能を担う各種社会手当」が欠けていることを意味する。[*2]

　上述のような日本の状況をふまえ、埋橋は「第2層」と「第3層」の間の広過ぎる隙間を埋め、「正規職労働者と生活保護受給者の『狭間（はざま）』に多数存在するワーキングプア」に代表される低所得者層の生活保障に資するために、社会手当（医療扶助、家賃補助、失業扶助など）、社会サービス（医療、介護、保育、住宅、職業紹介・職業訓練、相談など）、そして「給付付き税額控除」から成る新たなセーフティネットの導入を提案する。[11)]

　こうした提案は、国際比較から見た日本の社会福祉の姿に関する次のような分析を背景としている。埋橋は、日本の福祉国家（日本モデル）を、2つの観点から性格付けている。[12)] 一つは、エスピン-アンデルセンの分析枠組みに依拠した性格付けであり、①「リベラルタイプの要素を多分にもつ保守主義タイプ」という性格である。もう一つは、その枠組みから「はみ出す」部分に着目した性格付けであり、②「ワークフェア体制としての日本モデル」という性格である。それぞれの性格をまとめてみたい。

　①は、企業と家族による生活保障が主であって、政府の福祉政策は総じて小規模で残余的であるような性格のことをいう。それは、南欧モデル（イタリア、ギリシャ、スペイン、ポルトガル）の性格の一つと酷似しているという。すなわち、「制度化された」労働市場内の中核労働者への手厚い保護とそれ以外の労働者への不十分な保護という性格である。[13)] その他の共通点としては、低水準の家族手当と児童ケア、社会保険中心主義と低規模の公的扶助、給付期間の短い失業保険、家族・ジェンダー・人口構造の急変（出生率低下、女性労働力率の急上昇）があげられている。つまり「基礎的セーフティネット」（公的扶助と失業保険）の脆弱（ぜいじゃく）さが、日本と南欧の顕著な共通点であるということである。

　②の「ワークフェア体制としての日本モデル」は、1990年代以降の

＊2
埋橋の著書は、そうした「第2層」と「第3層」の間を埋めることをねらいとした生活困窮者自立支援法の導入前夜に出版されたが、同法成立後の現在でも、その分析と提案の有効性は失われてはいないと思われる。

第2部

第7章

アメリカやイギリスで展開された「福祉から就労へ」タイプの体制ではなく、スウェーデンのような「就労に伴う福祉」タイプと、後発資本主義国や途上国に見出される「はじめに就労ありき」タイプの両方の性格をもった社会経済体制であるとされる[14]。埋橋は、この②の性格がどう変化し、そこからいかなる政策課題を得られるかを検討し、90年代に②の独自性（経済成長が支えた低失業・低保障）が失われた結果、日本では「選別主義の拡充」が急務となっていると指摘している。

2 わが国の取り組み課題

＊3
人口構造が若く豊富な若年労働力が存在し、家族内部での扶養やケアが期待できること。

このように1990年代以降の日本では、「後発性利益」[＊3]を喪失する中で、脱工業社会への転換と経済のグローバル化に伴って失業や貧困が深刻化し、その対策が急がれるようになった。そこで埋橋は、こうした事態にいち早く直面した先発福祉国家の動向に目を転じ、90年代以降の欧米諸国を席巻してきた「ワークフェア」政策の展開を検討する。

このワークフェアとは、働くことを通じた福祉や、働くための福祉を意味する造語であるが、埋橋は「何らかの方法を通して各種社会保障・福祉給付（失業給付や公的扶助、あるいは障害給付、老齢給付、ひとり親手当など）を受ける人々の労働・社会参加を促進しようとする一連の政策」と広く定義している[15]。

＊4
生活保障の行き届いた就労支援。

しかしながらワークフェア政策は、北欧の「アクティベーション」[＊4]に近いソフトな形態にしても、英米に見られるハードな形態（求職活動等を所得保障給付の受給条件とする政策）にしても、福祉から労働へと問題を「投げ返す」ものであるという点では根本的な課題を抱えているという。そもそもワークフェアは、投げ返される側の雇用情勢の悪化を背景に要請されたのであって、「投げ返す」だけでは問題が解決するわけではない、ということである。

それゆえ近年における議論の焦点は、投げ返した後のフォローのあり方や、就労そのものの位置付けにシフトしているという。埋橋によれば、前者の代表が「メイキング・ワーク・ペイ政策」であり、後者の典型がILO（国際労働機関〔International Labour Organization〕）の「ディーセントワーク論」であって、両者の間にワークフェアをめぐる「基本的な対立軸」があるとされる。その対立軸は、ひと言でいえば労働を「ブラックボックス化」するかどうか、つまり労働の性質・内容、労働環境を配慮するかどうかにあるという[16]。

　このメイキング・ワーク・ペイ政策とは、ワーキングプア（働く貧困者、ワークフェアによって働き出した人々を含む）に対し、その仕事が「報われる（ペイする）ようにする」ための取り組みのことをいう。具体的には「給付付き税額控除」のような形で、税制や助成金によって賃金を補うことで、労働インセンティブを高め「貧困の罠」に陥らないようにする政策をさす。だがそれはあくまで、ワーキングプアを容認ないし温存した上での事後的な所得保障となっていることに、埋橋は注意を促している。

　また、ILOが提唱する**ディーセントワーク**論は、労働の中身自体に配慮した「事前的労働規制」ないし「選択的な再規制」をめざす議論であり、具体的には、社会保険の適用範囲を広げたり最低賃金を設定したりすることで、ワーキングプアの発生を未然に防ごうとする議論であるとされる。

　メイキング・ワーク・ペイ政策もディーセントワーク論も、低賃金労働が貧困の要因となっている日本ではともに有益な知見であるといえる。

　埋橋は、短時間労働者が社会保険に包摂されておらず、労働能力のある者に生活保護が適用されにくく、保護人員は国際的に見て著しく低く、ワーキングプア層への所得保障措置がとられていない、といった日本の現状をふまえれば、多くの課題があるにせよ「給付付き税額控除制度」の導入が「今後に向けた選択肢の1つ」であるとして自著を締めくくっている。

　海外の動向をふまえて日本が直面する現代的な政策課題の解明を試みた埋橋の議論は、「今後の進路に関する政策論の展開に寄与する段階」における国際比較研究の見本ともいうべき実質を備えている。しかし埋橋の著書の刊行から10年近くたった現在でも、ワーキングプアの発生予防どころか、その仕事は「報われる」ようにはなっておらず、新型コロナウイルスの影響も重なり改善のめどすら立たない状況にある。このような硬直化した福祉政策の現状は、冒頭に記した「どうして日本は社会福祉が進んでいる国に学ばないのか」という学生の質問をあらためて想起させる。海外の政策や好事例に学ぶことは、どうしてこれほどむずかしいのだろうか。次にこの点について考察してみたい。

第2部

第7章

第4節 国家間における社会福祉の学習と移転

1 国際的な政策の学習と移転の類型

　ある国が外国の政策や制度を学んだりまねたりすることは、社会福祉の歴史の中で頻繁に見かける光景である。ドイツで最初に導入された社会保険がイギリスを皮切りに先進各国に広まっていったことや、ILOが労働基準や社会保険などの国際的な伝播を促進してきたことはよく知られている。イギリスの「ベヴァリッジ報告」が各国の社会保障制度づくりに大きな影響を与えたことも周知のとおりである。20世紀の後半に年金改革、介護保障、就労支援に関する政策の学習と移転が活発化したことは記憶に新しい。そもそも戦後における各国の福祉国家化も、その新自由主義的な再編も、理念と政策に関する国際的な学習と移転の産物であったといっても過言ではない。

　グローバル化が進む中で、社会福祉に関する国際的な政策学習と政策移転への関心がいっそう高まっている。そうした関心の高まりは、各国政府が直面する福祉課題の類似性や共通性を背景としている。少子高齢化の進展や貧困・格差・排除の深刻化は、先進各国の共通課題である。それゆえ課題を共有し、好事例に学ぼうとする態度に不自然なところはない。

　だが、ヨーク大学のハドソン（Hudson, J.）によれば、国家間における政策の学習と移転は、私たちが考えている以上に複雑で困難な事柄であるという[17]。以下、ハドソンの論考にそって政策の学習と移転とはどのような営みであるかについて解説する。

　ハドソンは、政策の学習と移転はさまざまな形態をとるが、いくつかの類型を導き出すことができると指摘する[17]。その第1は、政策移転の類型であり、「自発的」なものと「強制的」なものがあるという。政策移転が自発的になされることは当然に思えるが、強制的な移転とは何かは想像しにくい。ハドソンによれば、強制的政策移転とは、外国政府や国際機関（IMF〔国際通貨基金〕や世界銀行など）から財政支援を受けることと引き換えに、政策の修正が求められる場合に生じる移転であるとされる。

　第2は、政策学習の類型であり、「臨時的な（ad hoc）」アプローチと

「制度化された（institutionalised）」アプローチに分けられる[18]。臨時的アプローチとは、特定の目的のために国家間の代表や担当者が政策アイディアを共有する場合になされる政策学習をいう。そして後者の制度的アプローチとは、官僚主導による国家間の協力関係を常態化させる仕組みのもとでなされる政策学習をいう。ハドソンは、前者の例として「第三の道」（新自由主義でも従来の社会民主主義でもない新しい社会民主主義）に関する当時のイギリス首相ブレアと当時のアメリカ大統領クリントンとの学び合いをあげている。また後者の例としては、欧州連合（EU）における開放型政策協調手法（OMC：the Open Method of Coordination。EU加盟国間で好事例等の学び合いを促進するための手法）、ならびに、加盟国同士の経済・社会政策に関する協働や課題共有を促進している経済開発機構（OECD）をあげている。

2 移転の複雑さを乗り越える

このようにして展開されている政策の学習と移転は、一見すると政策課題に対する解決策としてお手軽なものに見える。だが実際には多くの障壁が存在し、うまくいかないケースが大半であるという。では、どのような障壁が政策の学習と移転を妨げているのであろうか。ハドソンはいくつかの障壁をあげている[17]。

その一つは、言語の壁である。これは他愛のない障壁であり簡単に克服できそうに見える。だが実際には、言語の壁が低い国ばかりがリサーチの対象に選ばれがちである。例えば、イギリスの政策担当者がまず参照するのは、オーストラリア、カナダ、アメリカといった英語圏の国であるという。

もう一つの障壁は、政策そのものの複雑さである。そうした複雑さのせいで、ある国の経験から引き出した教訓の真価について確信がもちにくいとされる。なぜなら、成功事例とされているある国の政策は、多様な要素から成り立っており、そのどれが成功の要因かも、なぜうまくいったのかも判然としないからであり、またその成功が何か重要な事柄を犠牲にしたものかもしれないからであるという。

そのほかにも、政策の修正を妨げる政府部内でのいざこざといった短期的な要因や、相手国と自国との間にある制度の性質や政治・経済・文化などの背景の違いといった長期的な要因も、政策移転の障壁となるとされる。

　こうした多くの障壁の存在に目を向けると、政策移転はほとんど不可能であるかのように思えてくる。だがそのように見えるのは、単体として切り分けられた政策を移転するという、純粋な政策移転を想定しているからなのである[17]。実際の政策移転は非常に微妙な形で行われるのであって、その「度合い」も「対象」も実にさまざまである。例えば、政策の完全なコピーもあれば、おおまかなアイディアの模倣もあり、また、いくつかの政策の一部だけをコピーして組み合わせることや、着想だけをまねてもとの政策とは全く違った政策が形づくられることもある。移転の対象についても、政策の内容・手段・手順や法制度ばかりでなく、イデオロギー、考え方、態度、政策目標など、多岐に及んでいる。

　またハドソンは、実際の政策移転では、政策の単純な模倣ではなく、担当者におけるコンセプトの組み立てにかかわるような複雑な学習がなされていることを強調する[17]。政策学習とは、文字どおり「学習」なのであって、政策担当者の思考の組み替えにまで至るような長期にわたるプロセスとして理解される場合にこそ、政策が良好な結果をもたらすのである[17]。

　以上のハドソンによる政策の学習と移転に関する議論をふまえると、冒頭にあげた「どうして日本は社会福祉が進んでいる国に学ばないのか」という質問にはどう応答できるだろうか。例えばそれは、日本の福祉政策においても、海外からさまざまなアイディアや制度が取り入れられているにせよ、その学習や移転はパッケージ化された政策を丸ごと輸入してくるような単純なものではないため、非常に見えにくいものとなっている、というものとなろう。いずれにせよ、これからの国際比較研究には、政策担当者をはじめとする関係者のディープラーニングを促し、より創造的な政策アイディアの開花をもたらすことが求められているといえるだろう。

引用文献

1）古川孝順『社会福祉学の方法－アイデンティティの探求』有斐閣、2004年、119～121頁

2）Esping-Andersen, G.（1990）*The Three World of Welfare Capitalism*, Polity Press.（G. エスピン－アンデルセン、岡沢憲芙・宮本太郎 監訳『福祉資本主義の三つの世界－比較福祉国家の理論と動態』ミネルヴァ書房、2001年、29～31頁）

3）Esping-Andersen, G.（1999）*Social Foundations of Postindustrial Economies*, Oxford University Press.（G. エスピン－アンデルセン、渡辺雅男・渡辺景子 訳『ポスト工業経済の社会的基礎－市場・福祉国家・家族の政治経済学』桜井書店、2000年、25頁、64頁）

4）厚生労働省『平成24年版 厚生労働白書』2012年、79頁

5）Esping-Andersen, G.（1990）*The Three World of Welfare Capitalism*, Polity Press.（G. エスピン－アンデルセン、岡沢憲芙・宮本太郎 監訳『福祉資本主義の三つの世界－比較福祉国家の理論と動態』ミネルヴァ書房、2001年、25頁）

6）埋橋孝文『福祉政策の国際動向と日本の選択－ポスト「三つの世界」論』法律文化社、2011年、5～8頁

7）新川敏光「福祉国家の諸類型」埋橋孝文 編著『社会福祉の国際比較』放送大学教育振興会、2015年、103～120頁

8）Arts, A., Gelissen, J.（2010）'Models of the Welfare State' in Castles et al., ch. 39., p. 581.

9）Kersbergen, V. K.（2019）*'What are welfare state typologies and how are they useful, if at all?'*, in Greve, B. ed., ch. 11., p. 120.

10）埋橋孝文、前掲書、19頁

11）埋橋孝文、前掲書、144～147頁

12）埋橋孝文、前掲書、24頁

13）埋橋孝文、前掲書、39頁

14）埋橋孝文、前掲書、26～28頁

15）埋橋孝文、前掲書、108頁

16）埋橋孝文、前掲書、113頁

17）Hudson, J.（2016）'Policy learning and transfer', in Alcock, et. al., eds., pp. 463-466.

18）Hudson, J.、前掲書、p. 463.

参考文献

● 圷　洋一『福祉国家』法律文化社、2012年

● 埋橋孝文『現代福祉国家の国際比較－日本モデルの位置づけと展望』日本評論社、1997年

● 埋橋孝文 編著『社会福祉の国際比較』放送大学教育振興会、2015年

● 新川敏光・井戸正伸・宮本太郎・眞柄秀子『比較政治経済学』有斐閣、2004年

● 新川敏光『日本型福祉レジームの発展と変容』ミネルヴァ書房、2005年

● Alcock, P., Haux, T., May, M., Wright, S.（eds.）（2016）*The Student's Companion to Social Policy, 5th ed*, Oxford: Blackwell.

● Castles, F. G., Leibfried, S., Lewis, J., Obinger, H. and Pierson, C.（eds.）（2010）*The Oxford Handbook of the Welfare State*, Oxford University Press.

● Esping-Andersen, G.（2009）*The Incomplete Revolution: Adapting to Women's New Role*, Cambridge, Polity Press.（G. エスピン－アンデルセン、大沢真理 監訳『平等と効率の福祉革命－新しい女性の役割』岩波書店、2011年）

● Greve, B. ed.（2018）*'Routledge Handbook of Welfare State', 2nd ed*, London, New York, Routledge.

第**1**章
日本の社会福祉の
歴史的展開

学習のねらい

　今日のわが国の社会福祉の特徴は何か。これから少子高齢化の中でどのように進展していくのが望ましいのか。こうした問いかけには、社会福祉の法制度や国民生活の実態をあげて考えることができるが、より効果的な方法の一つは、歴史の視点から解き明かすことである。
　社会福祉の歴史の学習で重要なのは、「何年に何が起きた」という知識を暗記することではない。法制度や理念がつくられる契機や要因をつかんで、社会福祉の歴史的展開過程を把握することが大切なのである。このような視点から学びを深めてほしい。

第1節　社会福祉の歴史を学ぶ視点

　社会福祉は、さまざまな歴史の重層の上に成り立っている。今日の社会福祉は、これまでの日本の社会の所産であり、歴史を学ぶことで、現在の私たちが立っているフィールドが、どのような過程でつくられ、どんな構造になっているのかを理解して、説明する力を身に付けることができる。

　学問としての社会福祉の歴史は、経済史や法制史などの他の領域の学問と同様に歴史学の一領域であるとともに、社会福祉学を構成する重要な分野である。日本の社会福祉の歴史では、日本史を土台にして社会経済の発展を背景に形成される政策史、実践史、思想史、発達史といったカテゴリーで研究が蓄積されてきた。

　例えば、人物に焦点を当てた実践史では、それぞれの時代に生きた人物が、どういった状況の中で何を考えて社会福祉実践に踏み込んだのか、そして、その人物の置かれた状況や判断などを明らかにし、法制度が不備な時代に、先人が困難を突破した教訓が導き出されている。その中には、留岡幸助や石井十次、小野太三郎、石井亮一をはじめ多くの人々が登場する。関係者の著書や証言、記録、社会福祉法人や社会福祉施設の年史なども、社会福祉の歴史では大切な史料である。学びの中ではこれらにも関心を払いたい。

　社会福祉の思想史は、その時代の人々の生活状況や行動、貧困観、制度の考え方などを明らかにする。本書第3部第2章で学ぶように、イギリスにおける1834年の新救貧法（改正救貧法）では、救貧法の対象となる人々の生活水準は「救済を受けていないワーキングプアの生活水準を下回る水準でなければならない」という劣等処遇の原則を打ち出した。この考え方は、今日の日本でも、いわゆる生活保護バッシングの中で増幅され、そこには制度の誤解とともに日本社会の未熟さがうかがえる。

　わが国の障害者福祉施策は、昭和24（1949）年の身体障害者福祉法、昭和35（1960）年の精神薄弱者福祉法（現 知的障害者福祉法）で開始され、とりわけ昭和45（1970）年の社会福祉施設緊急整備5か年計画により、コロニーとよばれる知的障害者の大規模入所施設が全国各地に建設されることとなった。当時の関係者の優先課題は、より多くの入所施設の確保に置かれていたのである。しかし、昭和56（1981）年の国

連国際障害者年をきっかけにノーマライゼーションの理念が日本に紹介されると、社会福祉の目的はノーマライゼーションの実現にあるという意識が関係者の中で徐々に醸成され、やがて施設利用者の地域移行、地域における自立支援の方策が模索されるようになった。さらに社会福祉の理念は、平成に入って、ソーシャルインクルージョン、地域共生社会の実現に発展していくことになる。

　このように、歴史を学ぶことは今日の社会福祉の特質を読み解くことにつながるのである。

　本章では、日本の社会福祉の歴史を、①前近代社会、②近代社会、③現代社会と、④主に平成以降の今日、という時代区分を設けて、制度の発達史の観点で記述をしている。日本史の基礎知識を土台にして、社会福祉の歴史を学んでいこう。

第2節 前近代社会と福祉制度の起源

1 慈善事業の時代

慈善事業とは、その字のとおり貧困者を慈しみ施すもので、その動機はさまざまである。施しをする者にとっては、宗教的動機や自らの魂の救済であったり、憐憫の情や義俠心の発露である。だが、提供する者と施しを受ける者は上下の関係にある。援助も組織的な活動よりは、個人的なものである。慈善事業、救済事業と社会事業の違いを峻別するポイントの一つは、貧困とその原因をどのように認識するかである。すなわち、貧困をもっぱら個人の怠惰の結果、宿命と見るのか、それとも貧困には何らかの社会的な要因があると見るのかの違いである。慈善事業は、施しを受ける者がなぜ貧困な状態になったのか、積極的にその原因を除去したり、まして予防するといった視点はもたない。こうした考え方が形成されるのは、近代に入って登場する感化救済事業以降である。

わが国では、古代より今日まで多くの慈善事業の記録がある。1400年もさかのぼる飛鳥期に厩戸王（聖徳太子）が開いた「四箇院」[*1]、その後の光明皇后の施薬院・悲田院、鎌倉期の鎌倉仏教の慈善事業などもよく知られ、各地では慈善事業が展開される。特に、皇室による施設は、収容して医療や薬を施す、わが国の歴史上で最初の収容保護施設であり、実質的には皇室の慈善事業が国家の事業となっていたのである。

慈善事業は、封建制社会には有力な領主が取り組み、仏教の浸透とともに活発化し、江戸時代に入ると豪商など富める者の中にも広がっていった。

2 古代国家における律令・戸令

今日では多くの福祉サービスが、社会福祉関係法により提供されている。福祉制度とは、この社会福祉関係法とサービス供給に関する組織や活動の総称である。では、わが国の福祉制度はいつごろ、どのように登場するのだろうか。

その起源の一つは、701（大宝元）年の大宝律令[*2]という日本古代国家の法律の中の、戸令とよばれるものにある。大宝律令は、わが国で最初の刑罰と教令を定めたもので、国家組織の機構、賦役や税などの人民

*1
厩戸王は、593（推古天皇元）年に大坂（大阪）に四天王寺を建立。四天王寺に、敬田院（きょうでんいん）、施薬院（せやくいん）、療病院（りょうびょういん）及び悲田院（ひでんいん）から成る四箇院を設置して、窮民、病人の救済にあたったとされる。厩戸王は日本の仏教社会福祉の出発点に立つ。

*2
当時の中国・唐の憲法ともいうべき唐律を参考にしてつくられる。制定後に遣唐使を派遣するなど、唐、そして朝鮮半島の新羅（しらぎ／しんら）に対して、日本の統治システムの独自性、優位性を明示するために制定されたと考えられる。救済制度の規定は、今日の公的扶助制度の端緒形態と見ることができる。

の義務について規定している。

　戸令は、60歳以上で妻のない者、50歳以上で夫のない者、15歳以下で父のない者などについては近親者が扶養すべきで、近親者がいない場合にはその在住する村里が保護するとしている。また、戸令では行旅者が病気になった場合には、その地方の責任者である郡司が村里に命じて治療すべきとしている。さらに、自然災害による凶作に備えて、食糧を備蓄する義倉といわれる備荒儲蓄の制度も設けている。

　これらの戸令がどの程度当時の社会に普及して、実効があったかは定かではない。その後の武家社会の動乱の中で律令は機能停止に陥っていく。とはいえ、1,300年以上も前にわが国で福祉制度の萌芽が生まれていることは、注目されなければならない。

３　封建社会における隣保相扶の強調

　戦乱の戦国時代を経て江戸時代に入って社会が安定すると、江戸や大坂（大阪）には人口が集中する。経済活動の活発化と繁栄の半面で、不安定な仕事や環境の悪い住生活を余儀なくされる都市雑業層、細民とよばれる貧困層が形成されるようになる。長い武家社会の中で、かつての戸令は効力を失ってしまうが、これに代わって幕府により江戸の市中では施設整備が奨励され、御救小屋、御救金、御救米、溜預の制度、そして町会所[*3]といった住民組織、五人組制度などが整備された。御救小屋は大火などで窮民が出現した際に収容する施設で、御救金は低利で生活資金を融通する事業、御救米は今日の生業扶助に近いものである。溜預は、獄中で重病になった者や住所の定まらない行旅病人の救療や、軽犯罪者、出獄者などの一時保護のためにつくられた入所施設で、江戸では浅草、品川に設置され、その後は入所者を貧窮者一般に広げていく。

　町会所、五人組制度は隣保相扶の強調による相互扶助組織として奨励され、儒教思想[*4]の普及とともに生活困窮者の救済にあたる福祉制度は、戸令とは異なって、より地域における相互扶助の仕組みを打ち出していたのが特徴である。

　武家政治により比較的長く安定した時代は、生産力も徐々に発展して経済的剰余が生まれ、江戸や大坂への人口の集中が進んだ。商品を売買する問屋や地主に蓄積された貨幣は、酒造や織物業に投下され、問屋制家内工業のもとで新しい雇用を生み出したが、他方では生活困窮者も現れるようになった。だが、律令国家の戸令は効力をなくし、公的扶助の

*3
町役人や住民の自治組織による生活困窮者の救済機関で、大坂（大阪）などの都市部で設立された。江戸では、七分積み金とよばれる基金がつくられ、困窮者の救済や仕事を始めるための生業資金の貸し付けに活用された。災害に備えた大宝律令の義倉制度を発展させたものと考えられる。

*4
中国の孔子の『論語』を起源とする思想。身分制、秩序を重視し、人は仁・義・礼・智・信の徳性により親子、君臣、夫婦、長幼、朋友の五倫の関係維持が大切とする。わが国では5世紀に伝来して、江戸時代には「勧善懲悪」などの言葉とともに影響力を強めた。

骨格となる法律は整備されなかった。これらの不備に対して都市部では、御救小屋や住民組織などの隣保相扶が補完したとみることができる。

特に、この時代にあって慈善事業の背景には儒教の思想が広がり、さまざまな社会観が形成されていく。孔子の『論語』では「仁愛」が説かれ、家族や身内による自助が強調される。陽明学では貧窮者との一体感が経世思想となり、さらに慈善活動の原理となっていく。近世儒教の時代には、貝原益軒、山鹿素行、荻生徂徠などが日本的な経世思想を打ち立てていく。そして、幕藩体制の終盤では国学や政体、国防に関する政治思想も現れ、洋学が紹介されて百花繚乱の様相を呈することになる。

また江戸時代には、大規模災害が発生したことが記録されている。特に地震や津波に加えて冷害による農作物の不作は飢饉を引き起こして、多くの犠牲者を出している。その中でも1783（天明3）年から始まる天明大飢饉は、社会福祉史研究の大家である吉田久一によれば「飢饉前の全国人口2,601万余人が、飢饉後間もなくの1792（寛政4）年には2,489万人余りに減じている」とし、これらの大規模災害に対する幕府の策は無力で、かえって天明大飢饉を契機にした「一揆の激化は、封建制の危機を招いた」と分析している。

さらに、天保年間に入っても凶作が発生して、追い打ちをかける。1832（天保3）年には米の生産量が激減し、かつてない百姓一揆、打ちこわしが多発する。こうして封建制社会の経済的基盤である農村は荒廃し、封建的土地所有制度は動揺して、幕藩権力は行き詰まりを迎えることになるのである。

このような中にあって二宮尊徳は、農村で栽培や土木技術を工夫し、農村、農民の富を高める方策を実践する。二宮の報徳思想は、明治に入ると儒教に代わって国の近代化をめざす思想として普及が図られていく。

＊5
二宮尊徳は、各地で農民に荒地の開墾や金融の仕組みを指導。生活を豊かにするためには誠を尽くすことが大切であり、その上で勤労、分度及び推譲を原理に経済的剰余を蓄積して経済的、精神的に自立する重要性を説いた。

第3節　近代社会と福祉制度の形成

1　近代から今日までの福祉制度を学ぶポイント

　福祉制度は、さまざまな歴史の重層の中でつくられている。

　例えば、国民生活の最後の防波堤とされる今日の生活保護法は、第二次世界大戦後に誕生した日本国憲法の生存権規定を理念にして、昭和25（1950）年に制定されたものである。この生活保護法は、昭和21（1946）年の（旧）生活保護法を大幅に見直したもので、第二次世界大戦前には、これらの生活保護法に先行して昭和4（1929）年に救護法が制定されており、さらに同法はわが国が近代に入った明治7（1874）年制定の 恤 救 規則という法律を源流としている。

　このように見ると、今日の生活保護法が登場するまでには、恤救規則→救護法→（旧）生活保護法と、先行する法律が、見直しをされて修正され、次の法律に発展していく過程をたどってきていることがわかる。生活保護法は、なぜ、どんな理由で見直しが図られて今日に至っているのか。同時に、それぞれの法律がつくられる背景を見ると、貧困がなぜ生まれるのかという認識や対応策、生存権や人権についての考え方が異なっていることがわかる。

　同様に、福祉事務所をはじめとする社会福祉行政の実施体制、福祉サービスの利用、社会福祉法人、地域福祉など社会福祉関係法に共通する基礎構造を規定した基本法である社会福祉法は、平成12（2000）年につくられたもので、昭和26（1951）年の社会福祉事業法を原型としている。さらに、同法の前史には第二次世界大戦前の昭和13（1938）年の社会事業法がある。このようにどういった脈絡で福祉制度はつくられ、変化して今日に至っているのかを明らかにし、学ぶのが、本章の目的である。

2　明治期における福祉制度の再編成と恤救規則

　明治元（1868）年の明治維新の前後の時期には、戊辰戦争勃発などで世情は騒然となり、幕藩体制の崩壊という社会経済の変動の中で人々の生活は不安定化する。新政府は、当初はこれらへの対応策に着手するこ

とができず、都市の救済制度は引き続いて町会所、五人組があたった。

　新政府が安定すると、かつての律令の戸令による福祉制度の基本的な枠組みは、新たな制度で再編成される。すなわち、救済制度の基本原則は明治7（1874）年制定の**恤救規則**[*6]で、備荒儲蓄の制度は明治13（1880）年に備荒儲蓄法として制定される。備荒儲蓄法は今日の災害救助法の淵源となるものである。行旅病人への対応については明治32（1899）年に行旅病人及行旅死亡人取扱法が制定され、同法もまた今日に至っている。総じて新政府による恤救規則を土台にしたこれら3法は、わが国の福祉制度の出発点にあたるものである。

　では、これらの法律による生活に困窮する者への救済はどんな考え方に立つものだろうか。例えば、恤救規則では、救済の基本的考え方を「濟貧恤窮ハ人民相互ノ情誼ニ因テ其方法ヲ設ヘキ筈ニ候」[*7]、すなわち生活に困窮する人々の救済では「人民相互ノ情誼」こそが重要だとし、隣人、血縁で隣保相扶すべきとする。情誼とは、愛情や義理という意味である。「生活に困ったら、まずは自分たちで何とかしろ」と自助の原理を強調し、その上で恤救規則は、地方行政組織に「極貧ノ者独身ニテ廃疾ニ罹リ産業ヲ営ム能ハサル者ニハ一ケ年米一石八斗ノ積ヲ以テ給与スヘシ」としている。

　このように、恤救規則は具体的に支給する米の量を定めて金銭給付を規定したものとしては画期的であるが、隣保相扶・自助の原理の強調は、戸令、町会所、五人組を核にした封建社会の福祉制度に共通した相互扶助の考え方を継承している。法律としての性格は、地方行政組織に窮民の取扱要領を示したもので、国の役割や費用負担の考え方は示していない。国家が国民生活を支えるという公的扶助の概念には到達していなかったのである。

　本書第3部第2章「欧米の社会福祉の歴史的展開」で学ぶように、海外に目を転じれば、イギリスでは同時代に産業革命の中で増大する貧困に対処するための救貧法の見直し、民間慈善活動の組織化などが図られていくが、わが国の恤救規則にはこうした欧米の影響はいっさい認められないのも特徴である。恤救規則は、後述するように、昭和4（1929）年に救護法が制定されるまで、半世紀以上にわたって、救済責任を血縁と地域に置く日本的救貧制度の中心となったのである。

　次に恤救規則が制定される時代背景である。封建制社会から明治に移行する過渡期では、多くの生活困窮者が出現する。武士などの封建家臣団は解体され、路頭に迷うことになる。旧制度の恩恵の中で生活してい

[*6] 恤救規則の恤（じゅつ）とは生身の人間のことで、転じて生活する人間、さらに生活に困窮する者を救うことを意味する。規則とは法律のことで、明治23（1890）年に立法府である帝国議会が開設されるよりも前に、それを待たずして明治政府が取り急ぎつくった行政立法である。

[*7] 引用箇所については、旧仮名遣いは当時のままに、旧漢字は新漢字に基本的に改めている（以下、本章においてすべて同じ）。

た人々は無一文となり、社会不安が醸成される。このまま放置すれば維新への抵抗勢力が形成され、やがて爆発するかもしれない。歴史が次の新しい段階に移行するときには、これまでの古いものと新しいものが競合したり、対立する過渡期が生まれ、社会は不安定化する。福祉制度はこうした過渡期の局面で登場するということ、恤救規則は社会防衛的な性格をもって制定されたことを理解しておきたい。

3 各地に広がる慈善事業

　明治は、わが国の歴史では、江戸時代に替わって近代化と中央集権体制、資本主義的生産を準備する時代である。資本主義的生産には貨幣の形態での資本の集積、他方での賃労働力が必要であり、これらの創出と陶冶を進める過程は本源的蓄積とよばれ、その中では低賃金・長時間労働などの原生的労働関係をはじめ、貧困などさまざまな社会問題が生まれることになる。

　明治24（1891）年には濃尾地震が発生し、東北地方では冷害による飢饉が多発し、明治29（1896）年の三陸津波などの大規模災害も発生している。政府は恤救規則を制定しているが、実際にこのような大規模災害などで救済活動に立ち上がるのは民間篤志家、仏教・キリスト教関係者などで、明治時代にはさまざまな慈善事業が広がっていく。

　なかでも児童の領域では多くの先駆者による活動が見られる。明治9（1876）年には東京で仏教関係者により福田会がつくられ、その事業は今日の社会福祉法人福田会の児童福祉施設経営に引き継がれる。石井十次は明治20（1887）年に岡山孤児院を開設。濃尾地震や東北大飢饉で親と離別した多くの子どもを引き受け、最盛期には岡山孤児院の児童数は1,200人を超えたとされている。石井の活動は、東京育成園の北川ハツ、弘前愛成園の佐々木五三郎などに影響を与える。

　立教女学院の石井亮一は濃尾地震で児童保護にあたり、明治24（1891）年に滝乃川学園を開設して、わが国の知的障害児の療育の端緒を拓くことになる。石井亮一の実践と思想は、藤倉学園の川田貞次郎などに広がっていく。

　海外からのキリスト教団体の中では、明治22（1889）年にパリ外国宣教会のテストウィド神父らが静岡県御殿場にハンセン病患者の神山復生病院を開設し、明治28（1895）年には慈善事業を中心にした伝道団体、日本救世軍が創設され、後に山室軍平が指導者となった。

*8
初期資本主義のもとでは、労働時間を定める工場法などの労働者保護施策が未整備で、劣悪な労働環境の中で労働力の消耗が激しく、児童・女子労働は規制されなかった。労働災害や疾病も多発し、低賃金・長時間労働、失業は労働者の窮乏化を招いた。

*9
1865～1914年。キリスト教徒。石井の施設経営では、実業家・大原孫三郎が有力な後援者となる。岡山市の社会福祉法人新天地育児院には、岡山孤児院の建物を移設した石井十次記念館がある。

*10
1867～1937年。濃尾地震で保護した子どもの中に知的障害児がいることを知り、渡米して知的障害について学び、妻・筆子と知的障害児の療育、教育、研究、さらに職員養成に取り組む。

*11
ハンセン病対策の法律として明治40（1907）年に「癩予防ニ関スル件」を制定。ハンセン病患者は施設に強制的に隔離・収容されて、人権が蹂躙（じゅうりん）され、患者への差別・偏見が助長された。同法は、昭和6（1931）年に改正されて「癩予防法」となり、さらに第二次世界大戦後の昭和28（1953）年に「らい予防法」に改正された。平成8（1996）年に廃止され、国はハンセン病対策の誤りを認めた。

　各地でこうした多くの篤志家や宗教団体の活動が活発になり、児童保護事業や養老事業は恤救規則を補完するとともに、明治の慈善事業は独自の発展を遂げていくことになる。

　法制度が不備で社会資源もない時代に、なぜこれらの人々は慈善活動に踏み込んだのか。事業の多くは、今日でも引き継がれて発展しており、先人の生き方や思いを訪ねてみることもよい学びになるだろう。多くの人々がわが国の社会福祉にかかわり、その仕事や生き方には、世の中がこうあってほしいという強い願いや情熱が凝縮されている。

　時代の制限の中で、わずかずつであるが、その制限を繰り返し繰り返し突破しようとする営みがあり、それがさらに幾重にも繰り広げられてきて今日の社会福祉がつくられている。私たちは今、これらの歴史の重層の最上部に立っているのである。

4 感化救済事業の奨励と内務省

　明治から大正年代にかけて、慈善事業に加えて登場するのが、感化救済という事業である。感化とは、人によい影響を与えて人の性格を変えるという意味である。**感化救済事業**では、貧困や「不良少年」の非行の原因は、その個人の反社会的な性格や怠惰な性格にあるとする。どういうことだろうか。

　わが国では古来、「小人閑居して不善をなす」ということわざがある。仕事もせずに家にひきこもり、漫然と日を過ごすと、ろくなことにならないという戒めである。それは、「不良少年、釈放者、道徳的欠陥のある者の更生には、その反社会性を徹底的に撲滅する必要があるとし、そのために感化教育では、正しい勤労で正しい報酬を得させ、正しい生活による正義の愉悦を体験させる。こうして悪の世界を嫌悪させる性格がつくられる」という独特の考え方である。同様に、単なる一方的な食料の施しである慈善事業は、惰民助長の恐れがあるとし、このため窮民を善導し、教育し、生業を与えて勤労させ、自営自活の民にすることが救済制度の目標とされた。このような感化救済（規律を守らせ、勤労意欲をもたせ、問題ある人間を訓育・善導して善良な労働者にすること）は、本格的な資本主義経済の道をめざす時代の要請でもあった。それゆえ、感化救済事業は、慈善事業とは異なって、国による組織的な取り組みとなり、内務省[*12]が所管して、各地で講習会を開催して奨励した。

　感化救済事業は、明治の末から大正にかけて慈善事業と併存すること

*12
第二次世界大戦前に内政全般を所管した巨大な権限をもった中央官庁。昭和13（1938）年に内務省より厚生省が独立し、第二次世界大戦後は厚生省より労働省が独立する。昭和22（1947）年に連合国軍総司令部（GHQ）によって解体される。厚生省は、平成13（2001）年の省庁再編で厚生労働省となった。

204

となり、明治33（1900）年には感化法が制定され、さらに教育の分野では教化事業が成立する。留岡幸助[*13]はキリスト教の立場から感化事業に先駆的に取り組み、家庭学校を設立（明治32〔1899〕年）したことで知られている。

5 慈善事業の組織化と中央慈善協会の誕生

　明治に入って殖産興業、富国強兵策で近代化をめざしたわが国は、やがて綿糸紡績、製糸、織物業を基礎に工場制工業を発展させ、日清・日露戦争の勝利を契機に鉱業、重化学工業を育成して、20世紀の初頭にはアジアで最初の産業革命を達成した。同時に、この一連の展開過程は次々と多くの労働力を創出し、農村は低賃金労働力の供給源となった。他方では、過酷な労働、原生的な労働関係の中で労働力の摩耗は激しく、争議が多発するなど労働問題も顕在化することとなった。

　こうした問題を内包しながらも、わが国の経済は、やがて繊維産業の大量生産と低賃金労働力を武器に世界市場に本格的に乗り出していく。さらに第一次世界大戦の結果、わが国は欧米列強と並んで戦勝国としていっそうの膨張と植民地経営という新たな段階を迎える。とはいえ、疾風怒濤の経済の発展の対極には、過剰生産の揺り戻しを始め、投機・取り付け騒ぎ、物価騰貴などの歪みが生じる。失業、貧困、米・繭の暴落で農民の生活は窮迫する。大正11（1922）年、シベリアの彼方では社会主義国・ソ連が誕生する。

　このような、新たな社会経済の変動を背景に、慈善事業では組織化の試みが開始される。

　明治36（1903）年には、大阪養老院の岩田民次郎らにより第1回全国慈善大会が開催されて交流が図られ、全国組織結成の機運が高まっていく。これらが合流して、明治41（1908）年には**中央慈善協会**が設立され（**写真3－1－1**）、初代会長に渋沢栄一[*14]（**写真3－1－2**）が就任する。今日の全国社会福祉協議会（以下、全社協）の起源となる組織の誕生である。中央慈善協会の設立趣意書では、同会の目的を慈善救済事業の方法の調査報告、関係者への連絡、事業の指導奨励や関連行政の翼賛とした。機関誌『慈善』の創刊は、今日の全社協『月刊福祉』の始まりである。

　渋沢は、第一国立銀行などの企業群や金融システムを設立・運営して、「日本資本主義の父」とよばれた経済人であり、医療、教育までを

*13
1864〜1934年。同志社で新島襄の薫陶を受け、北海道空知集治監の教誨師（きょうかいし）に就任。その後渡米してコンコルド感化院に学ぶ。内務省嘱託として感化事業・児童保護を普及し、中央慈善協会創設に参画する。評伝に、高瀬善夫『一路白頭ニ到ルー留岡幸助の生涯』（岩波書店、1982年）などがある。

*14
1840〜1931年。明治期に大蔵官僚を経て、第一国立銀行（現 みずほ銀行）、東京海上火災保険、キリンビールなどの企業を設立。「道徳経済合一説」を唱え、経済発展による富は社会に役立てられるべきとし、東京養育院長を務め、理化学研究所、日本女子大学校設置など多くの社会公益事業を手がける。

〈写真3-1-1〉中央慈善協会結成の主唱者

前列左から原　胤昭、窪田静太郎、留岡幸助。
後列左から小橋實之助、相田良雄、土屋弘敏、加島敏郎。

〈写真3-1-2〉渋沢栄一

明治・大正期を代表する実業家で、
社会公益事業にも尽力した。

（出典）写真3-1-1、写真3-1-2ともに、全国社会福祉協議会九十年通史編纂委員会　編『慈善から福祉へ　全国
　　　　社会福祉協議会九十年通史』全国社会福祉協議会、2003年

*15
明治31（1898）年に
内務官僚・窪田静太郎
がブリュッセル万国衛
生人口会議に出席、帰
国後に「貧民救済制度
意見」を発表してイギ
リス救貧法など海外の
動向を紹介する。窪田
らは貧民研究会をつく
り、わが国の防貧・救
貧政策のあり方を探る
とともに、慈善事業の
組織化を図っていく。

*16
1871〜1919年。明治
33（1900）年パリの
万国公私救済慈恵事業
会議に出席。日露戦争
後に悪化した地方財政
の立て直しを図る地方
改良運動を担当。救済
事業では、救貧よりも
積極的な防貧事業、感
化救済事業が重要とし、
『救済制度要義』を執筆
した。後に東京府知事
に就任。

*17
工場法制定の資料とし
て、明治30年代に繊維
工場の労働者である職
工の労働実態を調査。
当時、繊維工場の職工
は全職工の3分の2で、
休息時間は「朝夕線香
半分、昼線香1本（の燃
焼時間）」といった低劣
な労働実態が報告され
ている。『職工事情』は
岩波文庫より犬丸義一
の校訂で刊行されてい
る。

手がけた社会公益事業家である。中央慈善協会設立前年の明治40（1907）年には、足尾銅山の大暴動が全国に波及し、各地で小作争議が発生して世情は騒然となっていく。経済発展を指導した渋沢は、「窮乏化する国民生活を事実として率直に認めなければならない。放置すれば深刻な危機に見舞われる」とみたのである。

　渋沢らとともに中央慈善協会設立に参画した窪田静太郎は伝染病予防法や工場法に尽力した内務官僚である。井上友一も内務官僚で、積極的な防貧策を提唱。小河滋次郎は後に今日の民生委員制度の前身となる方面委員制度を発案、留岡幸助と原　胤昭は感化救済・更生保護事業の先駆者である。中央慈善協会設立は、当時の関係者が、急転する情勢を前に慈善事業の整備と組織化、理論化を急務と認識して行動するという画期的な意義をもつものである。

6 内務省社会局の誕生と社会事業

　では、この時代の人々の生活や労働はどのようなものだったのだろうか。ジャーナリスト・横山源之助は、明治32（1899）年に『日本之下層社会』で都市雑業層や工場労働者の克明な記録を描いている。農務省は工場法制定の資料として実態調査を実施、その結果は明治36（1903）年に『職工事情』に発表され、過酷な労働の実態が明らかにされている。細井和喜蔵は、ルポルタージュ『女工哀史』を著し、当時の紡績工場の劣悪な労働状態を伝えている。『日本之下層社会』や『女工哀史』は現在でも入手できるので、読んでおきたい文献である。

明治42（1909）年には、井上友一の著『救済制度要義』に「社会事業」という言葉が登場するが、社会事業という言葉が国の施策で正式に用いられるようになったのは、大正9（1920）年に内務省で慈善事業を所管していた社会課を発展・解消して社会局が設置され[*18]、社会事業を所管してからとされている。すなわち、貧困に対して国が組織的に対応するのが社会事業であり、この時代になってようやく、貧困の背景には個人の怠惰だけではなく、社会問題があるという認識が登場してくる。これが社会事業と、慈善事業、感化救済事業との異なるところである。さらに徐々にではあるが、貧困を放置すれば社会不安が募り、やがてそれは圧縮されて爆発するという危機感が形成されるようになっていく。

社会局が創設される時代は、日本が第一次世界大戦の戦勝国に名を連ね、経済が発展し、世界経済にリンクしていく過程でもあった。だが、その経済発展の反面で、政府は膨大な戦争債権を抱え、昭和恐慌勃発の導火線となっていく。

経済変動の中では、思惑や投機が交差する。富の蓄積の対極に失業や貧困が蓄積され、さまざまな社会問題が発生する。大正7（1918）年に富山県で発生した米騒動[*19]は、空前の民衆暴動として全国に波及した。連動して労働争議、農村争議も多発する。もはや、社会問題の深刻さは、仁愛や人民相互の情誼を説いても収拾できない。大量の失業者や貧困層は恤救規則では支え切れない。内務省は、同年（大正7〔1918〕年）国民の生活難や不安に対処するために、公設市場、簡易食堂、公益質屋、共同宿泊所、公共職業紹介事業、公衆浴場などの経済保護事業を開始する。今日の民生委員制度の前身となる**方面委員制度**[*20]を大阪府知事の林　市蔵[*21]（はやし　いちぞう）が創設したのも同じ年である。

やがて社会局はこれらを統合する役割を担い、**社会事業**を本格的に推進することになる。

7 救護法施行を求める方面委員の活動

1929年アメリカ発の世界大恐慌の余波が昭和5（1930）年にわが国を直撃した。大正12（1923）年に発生した関東大震災の復興処理で不況に陥っていたわが国では、輸出品の柱である生糸や鉄、農産物、株価が大暴落して倒産、失業者が増大した。米価の暴落も加わり、特に、米と繭に依存していた農村では、農業恐慌が発現する。その窮乏は深刻で、欠食児童や娘の身売りなどが相次いだ。総じて昭和恐慌とされる、

*18
社会局設置にかかわった内務官僚に田子一民がいる。田子は社会事業行政の指導者となり、その理論と業績は後輩の社会局官僚に大きな影響を与える。衆議院議員、衆議院議長を務め、第二次世界大戦後には、全社協の前身となる中央社会福祉協議会の初代会長に就任。

*19
第一次世界大戦後の経済発展の中で、米価は上昇して米は投機商品となる。怒った民衆が各地で米屋、問屋などを襲撃。かつてない無政府状態の中で炭坑騒動も引き起こされた。

*20
大正6（1917）年に岡山県知事・笠井信一が済世顧問制度を創設し、翌年、それを参考にした大阪府知事・林　市蔵による方面委員制度が源流。昭和12（1937）年に方面委員令で救護法を担う。第二次世界大戦後は民生委員制度になり、昭和25（1950）年生活保護法で市町村長の協力機関となる。本双書第7巻第1章第2節2（3）、及び第8巻第1部第4章第1節1（3）参照。

*21
1867〜1952年。大阪府知事時代に、内務官僚・小河滋次郎にドイツの救貧委員制度であるエルバーフェルト制度、先行する岡山県の済世顧問制度の分析を依頼して方面委員制度を考案。方面とは地域といった意味で、方面委員は済世顧問と同様に住民の生活状態の調査、相談にあたる民間の篤志家である。

〈写真3-1-3〉救護法実施を天皇へ上奏する方面委員

昭和6（1931）年2月16日、全国1,116名の方面委員が連署した「救護法実施請願ノ表」を携え、宮城前に整列する。
（出典）全国社会福祉協議会九十年通史編纂委員会　編『慈善から福祉へ　全国社会福祉協議会九十年通史』全国社会福祉協議会、2003年

かつてない危機の到来である。

　このため、昭和4（1929）年に政府は**救護法**案を提案。その理由を「現行救貧制度トシテハ明治四年太政官布告棄児養育米給与方及明治七年太政官達恤救規則アルモ何レモ其ノ規定内容不備ニシテ現下社会ノ実情ニ適セズ到底救貧ノ目的ヲ達スルコト能ハザル状況ニ在リ依テ之ガ根本的改善ノ趣旨ヲ以テ別紙救護法ヲ制定セン」とする。もはや、恤救規則では新たな経済危機には対応できないとして、恤救規則に代わって、救護を国の責任とし、対象者や救護の種類を大幅に拡大した同法は可決・成立する。しかし、浜口内閣の基本路線である緊縮財政の中で、肝心の予算措置がとられず、施行は未定となる。

　一方、中央慈善協会は大正10（1921）年に社会事業協会と改称、さらに大正13（1924）年に財団法人中央社会事業協会に発展する。

　昭和3（1928）年に最後の方面委員規程が福井県で公布されて、全道府県で方面委員制度設置が達成される。全国の方面委員は救護法施行促進の中心部隊として立ち上がる。しかし、経済情勢はさらに悪化し、国の財政は収縮する。らちが明かないとみた関係者は、昭和5（1930）年に救護法実施促進期成同盟会を結成してより強力な活動に転じる。同会の活動は昭和恐慌のピークに向かって展開していく。だが、事態は少しも動かない。昭和6（1931）年2月、打ち破ることができない厚い壁を前に同会は解散し、最後の手段として全国方面委員の代表による天皇への上奏[22]を決意。全国方面委員代表1,116名連署の「救護法実施請願ノ表」

*22
大日本帝国憲法では国民の天皇への請願は認められていたが、上奏することはできず、全国方面委員の代表の上奏は、病床にあった渋沢栄一による関係者への手配の末に内大臣を通じて行われた。が、渋沢は衆議院における救護法施行の報を聞くことなく、昭和6（1931）年11月に死去。

を持参して残雪の宮城（皇居）前に整列する（**写真３－１－３**）。

　こうした社会事業関係者の奔走により、救護法は翌昭和7（1932）年に施行される。救護法は方面委員を市町村長の補助機関とするもので、大阪府知事時代に方面委員制度を創設した全日本方面委員連盟副会長の林　市蔵は、『社会事業』第15巻第10号（中央社会事業協会、昭和7〔1932〕年）に「救護法実施と方面委員の責務」を寄稿して、救護法の大義を次のように力説した。

> 「昭和四年の帝国議会に救護法が提出された時後世財政上の憂をのこすべしとの有力なる反対論が型の如く繰返された。之の反対論を押切つて多年の懸案が満足の内に通過した唯一の材料は何であるか？　方面委員があるから何等其の点は心配ないと云ふことであつた。…（略）…遂に政府も否応なしに追加予算として提出するに至つたことは社会の記憶に新なることである。云ひ換へれば十年間の方面委員の取扱つた事実の威力が自から救護法の制定を生み出し又方面委員に対する社会の認識が実施の断行を促したと云ふても過ではないと思ふ」

　第一次世界大戦後には投機資金が米や繭の価格の乱高下を招き、人々の生活を翻弄し、昭和恐慌は、急成長を遂げた日本経済が意外に脆弱であることを露呈させる。その中にあって、方面委員をはじめとする社会事業関係者は意気軒昂である。救護法実施促進期成同盟会の人々の、国民生活の防波堤を、何としてでも構築するという気迫と行動は、わが国の社会福祉の歴史に、最初の、大規模なソーシャルアクション[*23]として記録されるものであり、現代の社会福祉関係者が学ぶべきものだろう。

8 民間社会事業の経営難と社会事業法の制定

　今日の社会福祉事業では、例えば社会福祉法人が社会福祉施設を設置する際には施設整備費などの公金が注入され、社会福祉施設の運営の費用は措置費や介護報酬などで調達される。しかし、第二次世界大戦前の社会事業の時代では、国はもっぱら救護法による救護、児童虐待防止法による保護、少年教護法による教護などの特殊な立法に規定された施策を行い、府県・市町村はそれ以外の保育、救療、無料宿泊所、公益市場・公益食堂[*24]、授産などを担当し、これらは公的社会事業と総称された。

　これに対して私人や公益法人による社会事業は、私設社会事業とされ、公金の注入はなく、資金の大部分は人々の善意に依存していた。支

*23
福祉サービスに必要な資源を確保したり、新しい制度を開発するために、議会などの関連機関にはたらきかけるソーシャルワークの技術。社会福祉関係者による世論の喚起、社会福祉予算獲得運動がその例で、集会、陳情、署名活動、デモンストレーションなどを通じて展開される。

*24
社会事業の経済保護事業の一種で、貧困を予防する事業として防貧事業に区分される。これらの事業主体は行政が指定したり、行政が整備した施設に出店し、地代の減免などと引き換えに、市中よりも比較的低廉な価格で商品や食事を提供した。

〈写真3-1-4〉灘尾弘吉

内務官僚時代に、昭和13（1938）年成立の社会事業法案を起草した。
（出典）全国社会福祉協議会九十年通史編纂委員会　編『慈善から福祉へ　全国社会福祉協議会九十年通史』全国社会福祉協議会、2003年

援者を募り、寄付金や生活物資を集めるのである。

　すでに述べたように、昭和4（1929）年の世界恐慌の余波はわが国にも及び、不景気で低迷していた経済を直撃した。企業の倒産、破綻が多発し、寄付に依存している私設社会事業の土台も揺らぎ始めていく。私設社会事業は、零細経営で資金繰りが厳しく、計画的な財務管理とはほど遠いものであった。集まったわずかな浄財は、子どもが食べる米代の支払いに消えていく。老朽化した施設も建て替え資金がない。私設社会事業の経営環境は厳しさを増すばかりであった。

　このような窮状に国が積極的に関与し、私設社会事業を誘導する施策として立法化されたのが、昭和13（1938）年の社会事業法である。**社会事業法**は、これまで実施されなかった国による私設社会事業への助成、税制上の優遇措置などを講じ、あわせて地方長官（知事）による私設社会事業の監督権限を明確にしている。このため社会事業法は、民間社会事業に行政が関与し、今日の日本的な社会福祉の公私関係の出発点を画期したという意義をもつ。なぜならば、それまで私設社会事業が中心であった社会事業では、国の役割は漠然としていて、救護法など関係法の事項には対応するが、行政による施設経営はほとんどない。社会事業法は、このいわば手付かずの領域における国の役割を明確にして社会事業の発展を図ろうとしたのである。

　立法を担当したのは、当時内務省保護課長の灘尾弘吉（**写真3-1-4**）で、灘尾は、私設社会事業が「自由に新なる社会事業の分野を開拓し」「地方の実情に即し伸縮に富む任意の活動を為し得る」と評価して

*25
1899～1994年。内務官僚として保護課長、生活局長、衛生局長、内務次官を歴任。戦後は政界に転じて衆議院議員連続12期当選。文部大臣、厚生大臣、衆議院議長を務める。椎名悦三郎、前尾繁三郎とともに「政界の3賢人」と称された。昭和39（1964）年に全社協会長に就任した。

いた。私設社会事業には先駆性、柔軟性があり、「之等の特性を十分に発揮せしめる様に公私相互の連絡、提携、協調の実」をあげることが社会事業行政の役割とみていたのである[3]。

今日の福祉サービスの利用方式の原型は、次節で見るように昭和21（1946）年（旧）生活保護法及び昭和22（1947）年児童福祉法でつくられる。そこに規定される施設への措置制度は、社会事業法における「地方長官ハ社会事業ヲ経営スル者ニ対シ保護ヲ要スル者ノ収容ヲ委託スルコトヲ得」（第3条）の規定を引き継いで、社会事業法の公私関係の考え方に依拠している。今日では約2万もの社会福祉法人が社会福祉事業[*26]を経営しているが、全面的な行政への従属と引き換えに行政の財産の提供が可能となる社会福祉法人制度の考え方も、社会事業法に発している。

なお、社会事業法では、第1条で社会事業を行うものとして養老院、救護所、育児院、託児院などの具体的な名称をあげて、次のように列挙している（原文は旧仮名遣い）。

第1条　本法は左に掲ぐる社会事業にこれを適用す。但し勅令を以て指定するものに付ては此の限りに在らず
1　養老院、救護所其の他生活扶助を為す事業
2　育児院、託児院其の他児童保護を為す事業
3　施療所、産院其の他施薬、救療又は助産保護を為す事業
4　授産場、宿泊所其の他経済保護を為す事業
5　其の他勅令を以て指定する事業
6　前各号に掲ぐる事業に関する指導、連絡又は助成を為す事業

灘尾は、社会事業法で社会事業の範囲を限定することで、えせ社会事業[*27]などを社会事業から排除するとともに、社会事業を一心に世のため、人のため、社会の期待を集めたものにする。社会事業法は、こうして社会事業の高い純粋性、公益性を図ろうとしたのである。この社会事業の限定列挙の方式は、現在の社会福祉法第2条に引き継がれているので、条文を比較してみるとよい。

だが、昭和12（1937）年7月には中国大陸で日中戦争が勃発して戦略物資統制、金融統制が本格的に開始される。昭和13（1938）年4月1日は、日本の歴史の中でも象徴的な日となる。社会事業法と並んで国家総動員法[*28]が公布される。兌換銀行券の保証発行限度の臨時拡張に関する法律、そして国民健康保険法も公布される。ヒト、モノ、カネ、さらには社会事業までも、あらゆる資源を動員して戦争遂行体制を構築する転換点となるのである。

*26
社会福祉法において、社会福祉事業を行うことを目的に設立した法人と規定。所轄庁の指揮・監督下に置かれ、公の支配に全面的に従属する法人として、公の財産を注入できる。入所施設、経済保護事業などで構成される第一種社会福祉事業の経営主体は、国、地方公共団体及び社会福祉法人に限定される。

*27
当時は社会事業への寄付と称した詐欺、寄付金の強要、児童虐待や搾取など、社会事業を隠れみのにした犯罪が横行し、社会事業に対する人々の信頼や関心を低下させるとともに、偏見、誤解や曲解を招くことになった。「えせ」とは「似非」で、似て非なるものという意味。

*28
第一次世界大戦の教訓として、戦争勝利には国家による資源総動員が可能となる体制の確立が不可欠とされ、日中戦争の総力戦遂行のために、国家があらゆる社会資源を管理・統制・運用できるとした。昭和21（1946）年に廃止。なお、社会事業も国家総動員法と連動して戦時厚生事業に移行した。

第4節 現代社会と福祉制度の発展

昭和20（1945）年に第二次世界大戦は終結する。わが国では終戦後の物資不足、戦争処理の通貨の乱発で、激烈なハイパーインフレが発生して経済秩序は瓦解し、国民生活は大混乱と深刻な窮乏化に陥る。わが国を統治した連合国軍総司令部（GHQ）[*29]のもとで、社会経済システムの改革が図られる。明治維新以来ともされる転換期の中で社会福祉も改革が進められ、その出発点となったのが、SCAPIN775[*30]（スキャピン）というGHQが日本政府に発した文書である。

1 SCAPIN775「社会救済」と社会福祉の出発

昭和20（1945）年9月にGHQに公衆衛生福祉局[*31]が設置され、保健医療福祉政策の抜本的改革が始まる。それまでの救護制度は、救護法の不備の是正のために次々と特別立法を制定する分散的な制度を展開してきたが、政府は、こうした救護制度や応急的措置ではもはや深刻な国民生活の状況に対応できないと判断。同年末に新たな総合的な援護を拡充強化する救済法規の制定に向け、「救済福祉ニ関スル件」という基本方針を取りまとめてGHQに提出した。GHQは翌年2月に、この基本方針へのコメントを政府にSCAPIN775「社会救済」として発出している。

では、SCAPIN775はどのような内容なのか。SCAPIN775は日本政府が策定した「(1)救済福祉ニ関スル件」について、「次ノ条件ニ合スル様変更ノ処置ヲトラバ日本帝国政府ニ対シ何ラ異議アルモノニ非ズ」としている（下記、イ～ハ）。

> （イ）日本帝国政府ハ…差別又ハ優先的ニ取扱ヲスルコトナク平等ニ困窮者ニ対シテ適当ナル食糧、衣料、住宅並ニ医療措置ヲ与エルベキ単一ノ全国的政府機関ヲ設立スベキコト
>
> （ロ）日本帝国政府ハ一九四六年四月三〇日マデニ本計画ニ対スル財政的援助並ニ実施ノ責任態勢ヲ確立スベキコト
> 従ツテ私的又ハ準政府機関ニ対シ委譲サレ又ハ委任サルベカラズコト
>
> （ハ）困窮ヲ防止スルニ必要ナル総額ノ範囲内ニオイテ与エラレル救済ノ総額ニ何等ノ制限ヲ設ケザルコト

*29
General Headquarters, the Supreme Commanders for the Allied Powersの和訳。第二次世界大戦直後に日本を軍事占領した連合国軍の最高司令部。総司令官にマッカーサー元帥が就任。占領は、GHQが日本政府に指令を発して政策を実施させる間接統治の形態をとり、SCAPIN（Supreme Commander for the Allied Powers Index Number）はその指令文書である。

*30
GHQの初期占領福祉政策の特質、SCAPIN775が発出される背景と(旧)生活保護法については、菅沼 隆『被占領期社会福祉分析』(ミネルヴァ書房、2005年)が詳しい。

*31
Public Health and Welfare Section(PHW)。公衆衛生福祉局長には、軍医サムス陸軍准将が就任、占領期の保健医療福祉改革を指揮する。

あわせて、「⑵日本帝国政府ハ本司令部ニ次ノ報告ヲ提出スベシ」とする（下記、イ・ロ）。

（イ）此ノ指令ノ条項ヲ完遂スル為ニ日本帝国政府ニヨツテ発セラレタアラユル法令並ニ通牒ノ写

（ロ）一九四六年三月ノ期間ニ始マリ次ノ月二五日マデニ届ケラレタル救助ヲ与ヘラレタル家族並ニ個人ノ数及ビ都道府県ニヨリ支出サレタル資金ノ額ヲ記載シタル月報

　要約すれば、SCAPIN775は、日本政府がめざす新たな救済福祉策に、①無差別平等、②国家責任、及び③必要充足、の３原則を盛り込むことを指示したものである。同時に、この⑵では、日本政府が確実にこの指令を遵守するようにプレッシャーをかけている。この画期的な指令を受けて、厚生省（現　厚生労働省）は一連の計画を大幅に見直し、生活保護法案の作成に向かうこととなる。

2 社会福祉の登場と福祉３法体制構築

　昭和21（1946）年に救護法を廃止して生活保護法が制定される[32]。同法は、昭和25（1950）年に改正され、今日の生活保護法が制定される。このため、便宜的に昭和21（1946）年生活保護法を（旧）生活保護法という。

　（旧）生活保護法は、わが国の救貧制度の歴史の中で初めて統一的救済法規となり、国家責任による生活保護の原則を確立して保護費の８割を国庫負担とする。無差別平等の原則を明文化し、保護の要件を要保護性という単一の原因に集約し、貧困への対応を社会的責任として認めている。同法は、GHQの後ろ盾もあり、戦災者、引揚者などに適用され、当時の社会秩序の破綻を未然に防止する役割を果たすこととなった。

　また、（旧）生活保護法では「この法律は、生活の保護を要する状態にある者の生活を、国が差別的又は優先的な取扱をなすことなく平等に保護して、社会の福祉を増進することを目的とする」と、「社会の福祉」という言葉を用いている。続いて昭和21（1946）年11月に公布された日本国憲法[33]は、第25条第１項で国民の生存権を規定し、その具現化を図る手段として国による社会福祉、社会保障、公衆衛生の向上・増進をあげて、「社会福祉」を登場させている。

*32
SCAPIN775を受けて、昭和7（1932）年施行の救護法を見直して画期的な公的扶助法となったが、能力があるにもかかわらず勤労の意思のない者、勤労を怠る者その他生計の維持に努めない者、素行不良の者は保護の対象としないという欠格事項があり、不服申立てや保護請求権も明確ではなかった。

*33
本書第１部第１章第2節１参照。

日本国憲法第25条では、なぜ社会事業ではなく、「社会福祉」という言葉を用いたのか。その背景には、それまで社会事業は民間の篤志家による私的な救貧事業と観念されており、もし、国が「社会事業の向上・増進に努める」となると誤解が生じるという危惧があったのではないかと推測される。将来にわたって国民の生存権を守り、人々の幸せである「福祉」を実現するという積極的な意味ももたせて、社会福祉という言葉を使うようになったものとも考えられる。

このように日本国憲法第25条では、国民は生存権、すなわち「健康で文化的な最低限度の生活を営む権利」を保障されると規定している。そして第2項で、国はそれを実現するために、国民の生活部面にわたって、社会福祉、社会保障、公衆衛生の向上・増進に努めなければならないという、いわば国の努力義務を規定している。日本国憲法では、社会福祉は他の社会保障や公衆衛生とともに、国民の生存権を保障する一つの社会制度としてもとらえられていることがわかる。

とはいえ、この第25条における社会福祉の規定は、社会福祉を社会保障や公衆衛生と併記しているにすぎず、社会福祉の具体的な意味や内容、社会保障、公衆衛生との関連についてはふれていない。社会福祉や社会保障、公衆衛生は何を対象にした、いったいどういった施策なのかということは、残念ながら憲法におけるこの規定だけを読んでも、いまひとつはっきりしないのである。

この日本国憲法の生存権を具体化するために、昭和24（1949）年には社会保障制度審議会が「生活保護制度の改善強化に関する件」[*34]を提出。生活保護制度の大幅な見直しを求め、昭和25（1950）年5月に（旧）生活保護法改正案が可決・成立して即日施行となる。今日の憲法の生存権規定と整合性をもった今日の生活保護法の誕生である。これをもって、昭和22（1947）年制定の児童福祉法、昭和24（1949）年身体障害者福祉法と合わせた占領期における福祉3法が出そろうことになる。

3 昭和25（1950）年社会保障制度審議会勧告の構図

憲法第25条に規定される社会福祉、社会保障及び公衆衛生について明確な定義を行ったのは、昭和25（1950）年に**社会保障制度審議会**が提出した「社会保障制度に関する勧告」である。同審議会は終戦による混乱の中で、憲法第25条の生存権規定をより具体的な実施プログラム

にするために、その出発点としてこの勧告を取りまとめたもので、わが国の社会保障の歴史の中で極めて重要な文書となっている。

　勧告は、総論と各論に分かれ、総論では下記のように、社会保障制度は社会保険、国家扶助（公的扶助）、公衆衛生（医療を含む）、及び社会福祉の４部門を包括した上位概念であると規定している。よって、社会保障制度と社会福祉といった場合には、社会福祉は社会保障制度を構成する４部門のうちの一部門であるということができる。

> …いわゆる社会保障制度とは、疾病、負傷、分娩、廃疾、死亡、老齢、失業、多子その他困窮の原因に対し、保険的方法又は直接公の負担において経済保障の途を講じ、生活困窮に陥った者に対しては、国家扶助によって最低限度の生活を保障するとともに、公衆衛生及び社会福祉の向上を図り、もってすべての国民が文化的社会の成員たるに値する生活を営むことができるようにすることをいうのである。…
>
> 　　　　　　　　　　　　　　（「社会保障制度に関する勧告」総論より抜粋）

　社会保険は、周知のように、今日では医療保険、年金保険、雇用保険、労災保険、そして介護保険で構成されている。国家扶助（公的扶助）の中心になる制度は生活保護制度であり、公衆衛生は今日の保健医療施策である。これに対して社会福祉は、援護、育成、更生を要する者を対象にし、それらの者が自立してその能力を発揮できるようにするための援助であるとしている。

　勧告は、憲法第25条の規定よりも社会保障を広義のものとして解釈して社会保障制度と言い直し、社会福祉、公衆衛生を社会保障制度の一環としているところに特徴がある。また勧告では、昭和25（1950）年に制定された今日の生活保護法について、経済保障と被保護者個々人の環境、性格、能力などに応じて個別援助を行うという２つの目的があるとしている。生活保護は保護費の支給から見れば所得保障施策としての社会保障制度の一分枝であり、かつ、被保護世帯へのケースワークのような自立支援などの個別援助については社会福祉の領域であると整理しており、今日の生活保護法の考え方を明確にしている。

　社会保障制度を構成する４部門は、互いに密接に関連しながら国民生活を支え、所得保障を行い、医療や福祉サービスの供給、健康増進などを図るとともに、国民が貧困に陥った場合には必要な保護を行うという重要な役割を果たしている。それゆえ社会保障制度は、社会的安全網（ソーシャルセーフティネット）ともいわれる。社会保障制度はこの勧

＊35
Aという言葉が、Bという言葉を含む広い概念であるときに、AはBの上位概念となる。例えば、農産物は果物の上位概念となり、果物はリンゴの上位概念となる。

告を起点にして、昭和36（1961）年には国民皆保険・皆年金制度を達成し、さらに今日に至るまでさまざまな制度を構築してきた。今日の社会保障制度は、この勧告を骨格にしながら拡大しているのが現状である。

4 「昭和25年勧告」における社会福祉の概念

昭和25（1950）年の社会保障制度審議会の「社会保障制度に関する勧告」の各論では、社会福祉について以下のような定義を置いている。

> 社会福祉とは、国家扶助の適用をうけている者、身体障害者、児童、その他援護育成を要する者が、自立してその能力を発揮できるよう、必要な生活指導、更生補導、その他の援護育成を行うことをいうのである。

この社会福祉の定義は、憲法第25条の規定から見れば社会福祉の対象、目的を説明しているが、必ずしもまだ「社会福祉とは何か」を具体的に明らかにしているものとはいえない。

その理由は、社会保障制度審議会勧告の社会福祉の概念が、当時の社会経済の状況、すなわち国民生活の窮乏化や戦争によって増大したいわゆる「浮浪児」や障害者などへの対応をまず緊急に進めなければならないという時代的な制約を背景にしていたからである。活用できる社会資源も限られており、担い手の数も今日から見れば微々たるものであった。

このため勧告では、社会福祉の対象者は「国家扶助の適用をうけている者、身体障害者、児童、その他援護育成を要する者」とし、広く市民を対象にした社会福祉ではなく、要援護性に強く着目して対象を設定しているのが特徴である。サービスについても、勧告では「生活指導、更生補導、その他の援護育成」としているように、かなり限定的なサービスを内容にして社会福祉の概念を構成せざるを得なかったことが読み取れる。それはなぜなのだろうか。

勧告を取りまとめる昭和25（1950）年段階では、社会福祉関係法として整備された主要な法律は、（旧）生活保護法（昭和21〔1946〕年）、児童福祉法（昭和22〔1947〕年）及び身体障害者福祉法（昭和24〔1949〕年）の3法であった。このため、社会保障制度審議会では社会福祉の内容を例示するために先行するこの3法の概念を用い、生活保護法における援護、児童福祉法の育成、身体障害者福祉法の更生という、それぞれの法律のキーワードを用いて社会福祉の定義を試みたものと考えられる。

「指導」「補導」「援護育成」の用語を見れば、サービスの利用者と提供者は対等の関係にあるのではなく、指導される者と指導する者という上下の関係で描かれていることがわかる。「指導」とは、よく物事を知っている者が、知らない者に教え、導くという意味である。対象者の限定と合わせて、施策の考え方には国家による家父長主義的温情や保護主義[*37]の名残があるのも特徴である。

5　福祉3法を支える社会福祉基礎構造の構築

民間社会福祉に関する法律としては昭和13（1938）年制定の社会事業法があったが、GHQは同法が国家権力による悪しき統制法とみて廃止を命ずる。さらに、昭和22（1947）年施行の日本国憲法第89条は、[*38]公の支配に属しない宗教、慈善、博愛、教育の事業への公金支出を禁止する。

このため、福祉3法が整備され始めたものの、肝心の民間社会福祉施設への公金注入ができず、他方では、国と地方の厚生行政の実施体制も手付かずのままであった。社会福祉の行政と民間の経営組織をどのように整備するのか。これらが占領期社会福祉の後半の課題として登場し、その総括として昭和26（1951）年に社会福祉事業法が制定される。

社会福祉事業法は、福祉3法に共通する社会福祉事業の範囲、福祉事務所を中軸とする社会福祉行政の実施体制、社会福祉法人、社会福祉協議会などの社会福祉基礎構造を規定している。同法は、半世紀を経て社会福祉基礎構造改革の中で見直しが図られ、平成12（2000）年に社会福祉法として改正され、社会福祉事業全般の基本法としての性格を明確にすることになる。

6　高度経済成長と福祉6法体制への移行

昭和28（1953）年暮れに、国は「昭和29年度予算案」で社会保障関係費の大幅削減を提示した。これに対して全社協は、社会保障費削減反対全国社会福祉緊急大会を開催するなど、社会福祉関係者の組織化と運動の強化が図られることになった。

昭和30（1955）年は主要な経済指標が戦前水準を回復した起点となり、翌年度の経済白書は「もはや戦後ではない」とし、右肩上がりの高度経済成長が始まる。社会福祉、社会保障はこの高度経済成長の余剰を

*37
パターナリズム、父権主義、温情主義ともいう。社会福祉の前史では、国家を親（pater）、国民を子どもとしてとらえ、国家は国民を保護し、国民はそれを恩恵として受け取るという、慈悲深い支配者による温情の施策が登場する。

*38
［公の財産の用途制限］「公金その他の公の財産は、宗教上の組織若しくは団体の使用、便益若しくは維持のため、又は公の支配に属しない慈善、教育若しくは博愛の事業に対し、これを支出し、又はその利用に供してはならない。」

〈写真３－１－５〉童謡デモ

保育措置費の補助率削減をめぐり、全国の保育関係者がデモ行進を展開。「おててつないで」「もしもしかめよ」などと口ずさみながら行進していたことから「童謡デモ」とよばれた。
（出典）全国社会福祉協議会九十年通史編纂委員会 編『慈善から福祉へ 全国社会福祉協議会九十年通史』全国社会福祉協議会、2003年

背景に整備される。昭和35（1960）年に精神薄弱者福祉法（現 知的障害者福祉法）、昭和38（1963）年に老人福祉法、そして昭和39（1964）年に母子福祉法（現 母子及び父子並びに寡婦福祉法）が制定され、高度経済成長下で社会福祉は**福祉６法**体制に移行する。同時に、前述のように昭和36（1961）年には国民皆保険・皆年金制度が創設されて、今日の社会保険制度の根幹が完成することになった。

　高度経済成長は20年以上にわたることとなるが、社会福祉は必ずしも一本調子で展開してきたわけではない。昭和32（1957）年に朝日_{あさひ}茂_{しげる}が生活保護基準は憲法第25条の生存権保障に値しないと国を訴え、国民の生存権とは何か、基本的人権をめぐる朝日訴訟に発展していく。[*39]

　女性の就業増大、都市への人口集中で保育需要が増大するが、昭和32（1957）年に大蔵省（現 財務省）は保育措置費の補助率削減の方針を提示。全社協は、直ちに保育関係者による反対デモを組織。デモ参加者が童謡を口ずさんだことから「童謡デモ」とよばれた（**写真３－１－５**）。

　昭和43（1968）年度にGNP（国民総生産）は世界第２位、翌年度には国際収支が大幅黒字となる。賃金が上昇し、旺盛な消費が始まる。

　昭和45（1970）年には、高度経済成長のシンボルである大阪・万国博覧会が開催され、豊かさが手に届くように見えた。だが、この年に実施された国勢調査では、わが国の総人口に占める65歳以上人口が７％

＊39
国立岡山療養所に入所していた朝日　茂が、生活保護基準は低過ぎて憲法第25条の健康で文化的な最低限度の生活を営む権利を保障し得ないと厚生大臣を訴えた。東京地裁判決では原告の全面勝訴、東京高裁は原告の請求を棄却。上告審の過程で原告が死亡し、訴訟は終了。裁判は社会保障制度に大きな影響を与えた。

を超え、繁栄の中でわが国は高齢化社会の入り口に立つこととなった。[*40]

　世界の奇跡といわれた日本経済は、昭和46（1971）年のいわゆるニクソンショックで、一転して世界的な不安定期に突入していく。この事態を収拾するために、当時の田中角栄内閣は昭和48（1973）年度予算でかつてない財政出動で景気浮揚策をとり、「日本列島改造論」で公共事業が一挙に増えることとなる。あわせて、年金・医療の改善、老人福祉法改正で老人医療費無料化が図られ、マスコミはこぞってこの年を「福祉元年」と称した。

　だが、昭和48（1973）年秋の第一次石油危機で経済の基調は激変する。田中内閣は史上最後の「大きな政府」[*41]となり、社会福祉は不安定経済を背景にした第三段階に移行する。キーワードは「見直し」である。

7 不安定成長と「小さな政府」の登場

　第三段階の社会福祉は、田中内閣の「大きな政府」の見直しで始まり、昭和40年代の後半から平成年代の初頭までを期間とし、わが国が高度経済成長後の調整を経て徐々に国際競争力を付けて経済大国へと躍進し、やがてバブルの頂点に向かう過程を背景としている。同時に、これらは財政出動で支えられ、その結果、国債の残高も急激に増えて、今日に至る財政赤字を恒常化する悪循環が始まった。一転して財政赤字の顕在化により支出抑制が基本方針となったのである。このため、経済の発展にもかかわらず、社会保障、社会福祉の原資は縮小し始めた。

　特に、昭和50年代後半に入ってからは、イギリス・サッチャー政権[*42]の国営企業の整理、規制緩和策などを進める「小さな政府」が中曽根康弘政権の中で意識されるようになる。そのため、第二次臨時行政調査会が設置され、行政改革という言葉による「小さな政府」が模索されるようになるのである。

　第三段階の社会福祉のキーワードは「福祉見直し」である。この段階は占領期に原型がつくられ、高度経済成長で基盤整備を果たした社会福祉の実施体制を見直し、次の福祉改革といわれる第四段階の見取り図を準備する過程でもあった。「福祉見直し」は、2つの視点で打ち出されたことになる。

　その一つは、財政当局からの見直しである。昭和40年代後半には不況が本格化する。歳入欠陥は著しく、政策的経費を圧迫し始めた。[*43]社会福祉といえども聖域ではない。歳出抑制が合い言葉となり、国の社会保

*40
総人口に占める65歳以上人口が7％以上になると高齢化した（aged）国、社会とよぶ。昭和45（1970）年の国勢調査で7.1％であった高齢化率は、平成7（1995）年調査で14.5％となり、25年間で倍加。将来推計では、令和7（2025）年に30.0％、令和22（2040）年には35.3％に到達するものとみられている。

*41
政府による市場（しじょう）への規制、社会保障サービス、公共事業による景気浮揚、雇用・市場創出などを重視する政府。

*42
イギリスでは第二次世界大戦後労働党による福祉国家路線がとられてきたが、1970年代に入って英国病といわれるような経済の停滞が顕著となり、1978年の総選挙でマーガレット・サッチャーが率いる保守党政権が誕生。赤字になっていた鉄道や通信などの国有企業の大胆な民営化を図った。

*43
国の一般会計予算の歳出項目の中で、債務償還費と利払い費の合計である国債費などを除いた社会保障関係費や文教科学費といった国民生活に密接にかかわる一般会計予算の実態部分で、一般歳出と分かれる。

＊44
国の一般会計予算編成では、毎年夏に各省庁が財務省に次年度の概算要求を提出するが、それに先立って財務省が各省庁の概算要求の上限を概算要求基準として提示する。上限を示すので、英語の天井の意味であるシーリング（ceiling）という言葉が使われる。

＊45
社会福祉や義務教育は、国が責任をもっている政策分野であり、国と地方は一定の割合で経費を負担する。国が地方に支出する国庫負担金の比率を国庫負担率という。社会福祉施設の運営費（措置費）の国庫負担率は1/2、保護施設の措置費及び生活保護費は3/4である。

＊46
この年から、福祉関係３審議会合同企画分科会が厚生省に設置された。中央社会福祉審議会、中央児童福祉審議会及び身体障害者福祉審議会によるプロジェクトチームで、第三段階までのわが国の社会福祉を総括し、今後の社会福祉の方向を取りまとめた。

＊47
本章第５節１参照。

障関係費にもシーリング（天井）[44]が設定され、社会福祉行政の財政負担も昭和60（1985）年度予算編成では、社会福祉関係各法の国庫負担率[45]が引き下げられた。

もう一つの視点は、この第一の視点と微妙に交差しながら社会福祉関係者から出される。これまで社会福祉は占領期に規定された、国による援護、育成及び更生を社会福祉施設で生活指導を通じて実施するという概念で説明されてきたが、半面では徐々に社会福祉の目的はノーマライゼーションの理念に収束されるのではないかという考え方が浸透し、社会福祉の考え方に揺らぎが生じるようになる。

第二臨調路線の歳出削減策による社会福祉関係法の国庫負担率引き下げは、国の指揮監督のもとに機関委任事務として実施してきた社会福祉のあり方、すなわち国と地方の関係の見直しを図る転機となる。昭和61（1986）年[46]には第二次臨時行政調査会報告と連動して「地方公共団体の執行機関が国の機関として行う事務の整理及び合理化に関する法律」（整理合理化法）が制定される。これにより社会福祉施設入所などは地方の業務とされ、機関委任事務から団体委任事務となる[47]。国庫負担金は補助金となり、かつての福祉３法段階で確立された中央集権的な社会福祉の実施体制は大幅に転換する。

同時に、これらの行政改革が反転鏡像となり、社会福祉の見直しを促進する。国の財政逼迫が地方分権の下地となり、平成年代に入って地方分権が推進される。

さらに、第三段階の社会福祉で、未開の領域に踏み込んだ画期的意義をもつものとして登場するのが、昭和62（1987）年の社会福祉士及び介護福祉士法制定で、同法は人材確保の基本指針と連動してわが国の社会福祉専門職の要の役割を果たすことになる。

第5節　平成の制度改革と今日の福祉制度

1 福祉関係8法改正の経緯と論点

　戦後日本の社会福祉は、第一段階の福祉3法体制を起点にして、第二段階の高度経済成長を背景にした福祉6法体制へと発展を見せ、1970年代の中盤以降から第三段階に移行した。第三段階の社会福祉への移行の指標となるものの一つは、昭和48（1973）年の田中内閣による老人医療費の無料化であったが、同年の第一次石油危機勃発を契機に日本経済は失速して不況を迎えるようになった。この過程については、繰り返しになるが、本章第4節7「不安定成長と『小さな政府』の登場」でふれている。その第三段階のキーワードはそれまでの右肩上がりの成長とは異なる「福祉見直し」であり、財政関係者による歳出抑制と社会福祉関係者の戦後社会福祉レジームの見直しという2つの見地が交差することとなる。

　特に、後者の社会福祉レジームの見直しについては、昭和63（1988）年の「長寿・福祉社会を実現するための施策の基本的考え方と目標について」（いわゆる福祉ビジョン）を受けた平成元（1989）年の厚生省福祉関係3審議会合同企画分科会意見具申の中で、今後の施策のあり方をめぐる議論が取りまとめられ、ノーマライゼーション、サービスの普遍化、施策の一元化・体系化、計画化、市町村の役割重視、サービス供給の多元化などの視点が登場することになる。さらに、同年12月には、消費税を財源にした「高齢者保健福祉推進十か年戦略」（ゴールドプラン）が策定された。

　これらの新しい視点を反映させ、ゴールドプランの法制的基盤づくりのために平成2（1990）年に実施されたのが老人福祉法等一部改正、すなわち**福祉関係8法改正**である。福祉関係8法といえば、社会福祉関連法が一律に改正されたものと誤解されがちであるが、その中心になったのは高齢者保健福祉サービスに関する老人福祉法、老人保健法であり、これに社会福祉事業法（現 社会福祉法）など関連する法の改正をもって福祉関係8法改正としているところに留意されたい。

　改正のポイントを見ると、今日の福祉制度のいくつかの重要な骨格が福祉関係8法改正で形成されていることがわかる。その概要を再確認し

ておこう。法改正の目的は、ゴールドプランで整備目標とされる高齢者保健福祉サービスを、住民に最も身近な市町村で在宅福祉サービスと施設福祉サービスを一元的かつ計画的に提供する推進体制をつくり、同時に身体障害者福祉、知的障害者福祉の領域でも在宅サービスを明確化して市町村の役割を重視するところにあった。

このため、法改正の主要な事項は、①在宅福祉サービスの推進、②高齢者及び身体障害者分野の在宅福祉サービス及び施設福祉サービスの市町村への一元化、③市町村及び都道府県老人保健福祉計画の策定、④障害者関係施設の範囲の拡大、⑤有料老人ホーム及び高齢者の健康増進、社会参加となっている。

このうち、今日の介護保険サービスで不可欠となっている在宅サービスは、歴史的には1970年代後半にいくつかの社会福祉協議会で試行的に実施されてきたホームヘルプサービス[*48]、デイサービスであり、それらが福祉関係8法改正で在宅福祉サービスとして整理され、ショートステイを加えていわゆる在宅3本柱とされたものである。

また、それまで特別養護老人ホームなどの社会福祉施設への入所措置は、長く国が地方を指揮監督する機関委任事務で処理されていたが、昭和61（1986）年には整理合理化法（地方公共団体の執行機関が国の機関として行う事務の整理及び合理化に関する法律）で社会福祉施設への入所事務などを地方公共団体に委任することとなった。国から、都道府県、そして住民に身近な市町村へと社会福祉行政の主体が移行し、市町村によるサービスの一元化が図られて今日に至ることとなったのである。

社会福祉におけるこうした制度改革は、やがて平成11（1999）年の地方自治法の大改正による地方分権一括法制定で、地方の事務は法定受託事務と自治事務への再編成に向かうことになる。

同様に、老人保健福祉計画[*49]も、定められた手順で提供すべきサービス目標量を設定し、それに必要な施設整備を図り、実施のための工程表を作成するという計画的な手法を、プロトタイプとして社会福祉行政に導入した点で画期的である。サービス提供を中心にした市町村計画が主体となり、さらに都道府県計画に支援機能を位置付けるという老人保健福祉計画の2層の考え方は、その後の地域福祉計画などに継承されていく。

老人保健福祉計画はまた、今日の介護保険事業計画の中核となるサービス供給計画の役割を果たし、従来の事後的で保護施策の色彩が強かっ

*48
三浦文夫や和田敏明などが、1970年代後半に取り組まれた各地の社会福祉協議会による在宅福祉サービス供給の事例を分析し、概念や供給体制などを整理して『在宅福祉サービスの戦略』（全国社会福祉協議会、1979年）を取りまとめ、同報告はその後の政策に大きな影響を与えることになった。

*49
本双書第3巻第2章第4節2参照。

〈図３－１－１〉　福祉関係８法改正と社会福祉基礎構造改革の関連

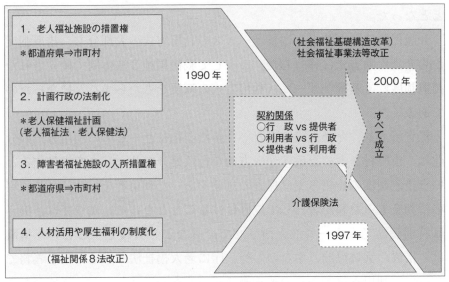

1．老人福祉施設の措置権

＊都道府県⇒市町村

2．計画行政の法制化

＊老人保健福祉計画
（老人福祉法・老人保健法）

3．障害者福祉施設の入所措置権

＊都道府県⇒市町村

4．人材活用や厚生福利の制度化

（福祉関係８法改正）

1990年

契約関係
○行　政 vs 提供者
○利用者 vs 行　政
×提供者 vs 利用者

（社会福祉基礎構造改革）
社会福祉事業法等改正

2000年

すべて成立

介護保険法

1997年

（出典）京極髙宣『福祉レジームの転換－社会福祉改革試論』中央法規出版、2013年、96頁を一部改変

た社会福祉行政の転換をもたらした重要な要素と評価されなければならない。

　このように見ると、福祉関係８法改正は今日の福祉制度に至る平成の過程で最初に福祉レジーム[*50]に大きな修正を与えた制度改革となったのである。とはいえ、福祉関係８法改正は膨大なゴールドプラン実施の法制的基盤整備としての性格をもちながらも、他方では戦後措置制度によるサービス提供の理念の変換、社会福祉法人の見直し、当時のイギリスのコミュニティケア改革[*51]に見られるような個人の尊厳をもとにしたサービス利用者像、新たな地域福祉の推進という視点は十分ではなく、これらの課題は次の社会福祉基礎構造改革に引き継がれることとなる。京極髙宣は、福祉関係８法改正と社会福祉基礎構造改革の関連を、**図３－１－１**のように整理している。

２ 社会福祉基礎構造改革から 今日の社会福祉へ

　福祉関係８法改正を経て、平成９（1997）年には児童福祉法が改正され、介護保険法が制定される。この結果、改正児童福祉法は、保護者を保育所の利用者とし、保育所を選択する権利を明確にすることで、福祉サービスの利用方式に修正を加え、従来の児童福祉法が生み出した措置

＊50
レジーム（regime）は、体制や制度という意味。京極髙宣は社会福祉の基本構造を福祉レジームとし、日本の形成過程を分析して、戦後から今日に至るまで福祉レジームは基本的には変化をしていないとみている。京極髙宣『福祉レジームの転換－社会福祉改革試論』中央法規出版、2013年。

＊51
イギリスのコミュニティケア改革では、利用者の個人の尊厳を前提にサービスの選択権、サービス提供の意思決定権が重視されるとともに、サービス提供にあたる専門職には、従来の保護主義的対応から利用者の利益の保護、代弁、専門職間の連携といった役割が求められるようになった。

制度を変更して保育所方式ともいえるサービスの利用方式が登場することとなった。

　介護保険法により老人福祉サービスの利用方式の大部分も、措置制度から介護保険方式に移行した。こうして戦後福祉3法体制で確立された措置制度による福祉サービス利用方式の転換をもたらすことになったのである。

　保育所方式、介護保険方式という新たな福祉サービスの利用方式の分化は、市町村などの行政庁が一方的な行政処分でサービスを提供するという措置制度の枠組みでは保護の対象であった利用者を、サービス利用の権利をもった利用者として位置付けることとなった。かつては、例えば特別養護老人ホームへ入所させて介護などの養護をするという措置は、措置の実施機関、すなわち行政庁に老人福祉法で課せられた義務であって、利用希望者からの請求権に基づくものではないとされていた。このため、施設で提供されるサービス利用は利用者の権利ではなく、行政庁に課せられた措置義務から生じる「反射的利益」とされてきたのである。どういうことだろうか。施設で毎日提供される食事や介助などのサービスは、たまたま措置に伴って派生したサービスを利用しているにすぎず、どのようなサービスを利用するかは選択できないといった考え方である。

　これは、市民が自立した生活を送るために福祉サービスが必要となれば、利用者は行政庁に対して自らの行政処分を求め、認められた場合に限って措置により派生するサービスの利用が可能になるという図式であり、こうしたサービスの利用方式は、成熟した社会における市民の生活を支える仕組みとして妥当なのかどうかという問題が生じてくる。

　同時に、サービスの利用者は、行政の措置により入所し、サービスを提供する施設もまた、行政からの措置委託により利用者を受け入れるが、利用者と施設の間にはどのような権利義務関係があるかは不明である。施設と行政の間には、行政は措置委託に伴う対価として措置費を支弁し、施設は措置委託を受託するという関係が存在する。しかし、行政処分によって入所している利用者と施設との関係は不明であり、はたしてサービスをめぐってどのような権利義務関係が形成されているのかは、必ずしも明らかではないのである。このため、少子高齢化の進展による国民の福祉需要の変化の中で、福祉3法で形成された旧レジームではこれらの新しい福祉サービスの利用方式の分化を支え切れないばかりか、場合によっては発展の妨げにもなりかねないと考えられるように

*52
措置制度では、福祉サービス利用は申請をして、要件を満たし、適当なサービスがあれば、行政庁は一方的にサービスを提供する。かつての特別養護老人ホームへの入所措置は、老人福祉法による行政処分であるが、どの施設で、どんなサービスを利用したいかといった利用者の要求は制度的に反映されない。

*53
行政や個人の行為で他の者が受け取る利益のこと。行政が道路を整備すれば商業施設に利益が生まれるが、工事で客が減っても損失補てん請求はできない。社会保障判例では、養護老人ホームの相部屋は憲法違反であると個室を要求する訴えに対して、「反射的利益」の考え方から権利性はないという解釈がある。

なった。

　もう一つ例をあげれば、かつての社会福祉事業法第3条（社会福祉事業の趣旨）では、法制定時に「社会福祉事業は、援護、育成又は更生の措置を要する者に対し、その独立心をそこなうことなく、正常な社会人として生活することができるように援助することを趣旨として経営されなければならない」と、援護、更生及び育成という福祉3法の趣旨を念頭に、対象者を限定的に設定していた。援助の考え方も「独立心をそこなうことなく」「正常な社会人として」という終戦直後の時代状況を反映した規範的、抽象的な表現を用いており、この規定は長く社会福祉事業の理念となっていた。

　福祉関係8法改正では、「援護、育成又は更生の措置を要する者」を「福祉サービスを必要とする者」としたものの、それ以外の「独立心をそこなうことなく」「正常な社会人として」の規定は見直されていない。福祉サービスの提供者と利用者の、第一段階で確定した上下の関係については手付かずのままだったのである。

　他方で、介護保険法第1条は、要介護状態でサービスが必要な者が「尊厳を保持し、その有する能力に応じ自立した日常生活を営むことができるよう」サービス給付を行うとしており、分野別のサービス関連法とそれらの共通事項を定める社会福祉事業法の基礎構造との間に食い違い、齟齬が生じるようになった。

　このため、平成10（1998）年に厚生省中央社会福祉審議会はこれらの社会福祉基礎構造のあり方に関する取りまとめを行い、改革の理念として、①利用者と提供者の対等な関係の確立、②個人の多様な需要への地域での総合的支援、③幅広い需要に応える多様な主体の参入促進、④信頼と納得が得られるサービスの質と効率性の向上、⑤情報公開等による事業運営の透明性の確保、⑥増大する費用の公平かつ公正な負担、⑦住民の積極的な参加による福祉文化の創造、を打ち出した。

　この7項目の改革の理念は、平成12（2000）年の社会福祉事業法等の改正に反映されることとなった。改革の理念の「①利用者と提供者の対等な関係の確立」の社会福祉法における具体化の例としては、社会福祉法では、第1条で社会福祉法の目的として「福祉サービスの利用者の利益の保護」を掲げ、第3条で福祉サービスの基本的理念として「福祉サービスは、個人の尊厳の保持を旨とし」、第5条で福祉サービスの提供の原則は「利用者の意向を十分に尊重」するとともに、福祉サービスの適切な利用として第75条以下で情報の提供、利用契約の仕組みを規

＊54
社会福祉基礎構造改革
は、サービス利用者の
利益の保護を図り、提
供者の努力義務を明確
にしたことが特徴であ
る。社会福祉事業従事
者は、現行社会福祉法
の関連する規定が福祉
職場でどのように具体
化されているのかを検
証し、実践していくこ
とが求められる。

＊55
資源の配分は市場が最
も効果的・効率的で、
何にも規制されない市
場での自由な交換を価
値とし、1980年代のグ
ローバル化した世界経
済の中でアメリカなど
がとった体制。その思
想の背景には、福祉国
家による市場の規制へ
の嫌悪と反発がある。
新自由主義とほぼ同義
である。

＊56
平成20（2008）年の
アメリカ発世界金融危
機で、日本国内でも多
くの人が失業して深刻
な事態に直面した。特
に、仕事と住居を失っ
た人々に対しては第1
のセーフティネットで
ある社会保険、社会手
当だけでは十分に対応
できず、就労・生活支
援、生活費支援、住宅
確保支援など新たに柔
軟な支援策が「第2の
セーフティネット」と
して取り組まれるよう
になり、これらはその
後、生活困窮者自立支
援法で総合化されるよ
うになった。

＊57
本双書第7巻第4章参
照。

＊58
本双書第8巻第2部第
4章参照。

定している。同様に、福祉サービスの利用の援助については、第80条以下で福祉サービス利用援助事業、苦情解決などが規定され、社会福祉事業従事者はこれらを遵守することが求められているのである。[54]

　社会福祉基礎構造改革ではまた、社会福祉事業法改正とあわせて身体障害者福祉法及び知的障害者福祉法改正が図られ、福祉サービスの利用方式は措置制度から支援費制度となり、さらに平成18（2006）年には障害者自立支援法で自立支援給付方式に移行することとなった。

　ところで、社会福祉基礎構造改革については、改革の理念の「③幅広い需要に応える多様な主体の参入促進」などを取り上げて、社会福祉への市場原理の導入といった批判が登場している。介護保険制度のもとで株式会社などの事業者がデイサービスをはじめとする第二種社会福祉事業へ参入していることもあって、「市場原理」という言葉は説得力をもつように見えるが、実際のところこうした批判は、社会福祉基礎構造改革と市場原理至上主義[55]の論点を見誤った言説である。

　また、改革の理念の「③幅広い需要に応える多様な主体の参入促進」は、福祉サービスの供給主体の多元化という脈絡で理解されるべきである。周知のように、介護報酬も売り手と買い手の競争による市場価格ではなく、診療報酬と同様に国による公定価格となっていることに注意が必要である。

　社会福祉基礎構造改革の過程ではさらに、平成12（2000）年に「社会的な援護を要する人々に対する社会福祉のあり方に関する検討会報告書」が取りまとめられてソーシャルインクルージョン（社会的包摂）の理念が提示され、今日の社会福祉の基調を形成する出発点となった。

3 制度改革と地域共生社会実現の取り組み

　社会福祉基礎構造改革以降の第五段階社会福祉では、平成20（2008）年のリーマンショック後に第2のセーフティネット構築[56]の必要性が明らかとなり、今日まで、生活困窮者自立支援法の制定[57]、全世代・全対象型地域包括支援体制構築[58]など、地域共生社会実現の取り組みが進められている。それに先立ち、平成12（2000）年には「児童虐待の防止等に関する法律」（児童虐待防止法）、平成13（2001）年「配偶者からの暴力の防止及び被害者の保護（後に「保護等」）に関する法律」（DV防止法）、平成17（2005）年「高齢者虐待の防止、高齢者の養護者に対する支援等に関する法律」（高齢者虐待防止法）、平成23（2011）年「障害者虐待

の防止、障害者の養護者に対する支援等に関する法律」（障害者虐待防止法）、そして平成24（2012）年に「子ども・子育て支援法」、翌平成25（2013）年には「子どもの貧困対策の推進に関する法律」（子どもの貧困対策推進法）と、法整備が図られてきた。

　引き続く制度改革の中では、社会福祉法人制度の大幅な見直しが行われることとなった。社会福祉法人は、戦後社会福祉の第一段階から措置制度の中で福祉サービス提供組織の中核として位置付けられ、平成12（2000）年の社会福祉事業法改正では運営の透明性の確保などが求められてきた。

　他方で、規制改革の議論では社会福祉法人への公金注入、税制上の優遇措置へのイコールフッティング論[*59]からの批判が繰り返されるとともに、住民参加による地域福祉の推進、地域におけるセーフティネット構築などの課題を前にして、旧来の社会福祉法人の限界も指摘されるようになってきた。

　このため、社会保障審議会福祉部会は、社会福祉法人制度の見直しの作業を進め、平成27（2015）年に報告を提出[*60]。これを受けて、①社会福祉法人のガバナンス（組織の内部統制）の強化、②運営の透明性の向上、③財務規律の強化、④地域における公益的な取り組みの実施、⑤行政の関与の見直し、及び⑥社会福祉施設職員等退職手当共済制度の見直しを柱にして、社会福祉法等が平成28（2016）年に改正された[*61]。

　これまで、わが国の福祉サービスは利用者の分野ごと、児童から高齢者までライフサイクルごとに整備されてきた。しかしながら、こういった仕組みでは、ひきこもりや8050問題[*62]、ダブルケア、ヤングケアラーなど、家族形態や国民生活の変化や孤独・孤立を背景に複合化したニーズに十分に対応することができないという限界も指摘され、少子化の中で担い手の確保などもより重要な課題となってきている。

　厚生労働省は、平成29（2017）年に「『地域共生社会』の実現に向けて（当面の改革工程）」を示し、取り組みが開始された。この中で「地域共生社会」を、制度・分野ごとの「縦割り」や「支え手」「受け手」という関係を超えて、「地域住民や地域の多様な主体が『我が事』として参画し、人と人、人と資源が世代や分野を超えて『丸ごと』つながること（『我が事』・『丸ごと』）で、住民一人ひとりの暮らしと生きがい、地域をともに創っていく社会」と定義した。さらに改革の骨格として、①地域課題の解決力の強化、②地域丸ごとのつながりの強化、③地域を基盤とする包括的支援の強化、④専門人材の機能強化・最大活用をあげ

*59　イコールフット（equal foot）とは、社会での地位や位置が対等といった意味。転じてイコールフッティング論では、競争条件の同一化が必要とされ、社会福祉法人への公的助成は株式会社などにとって不平等な参入障壁であるとする。

*60　社会福祉法人制度の在り方に関する社会保障審議会福祉部会報告及び解説については、『全社協ブックレット⑤　社会保障審議会福祉部会報告書を読む』（全国社会福祉協議会、2015年）を参照。

*61　本双書第2巻第2章第1節3参照。

*62　近年になって、80歳代の親が、ひきこもり状態にある50歳代の子どもを抱える実態が明らかになり、中高年のひきこもりが新たな社会問題として注目されるようになった。

ている。

　平成29（2017）年には社会福祉法を改正して、市町村に対し包括的支援体制を整備するよう努力義務を課した。さらに、改正社会福祉法第106条の3第2項をふまえた「社会福祉法に基づく市町村における包括的な支援体制の整備に関する指針」を告示するなど、地域共生社会実現に向けたプログラムが矢継ぎ早に打ち出されている。これによって、市町村段階で医療、福祉、介護、就労、生活困窮といった縦割りから、住民が抱える問題の複雑化に対応して相談窓口を一本化していくことが求められることになる。

　さらに、この包括的支援体制を具体化すべく、厚生労働省の有識者会議は、令和元（2019）年の最終報告で、市町村による地域共生社会構築に向けた、①断らない相談支援、②参加支援、③地域づくりの3つを柱にした新事業を提起し、令和2（2020）年6月の社会福祉法等の改正により重層的支援体制整備事業が創設された。

　2015年の国連サミットで「持続可能な開発のための2030アジェンダ」が採択され、その中心的な考え方として国際社会にとっての「持続可能な開発目標」（ＳＤＧｓ：Sustainable Development Goals）が示された。SDGsでは、「貧困をなくそう」「飢餓をゼロに」「すべての人に健康と福祉を」など17項目の目標（ゴール）と169のターゲットが定められ、「誰も置き去りにしない」を基本理念に、2016年から15年の間にすべての国と地域が取り組むこととなった。このうち「貧困をなくそう」は目標1とされ、「あらゆる場所のあらゆる形態の貧困を終わらせる」ことが確認されている。

＊63
本双書第12巻第2部第8章第5節2参照。

　令和2（2020）年から全世界的に広がったコロナ禍は、これまでの社会経済に類例がないような深刻な影響を与えた。とりわけサービス産業の停滞によってパートタイム労働者やアルバイト等の非正規雇用の人々や学生、外国人などの生活が深刻なものとなり、生活困窮者への支援をはじめさまざまな施策が取り組まれたが、他方では、既存の制度では対応できない新たな問題や制度の狭間にあって支援が届いていない人々の存在が明らかになった。緊急事態宣言下でストレスを抱え、自死する人が現れるなど、これまで日本の社会福祉が経験したことのない事態が広がっている。このため政府は、とり急ぎ不安定就労で低所得を余儀なくされている人への給付金や生活福祉資金貸付事業の拡大などの弾力的支援策等を講じた。

　令和3（2021）年11月より、全世代対応型の持続可能な社会保障制

度を構築する観点から社会保障全般の総合的な検討を行うため、「全世代型社会保障構築会議」が開催され、令和4（2022）年5月に「議論の中間整理」が示された。ここでは、給付は高齢者中心、負担は現役世代中心という構造を見直し、子育て・若者世代への支援や社会保障制度の再構築を「未来への投資」と位置付け、子ども・子育て支援をいっそう強化することや勤労者皆保険の創設などを提案した。[64]

　これらを受けて令和4（2022）年には、子ども施策を社会全体で総合的かつ強力に推進していくための包括的な基本法として「こども基本法」及び「こども家庭庁設置法」「こども家庭庁設置法の施行に伴う関係法律の整備に関する法律」が制定され、令和5（2023）年4月にそれぞれ施行された。「こども基本法」に基づき政府全体の基本的な方針などを定める「こども大綱」が策定されていくこととなる。[65]

*64
本双書第6巻第1章第3節参照。

*65
本双書第5巻第1部第2章第3節参照。

引用文献

1）吉田久一『新・日本社会事業の歴史』勁草書房、2004年、100頁
2）吉田久一、前掲書、102頁
3）灘尾弘吉『社会事業叢書第二巻 社会事業行政』常磐書房、1940年

参考文献

● 厚生省社会局保護課 編『生活保護三十年史』厚生省社会局保護課、1981年
● 小山進次郎『改訂増補 生活保護法の解釈と運用』中央社会福祉協議会、1951年
● 灘尾弘吉『社会事業叢書第二巻 社会事業行政』常磐書房、1940年
● 全国社会福祉協議会九十年通史編纂委員会 編『慈善から福祉へ－全国社会福祉協議会九十年通史』全国社会福祉協議会、2003年
● 村川浩一・澤井　勝・田中秀明・蟻塚昌克『日本の福祉行財政と福祉計画』第一法規、2011年

第2章

欧米の社会福祉の
歴史的展開

学習のねらい

　本章では、欧米における福祉制度の歴史を概観する。

　欧米諸国において福祉制度がどのように形成されていったのかを理解することが本章での学習のねらいである。ただし、「欧米」といっても、取り上げる国は限定される。第1節ではイギリス、第2節ではアメリカ、ドイツ、スウェーデンを扱う。

　わが国は、社会福祉に関する制度的アイディアばかりでなく学術的な面においても、これらの国々からさまざまな影響を受けてきた。各国の歴史から、自助・共助・公助の組み合わせを通し、多様な方法で福祉が追求されてきたことを学んでほしい。

第1節 イギリスにおける福祉制度の歴史

1 予備的考察

　本章第1節では、日本における社会福祉認識に大きな影響を及ぼしてきた国としてイギリスを取り上げる。そして、資本主義（とそれがもたらす社会問題）のパイオニアであるイギリスが「福祉国家」へと変貌していく過程を見ていく。本章第2節では、アメリカ、ドイツ、スウェーデンを取り上げる。各国の展開を見る前に、若干の予備的考察を示しておく。

　先進諸国の福祉システム（社会的必要の充足や社会的リスクの管理を行う仕組み）は、「自助・共助・公助」という3つの要素の組み合わせから構成されている、ととらえることができる。「自助」とは市場での経済活動や家族・親族間のケアや扶養を、「共助」とは人々の連帯を通じた相互扶助や備え合いを、そして「公助」とは国家（中央政府と地方政府）による所得移転や社会サービスの提供を意味する。それらがどのような組み合わせを成すか、そしてその組み合わせのもとでいかなる福祉制度が形成されるかは、国ごとに違いを見せる。先進国のほとんどは、救貧制度に源流をもつ公助としての「社会扶助」のみならず、自助の共助化とも共助の公助化ともいえる「社会保険」という制度技術を整えつつ、人々の暮らしの変化に合わせる形で、所得や医療の保障に加えて雇用・教育・住宅・保育・介護などを保障するための「社会サービス」を展開していった。

　福祉システムを構成する3要素のうち、どこに比重が置かれてきたかという点に着目すると、「自助のアメリカ」「共助のドイツ」「公助のスウェーデン」といった特徴を導くことができる（イギリスにはこのような突出した側面を見出しにくい）。こうした特徴付けは、エスピン-アンデルセン（Esping-Andersen, G.）の福祉国家類型論（福祉レジーム論）とも符合するものであり、アメリカは自由主義レジームの、ドイツは保守主義レジームの、スウェーデンは社会民主主義レジームの「典型」とみなし得る。以下、イギリスの展開を詳しく検討した後、残りの3か国における福祉システムの形成と展開を概観する。

　なお、本章ではイギリスの歴史に多くの紙幅を割いたが、その理由

は、イギリスが社会福祉に関する取り組みや研究のパイオニアであり、社会福祉の制度構築や学問に関して「モデル」とすべき先進性を備えた国だからである。しかしながら今日では、イギリスを手本や模範という意味での「モデル」とすることに、きちんとした理由を見出しにくくなっていることも確かである。社会科学（特に国際比較研究や歴史研究）の進展により、資本主義や福祉国家の発展の仕方は多様であることが明らかになった。そして、イギリスが資本主義や福祉国家の「典型」であるとする見方は揺らぎ、かの地が特権視されることは少なくなった。その反面、社会福祉への取り組みに関する「イギリスモデル」がもつ特性や意義が、かつてのようなバイアスを抜きに、あらためて正当に評価できるようになったともいえる。[*1]「後発」福祉国家の住人たる私たちは、イギリス福祉国家の「先発」ゆえの試行錯誤の歴史から、その成功のみならず失敗を含めて、多くのことを学び得るはずである。

*1
平岡公一『イギリスの社会福祉と政策研究－イギリスモデルの持続と変化』（ミネルヴァ書房、2003年）終章参照。

2 救貧法の展開：旧救貧法と新救貧法

　近代社会で発達を見る福祉制度の萌芽的形態とみなされる救貧法は、貧民の救済と処罰を担った制度である。同種の制度はイギリスのみならず他の欧州諸国にも存在した。イギリス救貧法は、その歴史的背景の違いによって「旧救貧法」と「新救貧法」に区別される。16世紀以降に成立した旧救貧法は、修道院や封建家臣団の解体によって無産化した貧民・浮浪者の大量発生を背景に成立した。そのねらいは絶対王政期の社会秩序を維持することにあった。

　これに対し新救貧法は、18世紀における失業や低賃金を主な要因とする近代的な貧困の増大を背景に成立した。そのねらいは増大した救貧費用の抑制にあった。他方でそれは「賃金だけで暮らさねばならない」という意識を民衆に植え付け、近代的な賃金労働者を陶冶するような効果もあった、とする解釈もある。

　初期の救貧法は1572年や1576年に立法化され、1601年の**エリザベス救貧法**はそれらの集大成として知られている。エリザベス救貧法の特徴としては、①労働能力のない貧民（児童・高齢者・病人・障害者など）のみならず労働能力のある貧民も対象にしたこと、②中央集権的な救貧行政機構を確立したこと（枢密院→治安判事→貧民監督官という序列の形成）、③中世以来の行政地区である「教区」を基本単位としたこと、④貧民を分類して処遇したこと、⑤中産階級以上から徴収した救貧税を

財源としたこと、などがあげられる。④について補足すると、働ける者については原材料や道具を与えて就労を強制し、働けない者については親族の扶養義務を徹底する一方、扶養能力のない貧民の子には徒弟奉公を強制した。

その後、市民革命により絶対王政が打倒されると、そのもとで形成された救貧行政システムも解体されることになった。救貧行政システムの解体後は、もっぱら教区が救貧の担い手となり、財政力のある都市部の教区に貧民の流入が相次いだ。そうした貧民の流入を阻止するために、1662年には「居住地法」（定住法ともいう）などが制定されたが、効果は芳しくなかった。

18世紀に起こった産業革命は、失業や低賃金を主因とする近代型の貧困を増大させた。大量の貧民を救済するために、1795年には一種の社会手当制度ともいい得る賃金補助施策である「スピーナムランド制度」がイギリス全土に広まった。その結果、救貧税が膨れ上がり、救貧法改革が急務とされていった。当時、マルサス（Malthus, T. R.）は1798年に『人口論』を著し、食料は足し算的（算術級数的）に増えていくのに対して、人口は掛け算的（幾何級数的）に増えていく、との理論を示した。その考え方（マルサス主義）に基づき、過剰人口としての貧民の増大は必然とされ、救貧法の廃止を唱える論拠とされた。

1832年に発足した王立救貧法調査委員会での議論の末、1834年に新救貧法（改正救貧法）が成立した。そのねらいはスピーナムランド制度を廃止し、働ける貧民への救済を厳格化することで、救貧費用を削減することにあった。その特徴としては、①中央集権的な救貧行政を再建して給付水準を統一したこと、②救貧行政の基礎単位を教区から「教区連合」へと変更し広域化したこと、③「劣等処遇の原則」（救貧の内容は、救済を受けていないワーキングプアの生活水準を下回る水準にしなければならないという考え方）に基づいて働ける貧民の救済を厳格化したこと、④そうした厳格化を徹底するために「労役場（ワークハウス）制度」により、働ける貧民の院外（在宅）救済を禁止したこと、などがあげられる。

3 民間慈善活動の展開

19世紀後半から20世紀にかけて、イギリスをはじめとする先進各国では、国民の福祉に対する責任を国家が積極的に引き受けるようになっ

た。そうした国家福祉化ないし福祉国家化が進む中で、民間の自発的活動への関心が薄れていく傾向も見られた。しかし近年では、これまで福祉国家の影とみなされがちであった民間慈善活動等の「福祉ボランタリズム」に光を当て、福祉の歴史を公私官民の取り組みから成る「福祉の複合構制」ないし「福祉の複合体」の歴史として描き直そうとする研究が登場し、私たちの歴史認識を豊かにし始めている[*2]。これらの研究は、福祉国家が主役でも福祉社会が主役でもなく、あくまで両者が相補的に展開してきた史実と謙虚に向き合おうとする試みといえる。

　岡村東洋光らは「福祉ボランタリズム」を「国家的な法＝権力的な機構から提供も強制もされない、私益を超えて人の生存の質向上のために動員されるエネルギーとその発現形態の総体」と定義している[1]。そして、19世紀後半における福祉ボランタリズムの具体的な展開例として、次のようなものを取り上げている。それは例えば、①労働者向け住宅の慢性的不足を背景に、良質な住宅の建設資金を集めるために出資者を募り5％を上限に配当を行った「5％フィランソロピー」活動であり、②ロンドンで整備が進められたフィランソロピー的なオープンスペース（建物がない公園や庭園など）の整備であり、③労働者による自助と倹約をねらいとした全国預金友愛組合の設立である。

　このように、福祉ボランタリズムの発現形態は実に多様である。上述の救貧法との関係が深い福祉ボランタリズムの展開としては、1869年にロンドンで結成された「**慈善組織協会**（COS：Charity Organization Society）」の活動がよく知られている。COSの目的は、非効率になされていた民間慈善事業の組織化・調整にあった。COSは、自助努力を行っているとみなされた「救済に値する貧民」だけを救済対象としつつ、「救済に値しない貧民」は厳格で懲罰的な救貧法が対応すべきであるとした。

　COSの創設者の一人であったバーネット（Barnett, S. A.）は、COSの理念や活動に限界を見出し、自らが設立を推奨しロンドン東部に新設されたトインビーホールの館長になった。トインビーホールは、上流階層出身の大卒者が貧しい労働者の住む地区で寝起きをする宿泊施設を備えた**セツルメント**[*3]であり、階級間の出会いと融和を目的にしていた。これをモデルにしてリバプールなどの地方都市に30の施設が建てられた。

*2
パット・セイン著、深澤和子・深澤　敦 監訳『イギリス福祉国家の社会史－経済・社会・政治・文化的背景』ミネルヴァ書房、2000年、及び高田　実・中野智世 編著『近代ヨーロッパの探究15 福祉』ミネルヴァ書房、2012年参照。

*3
本双書第9巻第4章第1節3参照。

4 科学的貧困調査の実施

　世界的な経済恐慌を背景に「ビクトリア朝の繁栄」の時代が終焉を迎えた19世紀末のイギリスでは、失業や貧困が深刻化し階級対立が激化していった。当時、貧困の原因と責任の所在をめぐって、政治家や学者の間で鋭く意見が対立していた。貧困は怠惰や努力不足の結果であり、個人の能力や資質の問題であるので自己責任として放置すべきだと考える人々がいる一方で、貧困は個人の努力ではどうにもならない社会構造上の問題であるので社会的責任が問われると考える人々もいた。

　こうした意見対立は21世紀の今日でも続いており、対立が収まる気配はない。このことは、貧困そのものが客観的な事実認識の問題というよりも、それぞれの価値観や信念ともからんだ規範的な問題であることを物語っている。ともあれ、貧困の概念と理解が規範的で政治的な性質を有しているにしても、事実の解明に向けた努力が人々の貧困認識を変容させる上で全く無力であるというわけではない。世紀転換期に実施された**ブース**（Booth, C.）のロンドン調査と、**ラウントリー**（Rowntree, B. S.）のヨーク調査は、貧困の科学的解明に貢献し、人々の貧困観そして福祉観に大きな影響を及ぼした。

　1885年に社会民主連盟が衝撃的な調査結果を公表した。それは、労働者階級の25％以上もの人々が、人間としての健康を維持する上で不適切な生活を送っている、というものであった。この調査結果は誇張されたものではないかとの疑問を感じたブースは、その反証をねらいとして、翌1886年にロンドンでの貧困調査を開始した。調査は17年にも及び、その成果は『ロンドン民衆の生活と労働』（全17巻）として報告された。全人口の30.7％が「貧困線」以下の状態にあるというブースの調査結果は、社会民主連盟の調査結果を反証するどころか、いっそう深刻な実態を明らかにすることになった。ロンドンでの調査からは、多くのことが明らかになった。貧困は「習慣の問題」（飲酒、浪費など）ではなく「雇用の問題」（不規則労働、低賃金）や「環境の問題」（疾病、多子など）であること、貧困と密住は密接に関連していること、宗教的慈善活動は貧困層の生活を改善させる上での効果を期待できないこと、などである。

　こうしたブースの調査に影響を受けたラウントリーは、1899年に地元のヨークで貧困調査を実施した。その結果は、いわゆる「第一次貧困」（収入不足により肉体を維持できない状態）の家庭が9.9％、「第二

＊4
本双書第7巻第1章第3節2参照。

＊5
詳しくは、阿部　實『チャールズ・ブース研究―貧困の科学的解明と公的扶助制度』（中央法規出版、1990年）を参照。

次貧困」（何とか肉体維持はできる状態）の家庭が17.9％であり、両方を合わせた貧困家庭は27.8％に達する、というものであった。ラウントリーの調査は後の調査研究に多くのアイディアを遺したが、家族のライフサイクルと貧困とが密接に関連しているという発見（ライフサイクル説）と、最低生活費の算定方式としてのマーケット・バスケット方式（理論生計費法）がよく知られている。

5 自由党のリベラルリフォーム

　自由党政府が総選挙で圧勝した1906年には、貧困世帯における児童の栄養状態改善をねらいとする「学校給食法」が成立した。これを皮切りに、自由党政府はさまざまな社会改良立法を成立させていった（リベラルリフォーム）。1908年には「無拠出老齢年金法」、1909年には「職業紹介所法」「住宅及び都市計画法」などが相次いで制定された。

　慢性的な失業の増大により行き詰まりを見せていた救貧体制の改革をねらいとして、1905年には「王立救貧法委員会」が設置された。そして1909年には、救貧法制度の拡充を提言する「多数派報告」と、同制度の廃止を掲げる「少数派報告」が出された。前者はCOS出身委員によって、後者は「フェビアン協会」の立役者として知られるウェッブ夫妻[*6]（Webb, S. & Webb, B.）によって取りまとめられた。ともあれ、両派とも一般混合労役場の廃止、専門施設の創設、職業紹介所制度の強化など、働ける貧民に対する制度の充実については一致が見られた。しかし自由党政府は、両派の主張とは異なる政策として、救貧法制度の存続と、社会保険（無拠出老齢年金法、国民保険法）の導入を選択するに至った。

　1908年に成立した無拠出老齢年金法により、70歳以上の国民（20年以上イギリスに在住）に年金を権利として支給することになった。しかし、資力調査が要件とされるとともに、常習的な労働忌避者や、医療救済以外の救済受給者などに対しては受給資格を認めないという欠格条項が付された点で、制限的な性質を有していた。他方でそれは、救貧法の主たる対象であった貧困高齢者を救貧法制度から分離させようとした点で、救貧の守旧的な枠組みからの脱却を図るための一歩ともみなせる政策であった。

　また、1911年に成立した国民保険法は、第一部が健康保険、第二部が失業保険から構成された。健康保険の強制被保険者は、16歳から69歳までのすべての肉体労働者及び年間所得160ポンド以下の非肉体労働

*6
暴力革命を否定し議会での影響力増大を重視する穏健な社会主義の考え方に賛同する知識人のグループであり、労働党の福祉政策に大きな影響を与えてきた。

者とされた。他方、失業保険は、過去の実績によって保険料や給付額が算定できると見込まれた7つの業種（建築・土木・製鉄など）に限定されたものであった。国民保険法の導入は、働ける貧民を救貧法制度から分離させ、権利としての給付を確立させようとした点で、無拠出老齢年金法と同様、前近代的な救貧法体制を克服し、時代の要請に応えようとする新たな枠組みを準備する社会政策であったといえる。[2)]

6 ベヴァリッジ報告と福祉国家建設

　第二次世界大戦中の1942年に、ベヴァリッジ（Beveridge, W. H.）を長とする委員会は『社会保険と関連サービス』と題する報告書を提出した（通称「**ベヴァリッジ報告**」）。そこには、社会保険を中心とする体系的な社会保障制度の青写真が描かれていた。ベヴァリッジ報告は、戦後のイギリスのみならず、西側諸国における社会保障政策及び福祉国家建設の基本指針と目された。同委員会の目的は、戦後におけるイギリス社会再建の一環として社会保障計画を掲げ、従来の断片的かつ非効率な制度を総合的な社会保障へと再編成することにあった。

　以下、報告書の概要を整理しておきたい。そこでは社会保障が、失業・疾病・労災・出産・死亡などのリスクが発生した際に所得を保障することであると規定されている。戦後イギリス社会の再建目標が「**5つの巨悪（巨人）**」への攻撃に例えられ、再建を阻む障壁として、窮乏（欠乏）want、疾病disease、無知ignorance、陋隘（狭苦しさ・不潔）squalor、無為idlenessがあげられている。そして、それぞれに対する社会政策（疾病に対する保健医療政策、無知に対する教育政策、狭苦しさに対する住宅・都市政策、無為に対する雇用政策、窮乏に対する社会保障政策）が、相互にうまく機能して初めて社会保障計画は機能するとされた。その社会保障計画は3つの「保障方法」を組み合わせたものとなっている。それは「基本的なニードに対する社会保険」「特別なケースに対する国民扶助」「基本的な措置に付加するものとしての任意保険」である。そして社会保険の6つの基本原則として、「均一額の最低生活費給付」「均一額の保険料拠出」「行政責任の統一」「適正な給付額」「包括性」「被保険者の分類」があげられている。加えて、社会保険によって最低限度の所得を保障していくには、次の3つの「特殊な政策」が前提条件として欠かせないとされる。その第一は「児童手当」による養育費の保障、第二は「包括的な保健・医療サービス」、そして第三は「雇用

の維持」である。

　報告書はまた、貧困の解消には、社会保険を補足する公的扶助（国民扶助）による救貧対策も必要であることを認めている。その公的扶助改革は、それまで教区連合が担っていた救貧法の扶助を、一方では、中央政府による現金給付へ、他方では、施設処遇や福祉サービスを地方政府へと分担させることをねらいとしていた。こうした考え方は1948年の国民扶助法成立に多大な影響を与え、1601年のエリザベス救貧法から数えて300年以上も続いた救貧法の解体につながった。しかしながら報告書は、公的扶助による救貧の役割は、社会保険による防貧対策の成熟・発展によって縮小するだろうと予測していた。加えて公的扶助の現金給付は社会保険を下回るものでなければならないと考えられた。

　ここからは、報告書があくまで社会的リスクへの「備え」を重視する「社会保険中心主義」の発想に貫かれていたことがうかがえる。ベヴァリッジが社会保険を重視した主な理由は、保険料拠出に裏打ちされた権利として、最低限度の所得をすべての国民に保障しようとすることにあった。イギリスに限ったことではないが、救済としての公的扶助に付随する資力調査への嫌悪感や抵抗感は根強く、扶助を受けることのスティグマ（恥辱の烙印）は計り知れない。それゆえ資力調査を伴わない均一原則に立つ社会保険は、公的給付一般に対するスティグマを回避する上で効果的であると考えられたのである。[7]

　なお、保険給付はあくまで最低水準（ナショナルミニマム）であって、「国は、各個人が彼自身及び彼の家族のためにその最低限以上の備えをしようとして、自発的に行動する余地を残し、さらにこれを奨励すべきである」ことも強調されている。

　以上がベヴァリッジ報告の概要である。当時、同報告書は専門書にしては異例のベストセラーとなった。それはイギリス国民の多くが社会保障計画に熱狂的な支持を表明していたことの表れでもあり、そうした国民的支持に後押しされる形で「ゆりかごから墓場まで」の生活保障として知られる福祉国家が形成されていったのである。

　第二次世界大戦後に政権に就いた労働党は、ベヴァリッジの計画を具体化させていった。1945年の家族手当法、1946年の国民保険法、国民保健サービス法、1948年の国民扶助法がその一例である。労働党政権の社会経済政策は、こうした社会保障の実現とともに、完全雇用と産業国有化を柱とするものであった。

　ベヴァリッジ報告ではほとんど関心が向けられていなかったが、戦後

*7
本書第2部第5章第3節1（1）参照。

のイギリスでは市民の特別な社会的必要を満たすために、各種の社会福祉施策（対人社会サービス）が発展していった。その萌芽は、19世紀の慈善活動やセツルメント活動などの民間社会事業に求められる。20世紀に入ると自治体レベルで公的な社会福祉施策が拡大し、1970年代には抜本的な福祉改革が行われた。1968年の「シーボーム報告」は、コミュニティケアの方向性を打ち出した。これに基づいて1970年に「地方自治体社会サービス法」が成立し、福祉行政機構の再編が進められた。その後、1988年の「グリフィス報告」をふまえ、1990年に「国民保健サービス及びコミュニティケア法」が成立した。同法により対人社会サービスの分権化・多元化・計画化・効率化をねらいとするコミュニティケアの再編が進められた。

　こうしたコミュニティケア政策の背後では、福祉国家の危機と再編が進展していった。1970年代には福祉国家路線への政治的な合意が揺らぎ、サッチャー保守党政権は福祉見直しに着手した。保守党政権の福祉改革が貧困や格差の増大を促したとする反省から、イギリス国民は政権交代を選択し、1997年にはブレア率いる労働党が政権に就いた。ブレア労働党政権は、従来の社会民主主義とも保守党の支持する自由主義とも異なる「第三の道」を歩むとして、グローバル化と脱工業化に対応し、社会的排除の広がりを食い止めるための社会政策（その焦点は若者に対する「社会的投資」としての教育や就労の支援）を展開していった。2010年には、保守党と自由民主党の連立政権が政権交代を果たした。首相の座に就いた保守党党首キャメロンは、「小さな政府」でも「大きな政府」でもなく「大きな社会」を建設するとの方針を掲げ、福祉予算を切り詰めつつ、貧困救済等の社会福祉の取り組みにおいて、民間のボランタリー・コミュニティ部門の役割を強化しようとした。

　このように、近年のイギリスにおける社会福祉政策では、「自助」と「共助」に力点が置かれ、「公助」の役割は「自助」と「共助」のサポートに向けられるようになっている。こうした動きは、程度の差はあるが、先進各国に共通したものといえる。ただし、「自助」と「共助」の強さやはたらきには、国によって違いが見られる。例えばイギリスは、前述したように「福祉ボランタリズム」の伝統と文化があり、福祉国家化した後も、イギリス社会の中で大きな役割を担ってきた。キャメロン保守党が「大きな社会」を掲げた背景には、そうした「共助」の伝統がある。各国における福祉システムが、歴史と文化を背負っていることを忘れてはならない。

第2節 主要3か国における福祉制度の歴史：アメリカ、ドイツ、スウェーデン

1 アメリカにおける福祉制度の展開と特徴

アメリカにおける福祉制度の特徴としては、①州ならびに連邦による残余的・選別的な福祉供給、②分立する公的扶助制度、③民間福祉の積極的展開、④ソーシャルワーカーの専門性と地位の確立、をあげることができる。公的福祉供給の未整備と非体系性が、社会資源を開発・調達・調整できる高度な力量を備えたソーシャルワーカーを要請することになったともいえる。

アメリカ社会福祉の原型は、植民地時代に本国イギリスから移植された救貧法に見出せる。相次ぐ恐慌によって貧困者が増大した19世紀には、民間の慈善活動が広がっていった。その無秩序な乱立に対し、1877年にはロンドン慈善組織協会にならってバッファローにおいて慈善組織協会が設立された。その後、慈善組織化運動は全米の主要都市に広がっていった。[*8]

1920年代末の世界大恐慌以前における貧民救済の主役は民間の慈善組織であり、公助は大恐慌以前は州政府による労働能力のない人々の救済にとどまった。労働可能な貧民の公的救済は、州立の救貧院における院内救済に限定されていた。その背景には、自助と独立を尊ぶ精神の裏返しである貧困の個人責任論があった。また、連邦による救済の展開は地方分権主義によって阻まれてきた。

20世紀初頭における民間の福祉活動として、アダムズ（Addams, J.）[*9] の取り組みがよく知られている。資産家の娘としてイリノイ州に生まれたアダムズは、欧州遊学時にイギリスのトインビーホールに感銘を受け、1889年にはシカゴの貧民街に「ハルハウス」を設立し、セツルメント活動を行った。そうした活動を通じて、都市における社会問題の構造的要因を悟り、児童労働保護、移民の生活支援など社会改良運動を実施した。反人種差別運動、平和運動、女性運動にも貢献し、1931年にはノーベル平和賞を受賞した。主著に『ハル・ハウスの20年』（1910年）がある。

また、「ケースワークの母」ともよばれる**リッチモンド**（Richmond, M. E.）も、民間活動の担い手として歴史にその名が刻まれている。イ

*8
一番ケ瀬康子『アメリカ社会福祉発達史』（光生館、1963年）参照。

*9
アダムズとリッチモンドの略歴については、M. E.リッチモンドほか、田代不二男 編訳『アメリカ社会福祉の発達』（誠信書房、1974年）参照。

リノイ州の貧困家庭に生まれ、メリーランド州で育ったリッチモンド
は、ボルチモアCOSの会計補佐の職に就いたことを契機に、友愛訪問
員として活動するようになる。その経験から、従事者の教育訓練学校の
必要性を認識していった。その後、フィラデルフィアとニューヨークの
COSで指導的な役割を担い、組織活動の拡充に尽力しながら、ケース
ワーク研究と従事者の教育訓練に心血を注いだ。『社会診断』（1917年）、
『ソーシャル・ケース・ワークとは何か』（1922年）などの著作は古典と
して読み継がれている。

　こうした民間福祉組織による積極的な取り組みがなされていた一方
で、連邦政府による福祉制度の構築は遅々として進まず、1929年の世
界恐慌を契機としたニューディール政策のもとで初めて本格的な展開を
見ることになる。1933年にルーズベルト大統領のもとで打ち出された
政策としては、テネシー川流域においてダム建設などの開発を行った公
共事業がよく知られている。

　その一環として、1935年には「社会保障法」が成立した。これは社
会保障という言葉を冠した世界初の法律である。この社会保障法の骨組
みは今日でも維持されているが、日本や欧州諸国とは異なり、多くの国
民をカバーする医療保障制度も、養育費を補塡する家族手当（児童手
当）も、連邦レベルでは導入されていない（近年におけるオバマ民主党
政権の医療保障改革、いわゆる「オバマケア」を「国民皆保険」の達成
と見るかどうかは評価が分かれる）。

　1960年代に入り「豊かな社会」における「貧困の再発見」がなされ
ると、ジョンソン大統領は「貧困戦争」に乗り出した。その後1965年
には高齢者医療保険（メディケア）と低所得者医療扶助（メディケイ
ド）が導入された。また、公民権運動の流れのもとで、公的扶助改革を
求め公的扶助受給者を中心とした「福祉権運動」が、全米に波及したの
もこの時期である。分立する公的扶助のうち母子世帯向けの制度は、要
扶養児童扶助（ADC〔Aid to Dependent Children〕: 1935年）から要扶
養児童家庭扶助（AFDC〔Aid to Families with Dependent Children〕:
1962年）に改正された。

　1980年代はニューディール後の（準）福祉国家的な政策展開からの
決別の時期であった。AFDCやメディケイドの予算を削減したレーガ
ン共和党政権は、小さく強い国家、個人や家庭の自立・自助、最小限の
福祉を望ましいとする勢力によって支持された。

　1990年代にはクリントン民主党政権のもとで福祉改革が進められ、

貧困母子世帯の自立支援と扶助費節減をねらいとした貧困家庭一時扶助（TANF〔Temporary Assistance for Needy Families〕：1996年）が成立した。TANFを貫く「ワークフェア」（所得保障給付に伴う就労や職業訓練等の義務化）の考え方は、日本をはじめ各国の政策に大きな影響を与えてきた。

2 ドイツにおける福祉制度の展開と特徴

ドイツにおける福祉制度の特徴としては、

①世界に先がけて1880年代に社会保険制度を構築したこと（労働者保険として出発したが、後に全人口をカバーする包括的な社会保険へと成長した）

②社会保険が労使の代表から成る非国家組織によって自主管理されてきたこと（ナチス政権時代に中断され、1951年に復活）

③宗派や政治信条ごとに分立した非営利の民間福祉団体が社会福祉サービスの主な担い手であること（下位の共同体を上位の共同体が補完するという補完性原則に基づいた民間福祉の優先）

④中央政府、州、市が独立した行財政を担いそれぞれが社会政策を展開する連邦国家であること、などがあげられる。[*10]

こうした特徴をもつ福祉制度はどのようにして形成されていったのだろうか。

ドイツは工業化に遅れをとったが、その進展は急速であった。19世紀なかばに始まる工業化は、労働者に劣悪な労働条件を強いていった。熟練労働者たちは相互扶助組織を通じて失業・労災等の近代社会特有のリスクに備え合うことができたが、相互扶助から排除されていた未熟練労働者たちはリスクから身を守る術をもたなかった。こうしたことを背景に、19世紀後半のドイツでは社会主義労働運動が活発化した。

1871年にはプロイセンによってドイツ統一が成し遂げられ、国民国家として成立する。プロイセン首相のビスマルク（Bismarck, O. E. L. F.）はドイツ帝国の宰相となると、社会主義労働運動の広がりを帝国への脅威とみなし、いわゆる「飴と鞭」の対応を図った。「鞭」にあたるのが1878年の社会主義者鎮圧法であり、同法に基づき社会主義運動を弾圧した。そして、「飴」にあたるのが一連の社会保険立法であり、労働者の福祉増進を図ることで帝国への支持を得ようとした。こうして1883年には疾病保険、1884年には労災保険、1889年には老齢・障害保

*10
ピート・アルコック、ゲイリー・クレイグ 編、埋橋孝文ほか 訳『社会政策の国際的展開－先進諸国における福祉レジーム』晃洋書房、2003年、第9章。

険と、工業化に伴うリスクに応じるための社会保険制度が矢継ぎ早に導入されていった。

　ドイツの救貧制度もイギリスと同様に中世からの長い歴史をもつが、工業化が進み都市への人口流入が激化すると貧困者も増大し、伝統的な公的救貧制度では対応が困難になっていく。救貧費の急増に対し、エルバーフェルト市では新たな救貧制度を構築した。1853年に発足した新制度は、市をいくつかの区に分け、各地区に一般市民から選出された貧民扶助員を配置し、貧困者の生活調査や就労支援を行うことで、救貧費の減少に貢献した。このエルバーフェルト制度は、わが国の方面委員制度（現在の民生委員制度）のモデルとされた。

　同じころ、民間団体の慈善活動が盛んになっていった。ドイツでは、社会的に弱い立場に置かれた人々の救済や支援に関して、宗教系及び非宗教系の民間非営利団体の取り組みが中心的な役割を担ってきた。このことは今日に至るまでドイツの特徴の一つとなっている。

　現在では、国家による認可を受けた6つの民間の団体が、公的な社会福祉サービスを独占的に実施する仕組みがとられている。その6団体とは、労働者福祉事業団、カトリック系のドイツカリタス連盟、ドイツ無宗派福祉連盟、ドイツ赤十字、プロテスタント系のドイツ福音教会ディアコニー事業団、ドイツユダヤ中央福祉事業団である[3]。宗教系の民間福祉団体による慈善・救済事業は、19世紀後半までは公的救貧とすみ分ける形で共存していた。

　その後、公的救貧が近代的な社会扶助制度へと転換していくにつれて、民間福祉と公的福祉との関係が問われるようになる。1880年にはイギリスのCOSを模して「ドイツ救貧・慈善協会」が創設され、公民関係のあり方に関する議論を主導していった。

　20世紀初頭になると重化学工業が急速に発展し、ドイツ帝国は世界屈指の工業国となっていく。1911年にはビスマルク社会保険の緩やかな結合をもたらした「ライヒ保険法」と、工場労働者ではないホワイトカラーのために「職員保険法」が制定された。1919年に始まるワイマール共和国の時代には、新憲法に社会権が謳われたことを背景に、社会民主党連立政権によって失業保険の実施など社会保障制度の体系的整備が進められていった。

　しかし、世界恐慌後の政治経済社会の混乱がワイマール体制を崩壊させると、1933年にナチスが政権を掌握し、国家社会主義の第三帝国を生み出した。第三帝国においても福祉制度は維持されたが優生学的な色

彩の濃いものに変容した。また、社会保険管理の自治は奪われたものの、制度の骨格は維持された。

　第二次世界大戦後、ドイツは東西に分割された。西ドイツでは、1949年憲法に「社会国家」（≒福祉国家）の追求が掲げられ、冒頭部分に示したような特徴をもつ福祉制度が整備されていった。東ドイツでは、ビスマルクの伝統から断絶した福祉システムが形成された。ベルリンの壁崩壊後の1990年にドイツは統合を果たした。統一後のドイツは、他の先進諸国と同様、グローバル化と脱工業化を背景とする「新しい社会的リスク」への対応を迫られていった。

　深刻化する長期失業への対応が迫られた1980年代において、旧西ドイツの失業・貧困対策は、失業手当（社会保険給付）と失業扶助及び社会扶助の3層から構成されていた。1990年代以降の統一ドイツでは、就労可能な人々が貧困に陥るリスクの広がりが問題となった。そうしたリスクに対応するために、2002年から「ハルツ改革」とよばれる労働福祉制度改革が進められ、最低生活保障制度の細分化が図られていった。その結果、就労できない貧困者には「生計扶助」と「老齢・就労不能基礎保障」から成る社会扶助（社会法典XII）が対応し、就労できる貧困者の世帯には「失業手当II」と「社会手当」から成る「求職者基礎保障」（社会法典II）が対応する、という枠組みが2005年にでき上がった[4]。求職者基礎保障の創設に伴い、失業扶助は廃止された。

　以上のように、現在のドイツでは、増大する失業と貧困のリスクに対して、就労支援に重きを置いたワークフェア型の社会政策が展開されている。

3 スウェーデンにおける福祉制度の展開と特徴

　スウェーデンにおける福祉制度の特徴としては、①経済成長と福祉充実の両立あるいは雇用と福祉の連携が図られている点、②普遍主義を基調としている点、③福祉制度に対する中間層の支持をねらいとしている点をあげることができる。中間層の支持を得るには高水準の生活保障が不可欠であるがゆえに、スウェーデンは高福祉の国となったといってよい。

　こうした特徴をもつ福祉制度の歴史を、宮本太郎は3つの時期に区分している[5]。第一は、1930年代から第二次世界大戦までの時期であり、

「まだ農村社会の特質が強く残る社会の中で、普遍主義的な社会福祉の基本理念が形成されていく段階」である。第二は、第二次世界大戦後の経済成長を背景に「普遍主義的な社会福祉の制度が体系化され、スウェーデンモデルがかたちを整えた時期」である。第三は、グローバル化や脱工業化が進んだことで「社会福祉のあり方に機能不全が生じ、その再編が模索されるようになった時期」である。以下、これらを形成期、成長期、再編期とよぶことにする。

　まず形成期から見ていきたい。スウェーデンにおける福祉制度の発展は、アメリカと同様、世界大恐慌への対応を契機とする。著名な福祉国家研究者であるピアソン（Pierson, C.）は、アメリカとスウェーデンという両極端の性質をもつ福祉国家の発展にとって、この大恐慌とその余波への対応が共通の要因となったと指摘している[6]。しばしば前者は福祉国家の「劣等生」、後者は「優等生」とみなされがちであるが、どちらの国も1930年代にケインズ主義的な雇用創出と需要喚起を基軸とする社会民主主義的対応を図り、そうした対応が両国の福祉システムの骨子になった点では、よく似ているのである。

　スウェーデンでは、大恐慌によって失業率が急上昇した1932年に、スカンジナビア諸国で初の社会民主主義政府が誕生した。首相となった社会民主党党首ハンソン（Hansson, P. A.）は、「国民の家」という国家イメージを示し、これが同国における福祉国家建設の基本理念となった。

　当時、大量失業をはじめとする経済社会の混迷に対して政府が打ち出したのは、産業の国有化といった純粋に社会主義的な応答ではなく、市場経済と社会計画の両立を図ろうとする政策であった。具体的には、雇用を創出し完全雇用を維持するための経済政策と、教育・医療・住宅などの社会サービスの推進や経済的不平等の是正をねらいとした累進的な課税である。このように、積極的に雇用を維持・創出し、税収を安定させ、寛大な福祉をまかなう、という経済政策と社会政策をかみ合わせたスタイルは、1930年代から今日まで続くスウェーデン福祉国家の特徴となっていく。

　また形成期には、スウェーデンの福祉制度を特徴付ける「普遍主義」の路線が敷かれることになった[7]。そのきっかけは1930年代に顕在化した少子化の進行であった。出生率の低下をめぐり、保守勢力は産児制限の禁止と出産奨励を唱え、労働運動側はそうした人口増の政策的誘導を賃金低下につながるものとして批判した。こうした中ミュルダール夫妻（Myrdal, K. G. & Myrdal, A. R.）は、両派の対立を超えて、福祉充実

と経済成長の両立をめざす少子化対策を提唱した。それは、女性の就労と育児の両立支援によって貧困を予防しようとする政策であり、そうした政策はすべての国民を対象にすべきであるとされた。

　この普遍主義に立脚する経済と福祉の両立策は「予防的社会政策」とよばれる。そうした考え方は、1937年の出産手当、1939年の女性労働者の解雇規制や育休制度、1948年の児童手当へと結実した。その後、普遍主義の考え方は少子化対策にとどまらず所得保障制度へと広がり、1947年には、拠出期間を基準とし所得制限抜きで全国民に支給される普遍主義的な年金制度が導入された。以上が形成期の概要であるが、それ以降の展開については紙幅の関係もあるので、ポイントのみ示すこととする。

　成長期には、①雇用政策、②普遍主義、③福祉理念について転換がなされていく[8]。①は、積極的労働市場政策の導入であり、主唱者の名称をとり「レーン・メイドナー・モデル」ともよばれる。これは、「同一価値労働同一賃金」（企業収益とは無関係に職務の価値によって決められた賃金）を前提に、生産性の低い企業（賃金コストが生産性を上回る企業）の淘汰を促しつつ、職業訓練や職業紹介によって失業者の再就職を積極的に支援することで、労働力を生産性の高い企業へと移動させていこうとする政策をいう。

　②は、均一・最低保障型の普遍主義から所得比例型の普遍主義への転換であり、これは戦後の「豊かな社会」における生活水準の向上に対応しようとしたものである。各種の所得保障制度は、従前所得（失業前、育休前、入院前に得ていた所得）をおおむね代替するように設計されていった。

　③は、貧困者等の一部の人々に保護や救済を与える「殻の保障」から、すべての人々の可能性を引き出していく「翼の保障」への転換である。この「翼の保障」を体現しているのが、福祉・教育・雇用の連動による能力開発支援を特徴とするスウェーデンの「支援型公共サービス」であり、これを宮本は「保育サービスが就学前教育として提供され、さらにこれが生涯教育の制度とつながり、さらに生涯教育を一連の所得保障制度が支えて、人々のキャリア形成を助けている」と整理している[9]。

　そして再編期の現在、グローバル化と脱工業化の影響を受け止めるために、スウェーデンでは福祉制度の見直しと改革が模索されている。そうした影響のうち、スウェーデンの福祉制度を直撃しているのが労働市場の変容である。情報化によって生産活動が効率化・省力化したこと

で、失業者の再就職がむずかしくなっており（いわゆる「雇用なき成長」）、その結果、従来の積極的労働市場政策が機能不全に陥っている。手厚い職業訓練を行っても、再雇用の受け皿がないという状況がもたらされたのである。

　こうした状況を受け、近年では所得保障給付の削減や受給時の就労義務化などの微調整が進められている。他方で、各種公共サービスの民営化を基調とする改革も進められている。民営化といっても、保育・医療・介護等の公共サービスを、全面的に民間の営利企業や非営利組織に委ねるということではなく、財源調達や発注は自治体が行い、サービスの提供については発注先として選ばれた民間部門に委託する、という形態がとられている。このように、ワークフェアと民営化を合わせた広い意味での「福祉国家の市場化」が、スウェーデンにおいても進められていることがわかる。

引用文献
1）岡村東洋光・金澤周作・高田　実 編著『英国福祉ボランタリズムの起源－資本・コミュニティ・国家』ミネルヴァ書房、2012年、8頁
2）阿部　實「帝国主義と自由＝社会改良－救貧法体制の解体」右田紀久惠・高澤武司・古川孝順 編『新版 社会福祉の歴史－政策と運動の展開』有斐閣、2001年、62～79頁
3）高田　実・中野智世 編著『近代ヨーロッパの探究15 福祉』ミネルヴァ書房、2012年、201頁
4）布川日佐史「ドイツの社会福祉（1）：貧困の拡大と最低生活保障」松村祥子 編『欧米の社会福祉の歴史と展望』放送大学教育振興会、2011年、62頁
5）宮本太郎「スウェーデンの社会福祉（2）：スウェーデンモデルの形成」松村祥子 編『欧米の社会福祉の歴史と展望』放送大学教育振興会、2011年、27頁
6）Pierson, C.（2006）*Beyond the Welfare State ? : the New Political Economy of Welfare,* 3rd ed, Cambridge, Polity Press. p. 121.
7）宮本太郎、前掲書、28～31頁
8）宮本太郎、前掲書、32～35頁
9）宮本太郎、前掲書、38頁

参考文献
● 阿部　實『福祉政策の現代的潮流－福祉政策学研究序説』第一法規、2003年
● 阿部　實「欧米における福祉制度の発展」『社会福祉学習双書』編集委員会 編『社会福祉学習双書2013 第1巻 社会福祉概論Ⅰ：現代社会と福祉』全国社会福祉協議会、2013年
● Beveridge, W. H.（1942）*'Social Insurance and Allied Services',* London, HMSO Cmd. 6404.（社会保障研究所・イギリス社会保険および関連サービスに関する検討を行なうべき委員会 編、山田雄三 監訳『社会保険および関連サービス－ベヴァリジ報告』至誠堂、1969年）
● 宮本太郎『福祉国家という戦略－スウェーデンモデルの政治経済学』法律文化社、1999年

さくいん

社会福祉学習双書2024
第 1 巻

社会福祉の原理と政策

| 発　行 | 2021年2月18日　初版第1刷 |
| 2022年1月27日　改訂第1版第1刷 |
| 2023年1月27日　改訂第2版第1刷 |
| 2024年1月26日　改訂第3版第1刷 |

発　行　『社会福祉学習双書』編集委員会

発行者　笹尾　勝

発行所　社会福祉法人　全国社会福祉協議会

〒100-8980 東京都千代田区霞が関3-3-2 新霞が関ビル
電話 03-3581-9511　　振替 00160-5-38440

定　価　2,750円（本体2,500円＋税10%）

印刷所　日経印刷株式会社　　　　　　　　禁複製

ISBN978-4-7935-1442-5 C0336 ¥2500E